高职学生心理健康教育

主　编　刁元斌　吴　量
副主编　陶　舒　贾　嘉　王兰波
参　编　吴　忧　张　伟　管　斌
　　　　何　军　程若沁　邹凤梅
　　　　毕忠宜　刘霖玲　严　芮
主　审　章劲元

重庆大学出版社

图书在版编目 CIP 数据

高职学生心理健康教育 / 刁元斌, 吴量主编 .
重庆 : 重庆大学出版社, 2024. 8(2025.8 重印). --
ISBN 978-7-5689-4612-4

Ⅰ. G444
中国国家版本馆 CIP 数据核字第 2024JR1246 号

高职学生心理健康教育
GAOZHI XUESHENG XINLI JIANKANG JIAOYU

主编 刁元斌 吴 量
策划编辑:唐启秀
责任编辑:李桂英   版式设计:唐启秀
责任校对:王 倩   责任印制:张 策

*

重庆大学出版社出版发行
社址:重庆市沙坪坝区大学城西路 21 号
邮编:401331
电话:(023)88617190   88617185(中小学)
传真:(023)88617186   88617166
网址:http://www.cqup.com.cn
邮箱:fxk@cqup.com.cn(营销中心)
全国新华书店经销
重庆正光印务股份有限公司印刷

*

开本:787mm×1092mm   1/16   印张:14.75   字数:298 千
2024 年 8 月第 1 版   2025 年 8 月第 2 次印刷
ISBN 978-7-5689-4612-4   定价:45.00 元

前　言

心理健康教育是一项长期而艰巨的工程,高职学生是国家的新鲜血液和未来的中坚力量,实施高职学生心理健康教育既是高等教育的重要任务,也是职业教育的基础任务。提高高职学生心理健康水平能为社会注入正能量,增强凝聚力和向心力,推动国家和谐稳定与持续发展。

近年来,为促进大学生心理健康工作开展,政府出台了一系列政策文件。2023年,教育部等十七部门联合制定了《全面加强和改进新时代学生心理健康工作专项行动计划(2023—2025年)》,通过强化学生心理健康教育的系统性和科学性,整合多方资源、构建"四位一体"工作体系、加强重点人群心理关爱和支持等措施,实现学生全面发展,心理健康工作向更高水平探索,培养担当民族复兴大任的时代新人等目标任务。

高职学生心理健康教育要响应国家和政府号召,让每一位高职学子积极关注自身心理健康,明确自身民族振兴责任,形成全面积极的心理品质,正面应对成长发展困惑,努力完成人生各阶段心理发展关键任务。最关键是要引导学子们主动塑造新时代人才素养及能力,迎接未来新质生产力发展的新挑战。

本书的编写旨在提升高职学生心理健康水平,引领学生更好适应环境变化,减少心理疾病发生,深入发展核心能力与素质,形成积极向上的人生态度。在教授心理健康知识、培养积极心理品质、塑造新时代心理素养等方面,展现出了高职心理健康教育的特色与优势。

(一)以时代新要求建构内容体系

《全面加强和改进新时代学生心理健康工作专项行动计划(2023—2025年)》提出"培育学生热爱生活、珍视生命、自尊自信、理性平和、乐观向上的心理品质和不懈奋斗、荣辱不惊、百折不挠的意志品质,促进学生思想道德素质、科学文化素质和身心健康素质协调发展,培养担当民族复兴大任的时代新人"的指导思想。在此基础上,本书紧跟时代发展与国家政策,以培养符合新时代要求、具有大国工匠精神与积极心理品质的高职人才为结合点,确立了主体框架和内容体系:全书一共设计五个篇章——"热爱生活篇""珍视生命篇""自尊自信篇""理性平和篇""乐观向上篇",每一篇下设两个主题,全书共十个主题单元。

(二)以职业教育特色创新互学互教

本书在职业院校"三教改革"精神指导下,遵循国家层面对大学生心理品质培养目标,把职业教育培养人才要求与高职学生心理发展特点相结合,将职业教育中特有的工匠精神、专升本、赛证融通、创新创业等内容有机融入,充分彰显了职业教育下的心理健康教育的实践性、针对性、融合性以及实效性。每个主题设置四大模块:"学习之旅""问题解决""实操练习""小结提升"。"学习之旅"重在认知构建,"问题解决"重在真实情景下的能力构建,"实操练习"则强调"知行合一"。全书将"在做中学"理念贯穿始终,既引导学生形成相应能力素养与心理品质,潜移默化培养学生形成相关的职业素养,同时有力促进在教学过程中心理健康教育公共基础课程从理论式教学向项目式教学、混合式教学转变。

(三)以高职学生需要确立能力培养主线

本书的编写充分体现学生本位理念。从2021年开始,编写团队开展了为期三年,面向高职院校大一年级学生的《高职学生心理健康教育需求调查》,参与人数25845人。调查显示,对心理健康教育学习主题按需求从高到低依次排列为:人际交往、心理健康导论、情绪管理、自我意识、学习心理、生涯规划、心理困惑及异常心理、性心理及恋爱心理、心理咨询、生命教育及心理危机应对。最愿意接受的心理健康教育学习方式排在前五位的是:案例分析、体验活动、小组讨论、课堂讲授、心理测评。最希望通过心理健康教育学习获得的能力排在前五位的是:调节心态、优化心理品质、完善人格特质、适应大学生活、疏导心理问题。

基于调查数据,本书突破心理学学科理论体系框架,以职业院校学生在校三年心理成长议题为编排主线,确定了符合高职学生心理需求的十个主题。围绕能力培养,一是每个主题以真实、正向积极的高职学生案例为开篇,引导学生思考并开展向内探索,激发学生成就取向;二是提供大量实用的心理问题应对策略,满足不同学习形式下知识脉络的形成;三是尊重高职学生差异性,设计有针对性的活动练习,适合学生个人或以小组形式开展体验,启发将感性体验与理性思考相结合,完善心理素养及能力体系的构建。

(四)以数字化新形态要求引领学习新形式

本书融合了多个形式的数字立体化资源,从形态上讲,包括微课、课件、习题、拓展阅读。同时本书配有高质量在线课程资源库、题库以及一个智慧教学平台,含微课53节,主、客观题225个,可自由灵活选择多种资源开展学习。使用"智慧树"平台(www.zhihuishu.com),搜索本书配套微课"心理成长与发展",即可开展线上学习。线下教学教师们可在智慧树平台创建"SPOC"翻转课堂。

本书由武汉职业技术学院刁元斌副教授带领团队组织撰写。团队成员均来自高职院校心理健康教育工作一线,教学与教育经验丰富。全书由刁元斌负责总体框架设计,吴量(武汉职业技术学院)担任全书统稿、样章设计、课件模板设计工作。陶舒(武汉职业技术学院)、贾嘉(武汉船舶职业技术学院)、王兰波(武汉职业技术学院)负责数字资源的主体建设工作、编写推进工作。编写作者及分工如下:第一主题,吴量;第二主题,吴忧,武汉船舶职业技术学院;第三主题,张伟,武汉职业技术学院;第四主题,管斌、何军,武汉职业技术学院;第五主题,程若沁,武汉职业技术学院;第六主题,邹凤梅,武汉职业技术学院;第七主题,刘霖玲,武汉职业技术学院;第八主题,毕忠宜,武汉职业技术学院;第九主题,严芮,武汉职业技术学院;第十主题,陶舒。华中科技大学心理健康教育中心主任章劲元担任主审。

在本书的编写中,我们参考、借鉴了一些同仁的研究成果及资料,在此向他们表示衷心的感谢。由于编者水平有限,书中存在的疏漏与不当之处,敬请专家和读者批评指正。为使本书跟上职业教育发展的步伐,希望广大师生提出宝贵意见,以便我们及时修订完善,不断提高教材质量,邮箱:wtc_psy@126.com。

编者

2024年3月

目 录

第一篇　热爱生活篇

第二篇　珍视生命篇

第三篇　自尊自信篇

第四篇　理性平和篇

第五篇　乐观向上篇

参考文献

第一篇　热爱生活篇

初入大学，同学们开始独立面对生活中的各种问题，不少人逐渐感到迷茫和失落，找不到人生发展的方向。这时，我们不妨从寻找生活中的热爱开始，掌握人生主动权。

热爱生活，是一种积极向上的生活态度，是对生命的珍视和对自己的肯定，意味着充分感受生命中的美好，充实自己的人生。

热爱生活，是一种可贵的能力，是懂得并能够发现隐藏在日常琐碎中的美好，找到生活中的所爱和挚爱。

热爱生活是对生活怀有热烈的感情，更是深刻认识生活和对未来的热忱期待，它指引我们在有限的生命中创造无限的价值和意义。

《全面加强和改进新时代学生心理健康工作专项行动计划（2023—2025年）》把热爱生活放在了大学生应具备的心理品质的首位。培育热爱生活的品质能够让大学生在心理健康、人际交往、创造力、自我成长、幸福感和责任感等方面得到全面提升。幸福不是等来的，而是自己创造的，高职学生要积极培养自己对生活的热爱之情，让大学生活更加充实和有意义。

主题一 为新的人生阶段做好准备
——心理健康导论

【案例分析】

高职学子逆风飞扬：从"钳工"逆袭成为3D打印高手笑傲全国技能大赛

从设计、制造到测试，不到6个小时的时间里打造一台黄豆筛选机，武汉职业技术学院教师王龙做到了。在2023年9月闭幕的中华人民共和国第二届职业技能大赛上，王龙凭借高超的技能斩获增材制造设备操作项目金牌。2018年，王龙参加技能高考，以低于本科线2分的成绩，考入武汉职业技术学院机电工程学院机械制造与自动化专业，在大一下学期的一次学院科研助理选拔时，王龙加入了学校的3D打印应用技术协同创新中心。短短几年时间，他主动突破舒适圈，找准发展方向，潜心积累提升，在校期间获多项国家级、省级技能大赛荣誉，并被授予"湖北省技术能手"称号，毕业后作为特殊人才被学校聘为专业教师。

中华人民共和国职业技能大赛是我国最高的职业技能竞技舞台，王龙十分珍惜这次比赛机会。在备赛期间，他全身心地投入，没有丝毫松懈，每天早上8时就来到实训室进行训练，直到晚上10时才离开，一年多以来几乎没有周末和假期。在比赛的6个小时里，他始终保持高度紧张，全神贯注，甚至不吃不喝不上厕所，即使桌子上有水和食物，他也无暇顾及。面对困难和不利因素时，他及时调整心态，一直告诉自己要沉着冷静，不要惊慌，从容应对，很快熟练掌握了赛场上各项设备操作，确保了作品的高效完成。他的导师朱教授说："备赛是个长期且枯燥的过程，王龙身上有股不认输的韧劲，做事专注、心无旁骛，能数年如一日地刻苦训练，这些品质十分难能可贵。"从因为好奇开始接触3D打印，到成为相关设备操作的一流高手，王龙在武汉职业技术学院完成了逆袭之路。

分析

王龙的逆袭不是偶然，金牌背后不仅有辛勤的汗水，更有勇敢、毅力、团队精神、谨慎、自我调节等积极心理品质的参与，这与心理健康的状态是分不开的。试想一下，一个心理状态不稳定或处于不健康的参赛选手，不仅承受不了长时间的压力与挑战，更难以在重要时刻做到冷静、从容、全神贯注。如果说身体健康是人类生存与幸福的根本，心理健康则是人生品质与持续发展的基石，是人们开展正常生活、建立人际交往、发展职业生涯、追求幸福人生的重要基础，与身体健康相辅相成，不可分割。在心理健康的前提下，我们才能发挥优势，在职业道路和人生道路上行得更久、更稳，创造积极而富有意义的人生。

2022年，中国科学院对多个省、自治区和直辖市的大学生进行了心理健康状况调查。《2022年大学生心理健康状况调查报告》显示，大学生的总体心理健康状况良好，其对生活的满意度较高。总体来看，专科生的心理健康水平高于本科生，但大学生心理健康总体水平仍不容乐观。抑郁方面，专科生有3.30%的学生存在重度抑郁风险；焦虑方面，专科生有1.43%的学生存在重度焦虑风险。

对个体而言，大学生尤其是大一新生，处在人生发展的关键时期，正经历着从青春期向成年早期的过渡和转变，其学习、生活、个人成长开始步入新的发展阶段。对高职学生来说，更侧重于发展较强的实际应用能力和专业素养，要能够适应新技术、新工艺和新材料的要求，具备解决实际问题的能力与创新精神和创业精神，能够在不同的工作环境中独立工作和合作工作等素养。而其良好的身心状况是保持活力、发挥潜能、培养专业技能、成为社会栋梁之材的核心要素。《全面加强和改进新时代学生心理健康工作专项行动计划(2023—2025年)》将坚持健康第一作为基本原则。高职学生身心健康发展，促进高职学生身心健康行动势在必行！

一、为健康负责——全面健康观

(一)全面健康的概念

1948年，《世界卫生组织宪章》提出了健康的概念，健康是一个人生理、心理和社会适应都臻于完满的状态，而不是仅仅指没有疾病或虚弱的状态。健康并非仅仅局限于一个人不生病，还应该包括心理健康，社会交往方面的健康，讲究诸项完整又健全的活动能力及适应能力。

全面健康是一个相对新的概念，扩大了我们对健康的看法，在传统健康概念的基础上，强调了一个人达到最佳健康的能力[①]。全面健康超出了简单有病或没有病的范畴，指的是最佳健康和活力，即生活的最充实状态。它还包括我们能做出有意识的决定，控制有可能引发疾病或伤害的潜在危险因素。

如表1.1所示，传统的健康观强调健康更容易受一些不容易被影响的因素的控制，这些因素超出了我们自己的控制能力，如基因、年龄、性别、家庭遗传病史。全面健康概念的重

---

① 保罗·英泽尔，沃尔顿·罗斯.健康核心概念：第十二版[M].裴晓明，朱向军，译.天津：天津科学技术出版社，2017:2-3.

点是我们需要做出有意识的决定与行动,尽可能控制或远离这些因素,如运动和健康饮食是一个人能够很好控制的因素,可以使我们远离这些风险,甚至不发生风险。这意味着健康不仅仅只是选择治疗自己身体的疾病,保持乐观、保持与他人的联系、理性地挑战自己、培养自己其他方面的生活兴趣同样是塑造健康的过程。

表1.1　传统健康管理观与全面健康管理观的对比

	传统健康管理观	全面健康管理观
出发点	从人本身的状态出发	从人的整个生命状态和质量出发
内涵	身体健康、心理健康、社会适应良好	身体健康、情感健康、智力健康、人际关系健康、精神健康、环境健康
健康的决定因素	强调健康受基因、年龄、性别、家庭遗传病史等不可控因素的影响	强调我们可以做出有意识的决定,自主控制有可能引发疾病或伤害的危险因素,主动积极追求健康
目标	强调健康的人的状态	强调创造富有活力与意义的生命状态

(二)全面健康的内涵

全面健康包含六个方面:身体健康、情感健康、智力健康、人际关系健康、心理健康、环境健康。这六个方面相互关联、相互影响。达到全面健康的过程是持续和动态变化的,我们完全能够积极地追求、塑造属于我们自己的健康生活状态。

1.身体健康

身体健康不仅仅包括身体的总体状态以及是否有疾病,还包括健康水平和照顾自己的能力。简单地说,提高了照顾自己身体的能力,就可能更健康。具体行动及表现有:合理规划营养、锻炼身体、避免有害行为、保持安全的生活习惯、了解疾病的症状、定期体检、避免伤害。

2.情感健康

情感健康反映的是理解和处理情感问题的能力。情感健康涉及有创造生活的能力以及应对生活挑战的能力,具体行动及表现包含:乐观、信任、自尊、自我接纳、自信、能够理解和接纳他人的感受、能够与他人分享感受。

3.智力健康

不断挑战自己的思想,寻找问题的答案并指导行为。持续学习,不断把学习贯穿于生活之中,乐于体验新事物并积极接受挑战。具体行动及表现包含:有新思路、有解决问题的能力、具有批判思维、有愿意学习新事物的意愿、有创造性和有好奇心、能够持续保持学习力。

4.人际关系健康

主动建立和保持令人满意的人际关系网络的能力,对社区和社会有所贡献。具体行动及表现包括:有交流技巧、能建立并保持较稳定的亲密关系、能建立和保持满意的关系、能培养自己的人际关系网络。

5.心理健康

拥有并追求一系列有指导意义的信念、价值,或使自己的生活有意义感、有目标感、有价值感,在困难的时候仍保留希望。具体行动及表现包含:能爱他人、同情、原谅、利他、快乐、满足、照顾他人、追求意义和目标、归属感大于自我感。

6.环境健康

为改善环境健康,学习有关的知识,保护自己避免环境的伤害,持续创造一个宜居的环境。具体行动及表现包含:保持处于丰富、干净的自然资源中,身处可持续发展的环境中,尽量使用可回收利用资源,减少污染物排放。

二、保持身心健康平衡——心理健康

(一)心理健康的概念

钟南山院士曾说"健康的一半是心理健康,疾病的一半是心理疾病",心理健康是个体健康状态的重要组成部分。2016年,中共中央、国务院印发了《"健康中国2030"规划纲要》,明确将"促进心理健康"作为"塑造自主自律的健康行为"的一部分。可见,健康和疾病是个体的生物因素、心理因素和环境社会因素交互作用的结果。在人类对以往许多重大疾病的研究中,所得出的重要结论之一就是:积极乐观的情绪在防病、治病上有着意想不到的作用。为此,一定要学会保持身心的健康平衡。提高心理健康素养,掌握心理健康知识,促进心理健康水平是当代大学生的基本能力之一。

世界卫生组织(WHO)认为个体心理健康是处于幸福状态时,心理和社会功能的结合,个体保持人格完整和谐,积极应对日常压力,实现个人价值,并为自己的社区作出贡献。心理健康不仅仅指没有精神障碍或精神疾病,是一种臻于完满的状态,这种完满状态表现在个体能够清楚了解自己的能力,调整状态以应对生活中的常见压力,个体可以运用自身积极的心理资源来适应社会。

心理健康状态下,个人具有生活的活力、积极的内心体验、良好的社会适应性,并能够有效地发挥个人的身心潜力与积极的社会功能。这种状态对人类来说十分重要,心理健康的人才能积极思考、表达情感、与他人互动、谋生或享受生活。维护心理健康对我们自己、社会,乃至整个世界都是极为重要的。

下面是世界卫生组织给出的有关心理健康的一些关键事实。

(1)没有精神疾病不代表心理就是健康状态。

（2）如果一个人心理不健康，就谈不上是一个健康的状态；心理健康是整体健康中不可或缺的重要组成部分。

（3）心理健康受许多因素的影响，如社会经济因素、生理因素或环境因素。

综上所述，心理健康不仅指没有功能障碍，还包括情绪、心理和社会幸福感结构，使得个体可以运用自身积极的心理资源来适应社会。

近年随着积极心理学的发展，越来越多的研究者认为心理健康是一个整体，不仅是没有精神病理学症状，也包含积极的心理指标。2001年，心理学家首次正式提出心理健康双因素模型（DFM），认为：心理健康同时包含心理病理症状和主观幸福感这两个既独立又相关的维度，心理健康的个体不仅没有心理疾病，还要具有较高的主观幸福感，以主观幸福感和精神病理学两个复合指标来更为全面判断个体的心理健康状况，并将人群分为"完全心理健康者""易感者""有症状但满意者"和"心理疾病者"四组，如图1.1所示。

图1.1　心理健康双因素模型

（1）完全心理健康者具有高主观幸福感和低病理症状，是个体心理健康的最佳状态。

（2）易感者也叫部分心理健康者，具有低主观幸福感和低病理症状，且心理疾病症状未达到心理病理学诊断要求，因此不被列为需关注或干预人群，而实际上他们可能需要心理帮助。

（3）有症状但满意者也叫部分病态者，具有高主观幸福感和高病理症状，由于积极因素的影响作用，即使经历了心理疾病被诊断为异常，仍具有较多的个人资源，容易自动康复。

（4）心理疾病者具有低主观幸福感和高病理症状，不仅有心理病理性症状，还对生活不满，社会和心理等功能均较低。

心理健康双因素模型强调积极预防，还特别强调对"易感者"和"有症状但满意者"的鉴别、预防和干预。

(二)心理健康的标准

判断一个人心理是否健康是相当困难的。心理学家马斯洛和米特尔曼提出的心理健康的十条标准，被公认为是"最经典的标准"。

（1）充分的安全感。

（2）充分了解自己，并对自己的能力作适当的评价。

（3）生活的目标切合实际。

（4）与现实的环境保持接触。

（5）保持人格的完整与和谐。

（6）具有从经验中学习的能力。

（7）保持良好的人际关系。

（8）适度的情绪表达与控制。

（9）在不违背社会规范的条件下,对个人的基本需要做恰当的满足。

（10）在集体要求的前提下,较好地发挥自己的个性。

我国学者在2015年对大学生心理健康标准开展了研究[①],大学生心理健康标准可总结为以下五个方面。

（1）具有基本心理能力。有安全感;有抗压能力;有成就感和创造性;有自主性,有独处和自主的需要,有建立亲密关系的能力;能自我认识与接纳;乐于接受新的经验与挑战。

（2）内外协调适应。有良好的社会适应;与现实环境保持接触;人格完整与协调;人际关系和谐;心理特点符合年龄特征。

（3）情绪稳定。心境稳定平衡;心态积极;情绪适度表达与控制。

（4）角色与功能协调。智力正常:符合社会规范,满足基本需要;自尊:符合社会家庭学校赋予的角色;有生活目标并切合实际。

（5）良好的学习能力。有效学习的能力;有求知欲和学习兴趣;学习上有所成就的决心和行动力;学有所成,学以致用;有效的时间管理。

问题解决

一、如何了解自己的心理状态?

（一）心理状态的分类

高职高专学生正处在人生发展的关键时期,生理发展已基本达到成熟,而心理发展尚未完全成熟。在面临较大的学习生活压力、人际冲突、情感破裂、就业挫折时,往往会出现不同程度的心理不适。如果得不到重视和科学处理,其身心健康将受到影响。身为新时代的高职高专学生,有必要了解关于心理困惑、心理异常的知识,对自身心理健康状况有明确把握,这是新时代高职高专学生应具有的基本素养之一。

长期以来,人们习惯将人的心理状态正常与否看作黑白分明的事情。要么就是正常的

---

① 桑志芹,魏杰,伏干.新时期下大学生心理健康标准的研究[J].江苏高教,2015(5):27-30.

人,一旦思想与行为出现变态或异常,那就变成了一个"疯子",即使这个人的精神状态在之后出现好转,也难以解除之前的标签。这种认识将人的心理状态二维化,有失客观。

正常人与精神疾病患者之间其实没有明显界限,各心理健康水平之间是一个连续变化的过程。如图1.2所示,一般把心理健康状况分成两类:心理正常和心理异常。其中,心理正常又分心理健康状态和心理亚健康状态。

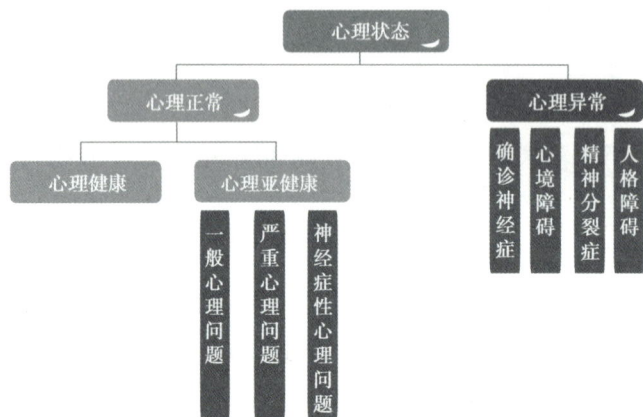

图1.2 心理健康状况分类

1.心理正常状态

心理正常指各种心理活动正常,关系协调,内容和现实一致以及人格处于相对稳定的状态。但是,心理正常的人也可能在某一时间段出现心理亚健康状态,但一般来说受到影响的程度不深。

2.心理异常状态

从广义上来讲,异常心理是相对正常心理而言的,泛指健康心理的偏离,是对各种心理或行为异常的总称。从狭义上讲,异常心理是指异常达到一定严重程度,主观感觉痛苦且明显影响人的正常生活和工作,不能按社会公认的方式行动,产生不适应社会生活的后果。

3.心理健康状态

心理健康状态是指个体的认知、情绪和行为功能良好的心理状态,可以从本人评价、他人评价和社会功能状况三方面分析:

第一,本人没有痛苦感或不觉得痛苦,即在一个时间段(如一周、一月、一季或一年中)快乐的感觉大于痛苦的感觉。

第二,他人感觉不到异常,即个体的心理活动与周围环境相协调,没有出现与周围环境格格不入的现象。

第三,社会功能良好,即能胜任各类角色要求,如学生、母亲等,能在一般社会环境下充分发挥自身潜力,利用现有条件或创造条件实现自我价值。

4.心理亚健康状态

世界卫生组织认为,心理亚健康状态是心理健康与心理疾病之间的临界状态,各种仪器及检验结果为阴性,但人体有各种各样不适感觉的一种心理状态。处于亚健康状态的人各种生理生化指标还保持在正常的范围之内,但实际上身体已经发生了很大的变化,例如疲劳、睡眠差、头昏、健忘等。这样的身体状态会给人的心理带来负面影响,而心理负担过重又会使疲劳、健忘等症状加重,形成恶性循环。如果这种恶性循环的不良状况继续发展下去,就会导致疾病的发生。

心理亚健康状态表现包括心理疲劳,如精神紧张、焦虑、烦躁不安、易激动、抑郁苦闷、孤独、自卑、注意力不能集中、记忆力减退、兴趣下降、不愿与人交往等。还包括身体疲劳,如精力不足、注意力分散、胸闷气短、心悸、失眠、健忘、颈肩腰背酸痛等状态。

(二)掌握心理状态不同水平的判断标准

1.心理正常与心理异常的区别

根据心理学对心理活动的定义,确定心理正常与异常的依据主要有以下三条原则。

(1)主观世界与客观世界统一性原则。指任何正常心理活动或行为必须与客观环境保持一致。假如一个人坚持说他看到了什么或听到了什么,而客观世界中当时并不存在引起他这种知觉的刺激物,那么这种幻觉就是主观世界与客观世界的偏离。

(2)心理活动内在协调性原则。人的心理活动虽然可以被分为心理过程与个性心理,心理过程包含感觉、知觉、记忆、心境、意志等,心理特质包含人格、兴趣等,它们自身是一个完整的统一体,各种心理过程之间具有协调一致的关系。这种协调一致性,保证人在反映客观世界过程中的高度准确和有效。比如当一个人遇到让人愉快的事情时,就会产生开心的情绪,高兴地表达自己的感受。而当发生愉快的事情时,一个人感觉不到开心甚至是感到悲伤,就违背了协调一致性原则。

(3)人格相对稳定性原则。人格是个体在对人、对事、对己等方面的社会适应行为上的内部倾向性和心理特征,主要表现为能力、气质、性格、需要、动机、兴趣、理想、价值观和体质等方面的整合,每个人都有自己独特的人格心理特征,这种人格特征在没有重大外界变革的情况下,一般是较为稳定、不易改变的。如果在没有明显外部原因的情况下,一个人突然像变了个人一样,人格稳定性发生改变,也要怀疑这个人的心理活动出现了异常。

2.一般心理问题、严重心理问题、神经症性心理问题的区别

一般心理问题、严重心理问题、神经症性心理问题的区分可以从激发因素、持续时间、是否可控、社会功能情况、是否泛化五个方面来看,如表1.2所示。

表1.2   一般心理问题、严重心理问题、神经症性心理问题的区别

	激发因素	持续时间	是否可控	社会功能情况	是否泛化
一般心理问题	因现实事件产生内心冲突，并因此而体验到不良情绪	不间断持续1个月，或间断持续2个月	在相当程度的理智控制下，始终能保持行为不失常态	能基本维持正常生活、学习、交往等社会功能，但效率有所下降	没有泛化，不良情绪的激发因素仅仅局限于最初事件
严重心理问题	由强烈现实因素引起，心理冲突具有现实性或道德性，体验到痛苦情绪	间断或不间断持续2个月以上、半年以下	在理智控制下，效率有所下降	不严重破坏社会功能	充分泛化
神经症性心理问题	由很小的非现实性的、非道德性的生活事件刺激，产生强烈的冲突，冲突反复产生，导致情绪痛苦，达不到神经症的标准	至少3个月	难以控制	表现像神经症、神经衰弱，影响社会功能	泛化严重

二、心理健康可以一劳永逸吗？

《中华人民共和国基本医疗卫生与健康促进法》第六十九条规定，公民是自己健康的第一责任人。我们倡导大家也要做自己心理健康的第一责任人，平时主动学习心理保健知识，主动关注和维护自身的心理健康。

就像大部分人都感冒过一样，生活在现实社会中的每一个人都在一定程度上存在心理问题或处于心理亚健康状态，即人的心理问题是普遍存在的，只是程度不同而已。人的心理健康水平是一个动态变化的过程，不存在永远健康的状态，所以在理解和运用时应注意以下几个方面。

(一)波动性

人在成长过程中，在不同的发展阶段会遇到不同发展主题，如新环境适应、职业生涯规划、人际交往等。因此类问题所引发的压力或情绪困扰是正常的现象。心理健康状态是指较长一段时间内持续的一种心理状态，一个人偶尔出现一些不健康的心理或行为，并不能证明这人的心理不健康。任何人在外界环境的改变下，都可能产生心理波动，因此我们不能仅从一时一事或一种偶然的行为中就简单地给自己或他人下心理不健康的结论。

(二)连续性

大多数学者同意将心理健康视为心理状态的一个连续体来理解。即心理正常与异常没有绝对区分标准，两者之间的界限是相对的、模糊的，通常是相互包含、互为依存的。说某个人是心理健康者，这时主要是指在他身上体现了较多的健康的特征，而并不是说他没

有任何的心理异常表现,只不过异常心理与正常心理相比占了次要的、不重要的位置。

(三)可逆性

心理健康状态不是静态的、固定不变的,而是动态的、发展变化的,如图1.3所示。一个原本心理非常健康的人,如果不注意心理健康的自我保健,遇到情绪上的困扰或心理上的困惑,不及时调整,心理健康水平就会下降;反之,随着人的成长、经验的积累、职业的变动、环境的改变、自我保健意识的增强等因素的变化,个体心理健康状况必然会有所变动。一个心理健康水平比较低的人,在主动求助专业的心理援助后,心理健康水平也会上升。

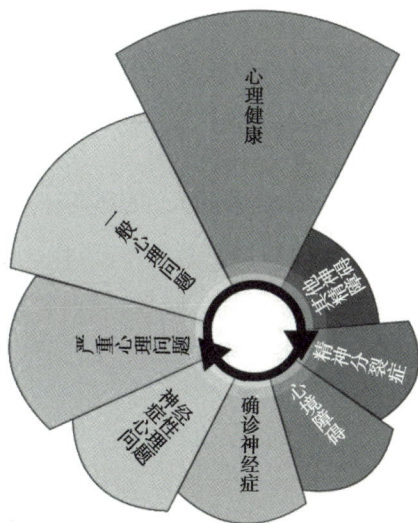

图1.3　心理健康各水平间具有可逆性

(四)平衡性

心理健康是动态变化的,而人的心理状态随时都可能发生一些细小的甚至明显的变化,这并不意味着陷入情绪低谷时,就是不健康或异常状态。一个人具有调节自己心理状态平衡的能力,即使在某些时候觉得状态糟糕,但是能够在一定时间内通过自我调节恢复到一个正常的水平,这样的人就是心理健康的人。通过不断的心理调整达到一种平衡的良好状态,是心理健康的标志。

【案例分析】

小叶在进入高职前一直是她们中职班的尖子生,她从来没有离开过她所在的镇,所以一心想考进大城市。当进入大学学习外语专业后,她突然发现班上每一个人的外语听力和口语能力都比她好。另外,大家综合能力也很强,几乎每个人都有一两项特长,小叶很难在大学里继续保持尖子生的地位。每天专业课老师都是全英文授课,小叶能听懂的很少,为此她感到非常焦虑,寝食难安,一度想退学。在经过与老师和学长的沟通后,小叶意识到她长大了,环境发生了改变,打交道的对象也变了。另外,不同环境对人的评价标准也不同,学习已不再是唯一的评价标准了。受限于以前的学习背景与经历,她强烈地感到了自己的不足与渺小。接下来,她及时地调整了自己的目标和期望。同时,在身心上进一步主动适应环境的变化,有针对性地为自己制订达标计划。在经过一段时间的努力后,她的状态变得越来越好。在第一学期的期末考试中,小叶获得了班级前十的好名次。

分析

案例主人公来到新的环境,心理健康的平衡状态被打破了,造成了社会功能的部分损失,如睡不好觉、吃不好饭、不想上学等,暂时处在心理亚健康状态。然而,主人公最后通过自己的努力和师友的帮助,重新回到正轨。这个案例说明一个心理健康的人具有主动调整和适应环境的能力,能主动学习并使用各种方法将暂时的心理亚健康状态调整至健康状态。

(五)功能性

心理健康的功能性指的是一个心理健康的人,是具备一定的社会功能的。比如,能够正常地与人交流,能够生活自理,能够良性地进行学习、工作。总之,从整体上来看,心理健康的人能够较为良好地应对社会生活,小到穿衣吃饭、与人交流,大到升学、就业等,都能够适应良好,这是一个心理健康的人所具备的功能。

三、如何保持健康的身心状态?

在这里,我们大力倡导通过培养内外兼修、身心合一的健康生活方式,树立"健身健心"的科学理念来保持身心健康状态[①]。

(一)通过管理生活方式促进身体健康

1.合理饮食

营养是构成机体的物质基础,体育运动可增强机体的功能,二者科学地配合,可以更有效地促进身体生长发育和提高健康水平。在合理营养方面,尽量做到:食物多样,谷类为主;吃动平衡,健康体重;多吃蔬果、奶类、大豆,少盐少油,控糖限酒;珍惜食物,杜绝浪费[④]。

2.适量运动

适量运动具有促进消化系统健康、提高和改善睡眠质量、减少或摆脱对烟酒依赖程度、调节和疏导不良情绪、增进心理健康等调节和改善作用。有氧运动是最有效、最经济的健身运动,是健身的主要运动类型。日常有助于健身的有氧运动有骑车、打太极、慢跑、快走、散步等。

---

①张前锋.我的健康,我做主:自我健康管理防治生活方式病[M].天津:天津科学技术出版社,2018:7-10.

3. 起居有常

睡眠的功用包括:消除疲劳,恢复体力;保护大脑,促进发育,增强机体的免疫力,延缓衰老,养颜护肤,促进身心健康。睡得好的五条标准如下:一是入睡快,10分钟就能睡着;二是睡眠深,呼吸深长,不易惊醒;三是晚上不醒来或很少醒来,无惊梦现象;四是起床后精神好,心情舒畅,精力充沛;五是白天不困倦,头脑清醒,工作效率高。

4. 戒烟适酒

烟草危害已经成为当今世界最严重的公共问题之一,也是人类健康面临的最大可预防的危险因素。当想戒烟时,可以尽量在禁止吸烟的场所打发业余时间,避开触发因素。饭后不要吸烟,可刷牙或散步。做使自己无法吸烟的事情,不与吸烟的人在一起。从戒烟第一天起养成一些新的习惯,比如锻炼身体、清洁口腔、培养爱好等。

做到适量饮酒,饮酒与多种消极后果相关,包括身体伤害、犯罪行为、人格改变等严重后果,以及做一些让自己后悔莫及的事情,长期饮酒还会增加抑郁的风险。

5. 常晒太阳

晒太阳可以使身体发生一系列好的变化,如加快血液循环,预防骨质疏松,杀死多种病毒、细菌,促进维生素D的生成及钙质吸收等。想好好晒太阳可以遵循以下建议:

(1)最好穿红色的衣服,不容易被晒伤,也可以穿白色的衣服,但尽量不要穿黑色的衣服。

(2)不吃感光食物。吃过感光食物再去晒太阳,容易使黑色素深沉,还会引起日光性皮炎。感光食物主要有芥菜、雪菜、香菜、莴苣、虾、蚌等。

(3)选择合适的时间段。一般来说上午十点和下午四点是晒太阳的最好时间。

(4)晒够时间。晒太阳要连续晒,每天持续15～20分钟,这样才能合成足够的维生素D。

6. 定期体检

定期体检帮助我们及时发现一些潜在的早期疾病,及时干预治疗。没有谁能保证自己永远健康,每个人都有可能成为最不健康的1%群体或患慢性病19%群体中的一员。但是,我们的健康是自己一定可以做主的,因此要做到定期检查,早发现、早诊断、早治疗。

(二)通过爱自己、爱他人、爱生活促进心理健康

1. 爱自己

【案例分析】

娜娜是一名长发美女,能力出众,同时也是某高职院校新闻记者团副团长。娜娜表现十分优秀,但同学们总能在不经意间看见她忧思重重。在本学期期末考试缺考两次后,辅导员找到娜娜了解情况。

辅导员:娜娜,你上一次缺考解释是手机没设闹钟,起晚错过了考试,那这一次缺考是

怎么回事呢?

娜娜没有出声,泪水在眼眶里打转。

过了几分钟,娜娜说:老师,其实上一次缺考不是因为我没设闹钟,我知道要考试,只是因为我没有准备好,感觉考不好,所以干脆就不去考了,这次也是一样。

辅导员:你平时上课认真学了,也准备了考试,成绩不会那么糟,为什么不试一试?

娜娜:老师,我是一个完美主义者,如果我没有准备得达到自己的预期,那肯定不会成功,那我还不如不做。

辅导员:你平时也是这样吗?

娜娜:是啊,其实我每时每刻都很焦虑,总担心自己做不好,总怕出错,怕被别人批评。所以每一件事,我都要做到尽善尽美,工作上只要是我能做的事都是亲力亲为。

辅导员:那你和大家的关系好吗?

娜娜:学弟学妹都怕我,同龄人都疏远我。其实我也很苦恼,我很怕犯错,我觉得自己一无是处,我没有一点优点。

辅导员:真的一点优点都没有吗?

娜娜:没有,全是缺点,我什么都做不好……

心理分析

案例中的娜娜学习成绩好,工作能力强,各方面表现不错,可她却看不到自己的长处,不接纳自己。很多高职学生因高考等各种原因不得已进入职业院校,认为自己身上缺点多,难以从客观角度找到自己的优势,就更谈不上爱自己了。人们常常觉得只有当自己变得足够优秀或者能够得到别人好的评价时才能爱自己、接纳自己,这是一种有条件的"爱自己"。事实上,"爱自己"与自己是否优秀、是否得到别人的好评等外在条件无较大关系。

"爱自己"是健康自尊的表现,指在对自己有适度了解的基础上,能够以积极的态度看待自己、接纳自己。人生活在环境之中,经常要使自己与环境相适应,这时,对自身有适当的了解是十分重要的。"爱自己"意味着正确评价自己,正确对待差异,不过分显示自己也不刻意地取悦他人,既接纳自己的优点也接纳自己的缺点。

心理健康的人"爱自己",是能够坦然地看待和接纳自己的优缺点,既不妄自菲薄,也不骄傲浮躁。"爱自己"的人不会苛求自己是十全十美的,不会盲目和别人比高低,不会为了获得别人好评而伪装自己。因为他能认识到正是自己身上的优点和缺点才构成了"独特的我",所以内心是安宁和踏实的,从而能心无旁骛,发挥潜能,实现价值,而不是整日惶恐于他人如何看待自己,或者如何获得他人好评。

2.爱他人

"爱他人"指在与他人交往时,能够以诚恳、公平、谦虚、宽容的态度对待他人,能够容忍他人的短处和缺点,能够尊重他人的意见和权益。关心他人、善于合作,不为了满足自己的需要而苛求于人;有知心的朋友,有亲密的家人。即使他人做了对自己不利的事情,在不能以客观事实为依据的情况下,也不会轻易地讨厌或怨恨他人。

"爱他人"体现在人际关系质量上,心理健康的人具有较高的安全感,能相信这个世界,因此看待大多数人都是善良、可交往的。同时,心理健康的人也具有自尊自信感,常表现出开放、亲和、友善的态度。在与人交往时,心理健康的人具有较好的共情能力及关心他人的品质,能够体察他人的思想、愿望、感受,乐于了解别人的看法和态度;能适当关注他人,有同情心,能坦然地表达自己,展现自己的能力,能够建立并享受亲密关系。

3. 爱生活

爱生活指感受学习、工作、生活带来的幸福。心理健康的人对学习、工作、生活抱有热情与效率,他能找到学习、工作、生活中的乐趣,并充分享受乐趣。人人都会有苦恼,但心理健康的人能在学习、工作、生活中尽可能发挥自己的聪明才智,并从中获得满足感、成就感、快乐感、意义感。

加利福尼亚大学埃蒙斯教授认为:充满感激之心的人会感受到更多积极的情感,比如喜悦、热情、爱恋、幸福和乐观等,这些能够使人体保持良好幸福的状态。心理学家约翰·福赛斯认为,当你表现出善意的举动,哪怕仅仅是给别人让路,大脑就会释放出多巴胺,血液中复合胺的含量也会升高,而这两种物质都会使人感觉更好。心理学家霍金斯通过二十多年的研究表明,善有善报有科学道理,任何导致人的心理振动频率低于200的状态会有害身体,而从200到1000的频率则有益身体,比如温和、乐观、宽容、理智和理解、关爱和尊敬、高兴和安详、平静和喜悦能改变身体中粒子的振动频率,进而改善身心健康。

拓展阅读

挖掘雷锋精神的心理幸福内涵

雷泓霈

以前我们谈学雷锋,都是注重从精神传承方面来讲,做一个乐于助人的人。可这种讲解总有一种灌输和说教味道,容易引起逆反心理。时下,幸福指数正在成为时髦名词,从这个方面切入,是个全新的视角,也更容易为大众所接受。

过去我们在看待雷锋现象的时候,多强调他的付出,却忽略了他的收获——巨大而温暖的精神幸福收获。他好事做了一火车,幸福也得到了一火车啊。当一个人无怨无悔地为他人和社会奉献的时候,他的心理发展就会呈现无私无欲的君子境界,因为淡化了功利化追求,刺激了右脑开发,他感受幸福的能力就强,幸福指数就会非常高。

当下,在国民幸福指数普遍不够高,人们更重视提升物质财富的同时,还要多改善精神状态和心理状态,这时候,雷锋精神真的就是我们的良师益友。他助人为乐、慷慨无私、慈善感恩以及满腔热忱,能为人们带来源源不断的精神拔节和成长,长期做下去,还能改善一个人的心境、世界观和价值观,让我们从物欲崇拜中摆脱出来,追求服务社会的公共意识和公共责任感。这种崭新的心理和幸福内涵更是雷锋精神的时代价值。

雷锋不仅乐于助人,更能从助人的过程中拥有幸福而充实的心理体验,这样的体验又促进了他更多的助人行为,热爱生活、投入生活、拥抱生活,同时也感受被我们生活中的点滴人和事所热爱和拥抱着,使自己的心灵充满幸福与意义,这样的良性循环正是一个心理健康的人所追求和向往的。(2013年3月5日《浙江日报》)

四、高职学生如何发展积极心理品质?

2023年,北京师范大学教育学部副教授钱志亮在《教育家》上发表了一篇文章,题目为《未来社会是非智力因素的竞争——写在ChatGPT新纪元之际》。他谈道:"ChatGPT让我们意识到:今天的社会正面临着前所未有的变局,过去是知识驱动,未来是智慧驱动、体验驱动;过去以制造为中心,未来以创造为中心;过去追求标准化、规模化,未来讲究个性化、特色化;过去我们把人变成了机器,未来我们要把机器设计得更接近人。未来社会不是知识的竞争,而是非智力因素的竞争,是创造力和想象力的竞争,是智慧和体验的竞争,是领导力、担当力、责任感的竞争,是独立思考的竞争。"

文章认为,现在更多关注的是看不见的学习力。如果把学习力视为一座冰山,水面之上是"看得见的学习力",如知识和理解能力,而水面之下则是"看不见的学习力",如兴趣、动机、态度、策略、习惯、意志力、创造力。智能时代,知识技术更新飞快,人们需要有不断学习的能力,才能与时代相匹配。面向未来,非智力因素会唱主角,这也是贯彻落实党的二十大报告中强调的"素质教育"。

习近平总书记在十四届全国人大二次会议时强调,我们要实实在在地把职业教育搞好,要树立工匠精神,把第一线的大国工匠一批一批培养出来。每一名大国工匠都精于工、匠于心、品于行。重视软素质的培养,重视心理健康,塑造积极心理品质是赢得未来的关键所在。

(一)重构心理健康的意义:未来社会是心理素质的竞争

1.心理健康促进自我探索

进入青年初期(18~21岁)之后,人们开始有意识地、深层次地思考"我是谁""我来自哪""我将去向何方"等问题的答案。建立自我同一性是青少年期最重要的任务。在探索自我同一性的过程中,我们能逐渐形成正确的自我评价,有效地进行自我管理,培养责任与担当意识,提高选择与决策能力、抗挫折能力。较高水平的自我同一性意味着能正确地认识自我,建立适度的自尊水平,正确评价自己,不盲目自大、自卑。自我同一性的探索也意味着不断调整自己的追求目标,从而找到正确且适合自己的人生目标与职业理想,能更好地与外界发生联系,适应新的环境与挑战,最终达到自我同一性的完成。

2.心理健康有利于提高人际交往能力

高职学生在与他人交往过程中加速了社会化发展。较高的心理健康水平让我们能积极主动地与他人交往,不断地学习交往技能,发展并适度扩张人际关系网络,正确面对交往过程中的挫折与失败,理性处理人际关系压力,最终形成积极的人际交往模式。心理学家发现青少年时期的同伴关系对成年后的人际交往能力和心理健康水平有着显著预测作用。青少年时期拥有较为充足的朋辈友谊,与朋友保持亲密,能建立稳定和亲近人际关系的人,到了成年期,人际交往通常比较顺利,心理健康水平也较高。

3.心理健康助力学习绩效表现

较高的心理健康水平能够有效地促进我们学习发展。心理健康水平较高的青少年保有较强的学习动机,可以有效地管理时间,对学习进行自我监控与调节,处理好兴趣与学业目标的平衡关系,根据自己的兴趣、目标,制订合理的学习计划,促进专业成长,提升综合素质与能力。

4.心理健康有助于个人不断适应环境

目前已经有研究发现积极心理品质在对抗心理压力、心理疾病时有缓冲作用。积极心理品质有助于个体采取更为有效的应对策略,更好地适应生活中的各种压力情景。现代社会的环境下,人们比以往要承受更多的心理压力和冲突,这就需要有良好的心理健康水平与积极心理品质。较好的心理健康水平可以增加个体的心理资本水平,促进个体寻求良好的健康行为与社会支持,更好地适应社会发展。

5.心理健康有益于人生发展、职业生涯发展

良好的心理健康水平不仅可以使个体产生发挥个人心理潜能的动力,还可以对个人心理潜能的发挥有着维持和调节的作用,让这种心理潜能发挥并保持健康的方向,促进个体学习和工作效率的提高。

良好的心理健康水平对职业生涯目标的达成起着促进和保障作用。在职业生涯初期阶段,心理素质过硬的大学毕业生,会更看重自己的知识、观念、能力、内心感受等组成的内职业生涯目标,意识到这会让自己走得更远,超越于谋生层面,更关注于挖掘潜力及自我实现。

(二)全面发展21世纪核心素养

培养大学生面向未来的21世纪核心素养是全球教育的共同追求。2015年,北京师范大学中国教育创新研究院对全球21世纪核心素养教育实施经验进行梳理和总结,通过对5

个国际组织和24个国家或地区的文献进行调研和深入加工，于2018年2月发布了"21世纪核心素养的5C模型"研究报告，并最终在2020年形成了21世纪核心素养5C模型，包括5个一级维度、16个二级维度[①]，如表1.3所示。

表1.3　21世纪核心素养5C模型的结构框架与内涵描述

素养	素养要素	内涵描述
文化理解与传承素养（Cultural Competence）	1.文化理解	对文化的基本内涵、特征及其历史渊源和发展脉络、不同文化的共性与差异及其相互影响的体验、认知和反思。
	2.文化认同	一个社会共同体的成员对特定文化环境中的审美取向、思维方式、道德伦理、行为或风俗习惯等的认可和接纳。
	3.文化践行	一个社会共同体的成员对于其所选择和认同的生活方式、文化观念和价值原则等在现实生活中主动加以实践、传承和改造、创新。
审辨思维（Critical Thinking）	1.质疑批判	既包括不轻易接受结论的态度，也包括追根究底的品格。
	2.分析论证	强调基于证据的理性思考，能进行多角度、有序的分析与论证。
	3.综合生成	是指在分析的基础上进行系统整合与重构，形成观点、策略、产品或其他新成果的过程。
	4.反思评估	是指基于一定标准对思维过程、思维成果以及行动进行监控、反思、评估和改进，促进自我导向、自我约束、自我监控和自我修正。
创新素养（Creativity）	1.创新人格	具有好奇心、开放心态、勇于挑战和冒险、独立自信等特质。
	2.创新思维	通常包括对开展创新活动有帮助的发散思维、辐合思维、重组思维等。
	3.创新实践	参与并投入旨在产生新颖且有价值的成果的实践活动。
沟通素养（Communication）	1.同理心	一种能够了解、预测他人行为和感受的社会洞察能力。
	2.深度理解	能够正确理解沟通对象以语言、文字及其他多种形式传递的信息，隐含的意图、情绪情感、态度和价值观等以及对内容进行反思与评价的能力。
	3.有效表达	在不同的情境下，运用语言或非语言等多种形式，清楚地传达信息、表达思想和观点，以达到沟通的目的。
合作素养（Collaboration）	1.愿景认同	通过讨论、分析、反思等方式，实现对小组或团队目标、使命以及核心价值取向的认同，并使之内化为自己完成任务的目标和信念。
	2.责任分担	结合自身角色制订计划和目标，积极主动承担分内职责，并充分发挥个人能动性，以较强的责任意识和担当精神，完成本职任务或工作。
	3.协商共进	运用沟通技能，本着互尊互助、平等协商、共同进步的原则，与小组或团队成员展开对话，并适时、灵活地作出必要的妥协或让步，有效推进团队进程，实现共同目标，促进共同发展。

①魏锐,刘坚,白新文,等."21世纪核心素养5C模型"研究设计[J].华东师范大学学报(教育科学版),2020,38(2):20-28.

1.文化理解与传承素养

文化是一个国家、一个民族的灵魂和生命,也是一个国家、民族综合实力的重要体现。文化兴则国运兴,文化强则民族强,每一位中国公民都应该具备一定的文化理解与传承素养。文化理解与传承素养指人们对文化的认知与理解、继承与扬弃、发展与创新的过程和行为,对个体发展、社会和谐都具有深远意义。

2.审辨思维

审辨思维可以帮助人们正确看待和有效处理社会问题、科学问题和实际生活问题,是促进学业进步和职业发展的重要条件。一个具有审辨思维的个体在面对不同情境时,不但能够不懈质疑、理性分析、不断反思,得出合理的结论或提出有效的解决方案,而且能慎重考虑他人的观点且尊重他人挑战自己观点的权利。

3.创新素养

创新是人类文明进步与社会发展的根本动力,它普遍被认为是21世纪人才发展的关键特征。一个具有创新素养的个体,能够利用相关信息和资源,产生新颖且有价值的观点、方案、产品等成果。

4.沟通素养

在全球化和信息化背景下的现代社会,无论人类社会重大问题的解决,还是个人社会生活、职业生活以及家庭生活的成功都依赖于个体具有良好的沟通素养。沟通素养越来越成为衡量现代人才的一个重要标准。沟通素养包含深度理解、有效表达和同理心三个要素。其中,深度理解和有效表达是沟通的两个重要过程,需要语言能力、思维能力和社会能力的共同参与,而同理心则是促进有效沟通最为重要的一种社会情感能力。

5.合作素养

随着知识社会、人工智能和全球化时代的到来,不同领域的人才需要通过更多的跨国、跨领域合作,实现知识与技术的迭代发展和克服技术发展所带来的种种挑战。合作素养是学生个体能够在认同小组或团队目标及核心价值观的基础上,积极主动承担分内职责,并本着互尊互助的原则,通过与团队其他成员间的平等协商,灵活地作出妥协、解决分歧或问题,实现共同目标,促进共同发展。

实操练习

一、案例分析

马克在2岁时被发现患有1型糖尿病。他的疾病来自家族的基因缺陷,他的几个哥哥、姐姐都没能幸免。马克今年72岁了,他是幸运的,父母教会他为自己注射胰岛素,这成了他生活的一部分。在胰岛素的帮助下,他的身体健康状态与正常人没有区别。

现在,马克除了每天不间断地监测血糖和注射胰岛素外,还保持运动、开展正常社交、积极发展自己的兴趣,享受一个正常人应该享受的一切状态,先天的糖尿病似乎并没有太多地影响他的生活。他注射胰岛素的时间已经长达70年了,而且这一时间还在不断延续。

请回答

请用"全面健康"的概念判断马克是否健康,并说明理由。

二、自测与思考

完成亚健康状态自评。在以下30项现象中,如果感觉自己存在6项或6项以上,则可视为是亚健康状态。

( )	精神焦虑,紧张不安	( )	忧郁孤独,自卑郁闷
( )	注意力分散,思维肤浅	( )	遇事激动,无事自烦
( )	健忘多疑,熟人忘名	( )	兴趣变淡,欲望骤减
( )	懒于交际,情绪低落	( )	常感疲劳,眼胀头昏
( )	精力下降,动作迟缓	( )	头昏脑涨,不易复原
( )	久站头晕,眼花目眩	( )	肢体酥软,力不从心
( )	体重减轻,体虚力弱	( )	不易入眠,多梦易醒
( )	晨不愿起,昼常打盹	( )	局部麻木,手脚易冷
( )	掌腋多汗,口干舌燥	( )	自感低热,夜常盗汗
( )	腰酸背痛,此起彼安	( )	舌生白苔,口臭自生
( )	口舌溃疡,反复发生	( )	味觉不灵,食欲不振
( )	反酸胀气,消化不良	( )	便稀便秘,腹部饱胀
( )	易患感冒,唇起疱疹	( )	鼻塞流涕,咽喉疼痛
( )	憋气气急,呼吸紧迫	( )	胸痛胸闷,心区压感
( )	心悸心慌,心律不齐	( )	耳鸣耳背,晕车晕船

请写出自己生活中三种可能引起潜在健康风险的生活方式:＿＿＿＿、＿＿＿＿、＿＿＿＿。

请写出三种在平时生活中与保持身体健康有关的行动:＿＿＿＿、＿＿＿＿、＿＿＿＿。

请写出三种在平时生活中与保持心理健康有关的行动:＿＿＿＿、＿＿＿＿、＿＿＿＿。

三、请判断以下描述是否正确

心理健康是一种臻于完满的状态。　　　　　　　□对　　　□错

人不能从心理异常状态再回到心理健康状态。 □对 □错

心理健康的人是不能有负性想法的。 □对 □错

心理健康的人永远开朗、积极、乐观。 □对 □错

能主动调整心理亚健康状态至正常水平就是心理健康的表现。 □对 □错

心理健康状态一旦达到就可以一劳永逸。 □对 □错

人遇到心理问题是正常的。 □对 □错

人的心理状态是处在动态发展中的。 □对 □错

吃饭和睡觉不是人的社会功能。 □对 □错

心理健康的人具有社会功能,例如看书、工作。 □对 □错

四、完成"我的九宫格日记"

九宫格日记是一种新的日记方式,即在九个方方正正的小格子内,像做填空题那样"对号入座",填写相应的内容,就完成了一篇日记,整个过程不到几分钟。九宫格日记可以帮助我们记录身心点滴状态,对于观察自己身心健康发展趋势,掌握身心健康状态有一定帮助。

九宫格日记的主要内容可以是开心的事、助人的事、计划/工作/备忘、今日进步、心情/感悟/灵感、关注/八卦/新闻、健康/饮食/体重、梦境等,正中央的那格是日期/天气。九宫格日记通过将生活中的经历分门别类简单记录,能帮助个人更好地认识和反省自己的行为,督促其完成计划、达成目标。日记范例如下:

开心的事 受到老师的表扬	助人的事 帮寝室同学打水	计划/工作/备忘 买杂志
今日进步 没发牢骚	日期/天气 1月4日,晴	心情/感悟/灵感 当断不断,必受其乱
关注/八卦/新闻 360和腾讯较劲呢	健康/饮食/体重 同学说我太瘦了	梦境 我变成了一条鱼

小结提升

学习目标

- 明确知晓全面健康、心理健康的含义。
- 明确知晓心理健康水平的分类标准,能够科学理解心理健康。
- 初步了解自己身心健康水平。
- 从关注心理健康开始,确立身心健康主人翁意识,以及心理成长目标。

✎ **学习要点**

- 全面健康观是我们完全能够积极地追求、塑造属于我们自己健康生活的状态。
- 学会保持身心平衡,注意维护心理健康。在心理健康状态下,个人具有生活的活力,积极的内心体验、良好的社会适应性。
- 心理健康状况通常分成两类:心理正常和心理异常。其中,心理正常又分心理健康状态和心理亚健康状态。
- 正常人与精神疾病患者之间其实没有明显界限,各心理健康水平之间是一个连续变化的过程。
- 可以通过生活方式管理促进身体健康,通过爱自己、爱他人、爱生活促进心理健康。
- 大学生要以心理健康为基础,塑造21世纪核心素养。

主题二　重写人生剧本
——走进心理咨询

【案例分析】

平常见之必无惊

　　南宋时期，金国的张从正医生在他的中医著作《儒门事亲》中记录了这样一个故事：卫德新的妻子在旅行途中住进了一间楼上的客房。有一天夜里，遇到盗贼闯入，盗贼不仅抢夺财物，还放火烧了房屋，她因此受到极大的惊吓，慌乱之中跌落在床下。从此以后，她只要听到任何声响，就会惊恐万分，甚至会晕倒、失去意识。家人为了照顾她，走路时都小心翼翼，不敢发出一点声响。这种情况持续了一年多，其间很多医生都以为她是得了心脏病，给她用了人参、珍珠粉和定志丸等各种药物，但都没有效果。

　　这时，张从正前来诊断。张医生判断，卫德新的妻子是因外部剧烈惊吓导致的阳气过盛，而恐惧则是内心的阴气郁结。他解释说，惊是因为外界突如其来的变故导致的不知所措，而恐惧则是知道危险而产生的情绪。人体内的足少阳胆经与肝木属性相通，胆主管人的果断与勇气，长期的惊怕必定会对胆造成损害。

　　张医生于是采取了一种特殊的治疗方法。他让两位丫鬟扶住卫夫人，让她坐在一把高背椅上，面前放置一个小桌子。张医生突然用力击打这张桌子，卫夫人果然受到惊吓。张医生问她："我只是敲打桌子，你为何如此害怕？"等到她稍微平静下来，张医生再次敲打桌子，随着反复敲击三四次后，卫夫人的惊恐反应有所缓解。接着，张医生又让人轻轻敲击房门和窗户，慢慢地，卫夫人逐渐安定下来，甚至笑了起来，好奇地问："您这是在用什么方法治疗我呢？"

　　张医生回答说，根据中医经典《黄帝内经》的观点，对于因惊吓而产生的病症，应该通过让患者接触并习惯日常生活中常见的声响，从而达到平复的效果。当天晚上，张医生让人不断敲击门窗，从傍晚直到黎明，持续让她接触各种声音。经过一两天的时间，即使外面响起雷声，她也不再感到惊恐。

分析

从现代心理咨询与治疗理论来看,张从正医生对卫夫人的治疗用到了认知行为疗法框架下的系统脱敏疗法。

卫夫人的症状符合现代心理疾病分类中的创伤后应激障碍(PTSD),表现为对外界刺激过度敏感和惊恐反应,这是由于她在遭受抢劫和失火的重大创伤事件后,大脑形成了强烈的恐惧记忆痕迹,导致听到任何声响都可能触发这种记忆回路,引发恐慌反应。

张从正医生首先是通过反复、可控的方式呈现刺激(即敲击桌子、房门和窗户的声音),让卫夫人在安全的环境下逐渐适应这些原本会引起恐慌的声音,这与系统脱敏疗法的治疗理念相吻合。系统脱敏疗法主张通过分级暴露于恐惧刺激中,让患者在安全的环境中逐渐克服对这些刺激的恐惧和紧张反应。

此外,张医生的治疗过程还暗示了提供信息和解释的重要性。他通过解释为什么进行这样的治疗,帮助患者理解自己的恐惧是可以被管理和克服的。这种理解有助于患者建立对治疗过程的信心,同时也是认知行为疗法中常见的一种技术,旨在改变患者对于恐惧情境的认知评估。

尽管这个故事中,张从正医生所使用的治疗方法没有现代心理治疗那样系统的理论框架和操作规程,但在实践中,他实质上运用了相类似的策略。从这个案例中,我们可以看到心理咨询与治疗如何帮助患者克服心理创伤带来的过度恐惧反应。这个故事告诉我们,我们要关注自身的心理健康,理解心理咨询的重要性,学习运用科学的心理调适方法,掌握正确的心理求助渠道。

一、从未到过的地方——心理咨询

(一)心理咨询的定义

心理咨询是指由受过专业训练的心理咨询师,运用心理学的知识理论和技术,在建立良好关系的基础上,通过倾听、共情、反馈、引导和干预等方法,帮助因心理问题或困扰而求助的当事人,解决心理、情感、行为层面的问题,促进自我探索和认识,提升情绪调节和应对策略,推动行为模式的积极改变,以及促进人格的成熟和优化,进而提升生活质量及心理健康水平,推动个人成长和发展。

拓展阅读

什么是心理咨询和心理治疗[①]

心理咨询得以产生效果的首要条件是咨询师与当事人之间的一种人际关系。在这种透

---

① 江光荣.心理咨询的理论与实务[M].2版.北京:高等教育出版社,2012:17.

着信任、关怀和理解的关系气氛中，当事人可以安全地、无顾虑地进行自我探索，把平时有意识地或无意识地掩盖的、自己的真实需要、动机和内心冲突表达出来，发掘出来。这时候当事人往往可以明白自己的一些情绪和行为——包括那些令自己困扰的情绪和行为——后面真正的原因。咨询过程又会促使或引导当事人去观察自己对环境（主要是人的环境）中一些影响自己的因素作出了何种反应，以及自己习惯性的体验方式、思考方式和行动方式。这样一种自我省察可以帮助当事人明了自己跟环境的关系：环境对自己做了什么，自己对环境做了什么，自己对环境所做跟环境对自己所做之间有什么关联。然后很自然地，当事人会去评价自己跟环境的关系，去评估自己跟周围的人和事打交道的方式是否是自己希望的那种方式，是不是一种给自己带来幸福的方式。在这种自我探索和自我认识的基础上，当事人会产生一种改变的欲望和动力，他/她会主动地去探求新的生活目标，去发现新的行为方式，并采取实际行动去学习新的行为方式，追求新的目标。在整个过程中，当事人并不是一个被动、接受的角色，相反，所有这些自我探索、领悟和行动，都有赖于当事人积极主动的活动。咨询师会设法启动、支持、陪伴当事人的自我探索和自我新生的过程，并在必要时给予提示、解释或指导，但他并不替代当事人去做这些事情。

（二）心理咨询的概述

1.心理咨询的性质和特点

心理咨询是一种专业的人际帮助活动，涉及两个主体：寻求帮助的当事人和提供专业帮助的咨询师。这种帮助建立在心理学理论的坚实基础上，通过应用一系列方法和技术，旨在解决当事人的心理困扰或问题，达到既定的咨询目标。咨询师不仅需要具备心理学方面的专业训练，还要能够创设适宜的条件，以促进当事人问题的解决或改善。

心理咨询本质上是一个互动的人际过程，这种互动是双向的，涉及信息的交流和影响。这一过程不仅包括咨询师对当事人的支持和引导，也包括当事人对咨询师的反馈和影响。这种双向互动的成功与否直接关系到咨询的质量和效果。咨询中的互动应当是良性的，建立在理解、信任和富有建设性的关系之上，这对于咨询过程的有效性至关重要。

心理咨询具有明显的"心理性"特点，与其他类型的咨询（如法律或管理咨询）有所区别。它主要关注个体的心理和行为问题，如人际交往障碍、应对策略的缺失、焦虑症或抑郁症等。咨询的内容、目标、理论依据和方法技术均来源于心理学的基础研究，旨在促进当事人在心理和行为方面的积极改变，如消除紧张反应、提高自我认识、增强各种能力等。

2.心理咨询师与当事人的关系

心理咨询师与当事人之间的关系是一种复杂而美妙的人际关系，这种关系是心理咨询的核心和基石，它不仅是治疗过程的载体，更是治疗效果的关键因素。这种关系的建立和维护，需要咨询师具备深厚的专业知识、丰富的人文关怀以及高度的自我意识。具体来说，咨询师和当事人是一种什么样的关系呢？

（1）一种专业的合作伙伴关系。在这种关系中，咨询师并不是站在权威的位置上对当事人进行指导，而是与当事人并肩作战，共同面对问题，探索解决之道。这种合作基于对当事人的深刻理解和尊重，咨询师通过倾听、反馈和提问等方式，激发当事人的自我探索和自我理解，帮助他们发现内在的力量和资源。在这个过程中，当事人不仅是被动接受帮助的对象，更是主动参与的主体，他们的觉察、理解和行动是改变的关键。

（2）一种基于信任的治疗性关系。信任是这种关系的基础，没有信任，就没有安全感，也就没有开放的交流和深入的探索。咨询师通过真诚一致的态度和严格保密的原则，为当事人营造一个安全、接纳的环境，使他们愿意敞开心扉，分享内心的想法和感受。在这样的环境中，当事人可以暂时卸下生活中的面具和防御，真实地面对自己，这对于心理治疗和个人成长至关重要。

（3）一种动态发展的关系。这种关系并非一成不变，而是随着治疗过程的深入而不断发展和变化。在不同的治疗阶段，咨询师与当事人之间的互动模式、情感深度和依赖程度都会有所不同。咨询师会灵活调整自己的角色和策略，时而提供支持和安慰，时而提出挑战和反馈，以适应当事人的需要和治疗过程的要求。这种灵活性和敏感性是咨询师专业能力的体现，也是维护和促进治疗关系发展的关键。

（4）一种具有疗愈作用的关系。在这种关系中，当事人经历了被理解、被接纳和被尊重的体验，这本身就具有疗愈的力量。通过与咨询师的互动，当事人可以重新审视自己的生活经历和人际关系，学习新的应对策略和交往模式，从而促进心理健康和人际关系的改善。在某种程度上，咨询师与当事人之间的关系成为一个微缩的社会，当事人在这个微缩社会中获得的经验和学习，可以转化为他们在现实生活中的行动和改变。

（5）一种双向成长的关系。虽然咨询的主要目的是帮助当事人解决问题和促进成长，但在这个过程中，咨询师自身也在不断学习和成长。每一位当事人都是独一无二的，他们的故事和经历为咨询师提供了宝贵的学习机会，使咨询师能够不断拓展自己的视野，深化对人性的理解，提升专业技能。因此，咨询师与当事人之间的关系不仅是帮助与被帮助的关系，更是共同成长和发展的伙伴关系。

3.心理咨询的设置

心理咨询的设置是咨询师与当事人都要遵守的基本规则，对心理咨询的实际操作过程进行的这些具体安排，是为了确保咨询过程的专业性、有效性和安全性，同时也是为了建立和稳固咨询关系，明确咨询师与当事人之间的界限，并保护咨询师避免过度耗竭。咨询设置通常会包括以下几个方面：

（1）时间设置：咨询频率最常见的是一周1次，也有的咨询流派可能是一周2~3次甚至3~5次，学校心理咨询通常是一周1次。每次咨询会谈的时间通常为45~60分钟。当事人应准时到达和结束咨询,咨询师会在接近结束时提醒注意时间控制,不在临近结束时开启新话题,保证咨询的节奏和完整性。

(2)预约制度:咨询时间必须提前预约,如有变动,一般需提前至少24小时通知咨询师,否则可能会正常计费。首次预约通常包括一些额外的步骤,如通过问卷或初访了解当事人的基本情况和需求,以确认咨询师和当事人相匹配,确保咨询过程能够顺利进行。因为学校的个体咨询资源有限,如果当事人无故爽约或取消预约,可能会扣除押金,甚至结束咨询。咨询师也探究爽约背后的原因,如是否存在阻抗、纠结或责任感缺失等情况,并进行适当的干预和支持。

(3)迟到与拖延:对于迟到的当事人,咨询师通常不会补足相应时间,除非有特别规定或涉及意外、紧急情况。当事人若拖延或在咨询最后几分钟突然提及重要问题,咨询师会保持耐心和共情,但原则上不延长本次咨询时间,而是鼓励在下次咨询中继续探讨。

(4)收费制度:心理咨询普遍采取收费制度,这是因为它有助于建立正式的咨询关系,判断当事人的咨询动机,并促进当事人更深入地投入咨询过程。收费标准通常是固定的,可以按时间和次数来计算,费用设置会事先告知当事人,如有更改会经过协商。在某些特殊情况下,如当事人经济困难或咨询内容特别复杂,也可能减免或增加费用。学校里的心理咨询通常不收取费用。

(5)礼物与额外联系:为了明确咨询关系的界限,保持适当的专业距离,咨询师会在有些时间显得"不近人情"。比如,在心理咨询中,当事人赠送礼物的情况会被咨询师谨慎处理,咨询师通常不接受过于频繁或贵重的礼物,以免影响咨询关系的纯粹性。咨询期间咨询师的电话应处于静音状态,非紧急情况不接听来电;咨询以外咨询师一般不会给当事人个人电话号码,避免打破专业边界。在咨询以外的场所遇到,咨询师不会主动打招呼,因为当事人或许不愿意暴露自己正在接受咨询。

二、一张全新的地图——心理咨询的内容

(一)心理咨询的范围

(1)情绪调适与应对:心理咨询能够帮助个体识别和处理抑郁、焦虑、自尊心低落等负面情绪,学会使用有效的情绪管理策略,减轻情绪困扰,提高情绪稳定性,增强自我接纳和自信心。

(2)人际交往:针对人际冲突、沟通不畅等问题,心理咨询能够教导个体如何建立和维持健康的人际关系,解决寝室矛盾、亲子冲突等问题,学会尊重与理解他人,提高人际交往的适应性和有效性。

(3)恋爱与家庭关系:在恋爱关系和家庭矛盾方面,心理咨询通过引导个体审视和改善

自身的沟通模式、处理亲密关系中的复杂情感,从而缓解情侣矛盾、提高婚姻质量、解决亲子教育分歧等问题,促进家庭成员间的和谐共生。

(4)个人成长与心理韧性:在个人成长方面,心理咨询能帮助个体克服完美主义、自卑感,提升自尊自信,掌握压力管理技术,助力个体在面对挫折时展现出更强的心理韧性,明晰生活目标,推动个人心理成长。

(5)性心理与性别认同问题:对于性心理障碍以及性别友善相关问题,心理咨询提供安全和理解的空间,帮助个体探索并接纳自己的性取向和性别身份,从而更好地适应社会环境和个人生活。

(6)学业与职业发展:在学业和职业领域,心理咨询能够帮助学生解决适应问题、应对压力、规划职业生涯,提升应对学习和工作压力的能力,降低疲劳和倦怠感,促进个人潜能的发掘与实现。

(7)青少年心理发展:针对青少年特有的心理问题,如逃学、厌学等,心理咨询通过建立信任关系,提供适合青少年发展的心理辅导,帮助他们平稳度过叛逆期,培育理性平和的健康心态,培养健康的情感表达和解决问题的能力。

(8)心理健康维护与康复:对于各种心理障碍,如强迫症、成瘾行为、睡眠和饮食障碍、抑郁症康复等,心理咨询通过系统的干预和治疗,帮助个体恢复正常心理功能,改善生活质量,实现心理疾病的预防和康复。

(二)心理咨询的理论基础

心理咨询是一个复杂而多元的领域,涉及多种理论和方法,旨在帮助个体理解自己的思想、情感、行为,并在必要时进行改变以提高生活质量。不同的心理咨询流派基于不同的人性观和治疗理论,以下是几种主要流派的概述。

1.精神分析学派

基本原理:认为个体的不适和心理问题源于潜意识冲突,特别是早年经历对潜意识的影响。

治疗方法:通过自由联想、梦的解析、移情和反移情等技术,帮助个体探索和解析潜意识中的冲突,从而理解自己的行为和情感,解决心理问题。

作用:通过深入探索个体的内心世界,精神分析帮助个体了解根深蒂固的情感和行为模式的来源,促进心理成长和自我洞察。

2.人本主义学派

基本原理:强调个体的自我实现和正向增长潜力,认为在一个支持和接纳的环境中,个体能够自发地成长和发展。

治疗方法:提供无条件的正面关注、同理心和真诚的反馈,帮助个体自我探索,增强自我接纳和自尊。

作用：人本主义心理咨询通过创造一个温暖、接纳的治疗环境，激发个体的内在潜能，促进自我理解和个人成长。

3.认知行为学派

基本原理：认为个体的情感和行为问题往往源于不合理的思维模式和认知失调。

治疗方法：通过技术如认知重构、行为实验、暴露疗法等，帮助个体识别和改变不健康的思维模式，发展更加适应性的行为。

作用：认知行为疗法通过具体、目标导向的干预，快速有效地帮助个体减轻症状，改善心理功能，提高解决问题的能力。

4.家庭治疗流派

基本原理：强调个体问题常常根植于家庭系统和家庭成员间的互动模式中。

治疗方法：通过家庭会谈、角色扮演、家庭作业等技术，改变家庭成员之间的互动模式，促进家庭功能的健康发展。

作用：家庭治疗通过调整家庭系统内的关系和沟通模式，解决个体问题的同时，改善整个家庭的动态和功能，促进家庭成员之间的理解和支持。

每种理论学派都有其独特的视角和治疗方法，心理咨询师根据个体的具体情况和需求，选择最适合的理论框架和技术进行干预，以达到最佳的治疗效果。

三、拨开迷雾，回归真我——心理咨询的误区

(一)"心理咨询就是聊天，我还不如找朋友聊聊"

心理咨询虽然表面上看与朋友间的聊天相似，但其实质与目的迥异。首先，心理咨询是在一个专业、安全的人际关系框架下进行的，它具有明确的会谈目标和方向，咨询师的每一句话和行为都是为了帮助当事人更好地理解和解决心理问题，而非一般的社交互动。

相较于朋友聊天，心理咨询中的深度觉察和反思更为系统和深入，咨询师通过专业的训练和方法引导当事人探索内心世界，触及平时不易察觉或不愿面对的深层情感、认知和行为模式。而在咨询过程中，真诚一致的咨询师会运用积极关注、共情同感与当事人深度互动，建立相互理解、信任和目标一致的合作模式，形成强大的工作同盟，推动咨询效果的实现。

此外，心理咨询师所提供的是一种无条件接纳的、非评判性的倾听环境，他们会全神贯注地关注当事人的情绪表达和语言线索，挖掘问题的本质，而不是像朋友那样可能掺杂个人情感色彩、道德判断，做表面的安慰劝导。亲友的支持固然重要，但他们往往因为情感联

结而难以保持绝对的理性客观，心理咨询师则通过专业的训练避免过度情感卷入，能保持恰当的情感距离，始终以促进当事人的心理健康为首要任务。

因此，尽管心理咨询的形式是看似轻松的交谈，但其背后蕴含着深厚的理论基础、专业的技术手段和明确的治疗目标，是远远超过朋友聊天的一种专业化心理服务。

(二)"心理咨询师会告诉我该怎么做"

心理咨询师的角色更像是一个智慧的引导者和耐心的教练，他们的工作重心在于帮助当事人发掘自身的资源和优势，通过提问、引导和讨论，促使当事人自我反思，找出最适合自己的问题策略和途径。

之所以不直接给予建议，是因为心理咨询的核心理念是赋能和自我成长。就像"授人以鱼不如授人以渔"的道理，心理咨询师更倾向于培养当事人独立解决问题的能力，而不是短暂地依赖外部建议。如果心理咨询师直接给建议，就像给当事人一根拐杖，虽然短期内能帮助其前行，但长期来看，当事人可能无法真正摆脱困境，形成独立解决问题的能力。

通过建立工作同盟，咨询师与当事人一同剖析问题根源，探讨和试验改变的可能方案，让当事人在实践中获得真正的成长和转变。心理咨询师会鼓励当事人想象自己独立面对问题的场景，探讨可能的后果，从而共同构建适合当事人自身的方法。在这个过程中，咨询师始终在旁陪伴与支持，即使失败也不会抛弃当事人，而是鼓励其再次尝试，就如同幼儿学步，经历跌倒再爬起，逐渐增强应对困境的耐受力和自信心。

通过这样的心理咨询过程，当事人不仅能学会独立应对问题，还能够发展出一套属于自己的应对策略，从而减少对外部建议的过度依赖，学会批判性思考和灵活应用他人的意见。最终，当事人会变得更加坚强和自信，能够更从容地面对生活中的各种挑战，实现自我完善和持续成长。

(三)"心理咨询师知道我在想什么"

在现实的心理咨询过程中，咨询师并不会像小说、电影和电视节目中所描绘的那样，拥有神奇的"读心术"。心理咨询是一门基于沟通与合作的专业领域，它遵循严格的伦理准则和科学方法，旨在帮助当事人逐步揭示和理解自己的内心世界，而非窥探隐私。咨询师与当事人之间的互动，是在当事人愿意分享的基础上进行，尊重个人的隐私和自主权，绝不会强迫当事人透露不愿分享的内容。

心理咨询的互动过程主要包括倾听、共情、提问和反馈等环节。咨询师通过倾听当事人的陈述，观察其言行举止，体会其情绪表达，以此来捕捉和理解当事人的内心体验。但这并不是"读心术"，而是基于专业的沟通技巧和丰富的心理理论知识，对当事人所传达信息的科学分析和解读。

心理咨询的治疗原理中,如认知行为疗法、精神分析疗法、人本主义疗法等,并不需要咨询师直接知道当事人的内心想法,而是通过一系列的谈话和干预技术,引导当事人自我探索,揭示他们内在的思维模式、情绪反应和行为习惯,进而帮助他们理解自己的心理问题,并学习如何改变和解决问题。

例如,在认知行为疗法中,咨询师可能通过询问和挑战当事人的思维误区,协助他们识别并纠正不合理信念,从而改善情绪和行为反应;精神分析疗法通过自由联想和梦的解析等技术,帮助当事人洞察内心深处的问题根源;人本主义疗法则注重创造一个无条件接纳和支持的环境,帮助当事人实现自我的和谐统一。在这个过程中,咨询师并不是直接知道当事人的内心想法,而是通过对话和反馈,帮助当事人自己发现和解决问题。

总的来说,心理咨询师了解你的想法和感受,是基于你主动分享的信息,以及他们运用专业技能和理论进行推理和解读的结果,而非超自然的力量。心理咨询的目标是通过这种互动和合作,帮助当事人提高自我觉察能力,发展解决问题的策略,从而实现个人成长和心理康复。

问题解决

一、我没病,为什么要去做心理咨询?

(一)心理咨询适合什么样的人

许多人可能误以为心理咨询仅适用于存在心理异常或精神障碍的个体。实际上,《中华人民共和国精神卫生法》第二十三条对心理咨询的工作对象进行了严格的限制:"心理咨询人员不得从事心理治疗或者精神障碍的诊断、治疗。心理咨询人员发现接受咨询的人员可能患有精神障碍的,应当建议其到符合本法规定的医疗机构就诊。"

心理咨询和治疗虽然对广泛的内心困扰具有显著效果,但它并非万能良药,不适合所有存在心理障碍症状的人群。这是因为心理咨询主要是通过认知领悟、情绪宣泄和行为练习等心理学手段来干预心理因素,只适用于那些心理因素构成痛苦主要原因的个体。对于病因主要源于生物学因素的患者,如精神分裂症患者、心境障碍患者、脑器质性精神障碍患者等,心理咨询往往不是主要治疗手段,最多只能在精神科医生的指导下仅作为辅助治疗方案。

此外,即便在某些心理障碍中,心理因素起到了关键作用,但由于病因的特殊和当前心理咨询技术的有限,心理咨询的效果也不会太好。例如,部分人格障碍患者,如反社会型、偏执型、分裂型人格障碍等,他们可能并未意识到自身痛苦,缺乏主动求助的动力,或是难以在咨询过程中积极配合，从而使心理咨询难以帮到他们。尽管理论上他们可接受心理咨询，但从实践来看难度较大、成效有限。

当下正处于百年未有之大变局，最近几十年我们的价值观、生活方式等都产生了极速的变化，但是我们的老师、家长可能还在用旧的方法和理念来指导我们，这就好比是用过时的地图来导航现代城市，难免会迷路。这种情况下，我们可能会感到自己的价值观和老师、家长的期待之间存在冲突，不知道如何平衡个人兴趣和社会责任，甚至不清楚自己将来想要什么样的生活。

我们可能正在面对学业、就业、人际关系等方面的压力，不知道如何应对；可能不清楚自己的未来方向，或者对自己的选择缺乏信心；可能难以适应大学生活的新环境，感到孤独或者不适应集体生活；也可能在个人兴趣和社会期待、家庭要求之间感到矛盾和冲突。

中国科学院心理研究所发布的《2022年大学生心理健康状况调查报告》结果显示：在专科生中，大约19.58%的学生可能存在抑郁风险，37.43%的学生可能存在焦虑风险。

当我们在面对快速变化的社会环境时，就好像一只生活在森林里的熊，习惯了捕鱼和采蜂蜜的生活。突然有一天，森林变成了一个巨大的城市，而我们还是那只熊。这时候，我们需要学习如何在城市中生存，比如过马路、买东西等。

我们的大脑和情感反应机制，其实是在很久以前就形成的，用来应对那个时代的生活环境。但现在，社会和技术发展得太快，人类进化得太慢。我们面对的生活环境和挑战与我们的祖先完全不同。就像一只熊突然需要在城市生活，我们也需要适应全新的环境，但我们的"内置程序"并没有那么快更新。这就会导致我们感到焦虑、迷茫，有时候甚至不知道如何是好。

心理咨询就像是给了我们一张更新版的地图和一些生存技能，帮助我们在这个快速变化的社会中找到自己的位置，学会如何更好地适应环境，解决内心的困惑和焦虑。通过咨询，我们可以获得支持和指导，帮助我们更自信地面对生活和未来的挑战。

除了现在的内心困扰，心理咨询也可以帮助我们应对将来的职业压力和工作挑战。我们可以在心理咨询的支持下适应职场、应对职业压力和工作挑战，提升心理素质、职业素养和应对技能，帮助我们顺利完成从学生到职场人的过渡，实现个人价值和社会角色的双重发展。

(二)什么时候需要心理咨询

在生活的旅途上，我们每个人都可能遇到让心灵感到疲惫、困惑或是沉重的岔路口，当你发现自己处于以下任何一种情境时，寻求心理咨询可能是一个有益的选择：

　　当你觉得自己像是身处一个无形的牢笼，每一次呼吸都像是穿越重重迷雾，而出口似乎遥不可及。

在那些深夜里,当你翻来覆去,心中充满了无尽的自责和羞耻,感觉自己无法向任何人坦白。

那些曾经让你眼睛亮起的小事,现在却不再能带给你丝毫的快乐,仿佛生活中的色彩被一把抽走。

当你感到自己仿佛站在一个无人的荒岛上,四周是茫茫的海洋,呼救声似乎永远无人能听见。

在工作或学习中,你发现自己的思绪无法集中,与人交流变得异常艰难,仿佛被一堵无形的墙隔开。

那些夜晚,当担忧成为你的枕边书,你开始质疑自己的忧虑是否有理,却又无法摆脱这种循环。

当你感觉世界变得陌生,似乎没有一个灵魂能够穿透你的心墙,理解你的真实感受。

在人际交往中,当信任感逐渐流失,你开始怀疑是否还有可能建立起真诚和稳定的关系。

那些深埋心底的创伤,像是时不时冒出水面的冰山,让你的生活航程充满了隐忧。

当你的身体开始用它自己的语言诉说心灵的痛苦,却在医学的检查中找不到答案。

在这些时刻,心理咨询就像是一盏明灯,指引你穿越心灵的迷雾,找到内心的平静和力量。心理咨询师可以通过倾听、理解和专业的指导,帮助你探索问题的根源,学习新的应对策略,从而使你能够更好地管理情绪,解决问题,并最终走出困境,重新发现生活的意义和喜悦。

寻求心理咨询是一个勇敢的行为,意味着你正在积极寻求改变和个人成长。记住,每个人在生命中都可能遇到困难时期,寻求帮助并不意味着你弱小或有缺陷,而是表明你有勇气面对挑战,追求更好的自己。

二、心理咨询师真的能帮到我吗?

拓展阅读

"To Cure Sometimes, To Relieve Often, To Comfort Always"是一句著名的医学人文格言,源自19世纪美国医生爱德华·利文斯顿·特鲁多(Edward Livingston Trudeau)。这句话反映了医生在面对疾病和照顾患者时三个层次的职责和目标:

To Cure Sometimes(有时能治愈):指医生在某些情况下能够成功地治愈患者的疾病,尤其是在医疗技术允许的情况下消除病因,恢复健康。

To Relieve Often（常常在帮助）：即使在无法完全治愈病症的情况下,医生仍然可以经常通过各种医疗手段缓解患者的痛苦,改善病情,提升生活质量,或者帮助他们管理慢性疾病。

To Comfort Always（总是去安慰）：无论疾病治愈与否,医生始终应当提供情感支持和心理慰藉,减轻患者的恐惧和不安,帮助他们坦然面对疾病,赋予他们战胜疾病的精神力量。

这句话强调了在医学实践中,除了追求治疗效果外,对患者的关心、支持和精神抚慰同样是医疗服务的重要组成部分,体现了医学人性化关怀的宗旨。这也成为现代医学伦理和人文关怀的重要理念之一。

（一）心理咨询是一个怎样的过程

心理咨询基于多种理论和方法,旨在帮助当事人理解自己的思想、情绪和行为,并在必要时进行改变。心理咨询的过程涉及当事人与咨询师之间的互动,这种互动可以提供一个安全、支持性的环境,让当事人能够自由地探索自己的内心世界和面临的困境。

助人三阶段模式是克拉拉·E.希尔在《助人技术》中阐述的心理咨询与心理治疗领域中的一种理论框架。虽然不同流派在理论基础、技术手段和治疗方法上可能有所不同,但它们都涉及某种程度上的探索（了解问题及其背景）、领悟（理解问题背后的机制和意义）以及行动（改变行为或思维方式以促进个人成长和发展）这三个核心环节,都会包含帮助当事人从发现问题到解决问题并最终转化为实际行动的连续性过程,这与助人三阶段模式的理念相吻合。因此,该模式可以在一定程度上解释大多数心理咨询流派的基本原理和实践路径。该模式分为以下三个阶段：

（1）探索阶段。在助人过程的起始阶段,心理咨询师会努力营造一个安全、接纳和信任的环境,鼓励当事人自由表达内心世界,分享自己的情感、经历和问题。在这个阶段,咨询师通过有效的倾听和共情技巧,帮助当事人深入探索自己的情绪、想法和行为模式,降低心理防御,增强自我觉察和理解。

（2）领悟阶段。随着咨询的深入,进入领悟阶段,当事人在咨询师的引导下,将进一步发掘问题背后的心理机制和根源,了解自己的思维过程、情绪反应与过去经历和关系背景的关联。这一阶段的目标是促使当事人认识到自己在问题形成和维持中的角色,从而为制定有效的改变策略提供依据。咨询师将提供新的视角和反馈,帮助当事人重构问题的意义,促进其对问题本质的深入理解。

（3）行动阶段。行动阶段是将领悟转化为实际生活改变的关键环节。在此阶段,咨询师与当事人将共同探讨如何将从前两个阶段获得的洞察应用到实际生活中,并制订出具体可行的行动计划。咨询师可能会传授给当事人一些具体的行为技巧和策略,以支持他们实施新的行为模式。当事人将在日常生活环境中尝试并检验这些新的行为策略,通过获得反馈来调整和优化行动方案,确保达到预期的改变效果。

探索、领悟和行动这三个阶段彼此密切关联,互相影响,形成一个动态的过程。探索阶段为理解和解决问题奠定了基础,领悟阶段加深了对问题本质的认识,而行动阶段则是将认识转化为实际生活改变的关键。在整个助人过程中,各阶段并非严格依次进行,而是根据当事人的个性化需求和实际情况灵活调整,心理咨询师需要具备高度的灵活性和适应性,确保在恰当的时间引导当事人进入相应的阶段,以达成最终的助人目标。

(二)心理咨询是怎么起作用的

1.建立信心

在开始咨询时,许多当事人可能因深陷心力萎顿的状态,饱受自卑、无助和绝望情绪的困扰,对咨询能否真正帮助自己持怀疑或不确定态度。然而,咨询师通过建立信任关系、展现专业素养以及初次会谈的有效沟通,能够有效地激发和增强当事人对咨询治疗的信心,让当事人敢去期待咨询能帮到自己。这种信心为当事人积极参与治疗提供了强大动力。从消极的无望状态转变为积极的有望状态,本身就会在一定程度上改善当事人的心境,他的抑郁、悲观、消极情绪会受到冲击,从而产生振奋、积极的情绪体验。此外,咨询过程中的"普遍性"概念,即让当事人了解到自己的问题并非独一无二,可以大大减轻他们的无助感,增强治疗信心。

在咨询初期以及整个治疗过程中,这种信心至关重要。特别是在面对改变过程中的种种困难时,这种信心能激励当事人坚持不懈,勇往直前,从而促进其问题的解决和个人成长。

2.调节情绪

在心理咨询的过程中,咨询师通过建立安全、接纳的氛围,鼓励当事人充分表达和释放积压的情绪,这种情绪的疏泄可以缓解焦虑和抑郁,也会让当事人更加信任咨询师。在这个安全接纳的氛围中,面对自己信任的咨询师,当事人可以勇敢地打开曾经被自己压抑和回避的情绪体验,安全地释放和处理这些情绪,重新审视和理解引发自己情绪的问题。对情绪事件的重新认识,给了当事人一个机会去改变旧有的态度,形成新的认知,继而放下包袱,更好地面对现在和未来。

3.重获新生

德国哲学家雅斯贝尔斯说:"教育的本质是一棵树摇动另一棵树,一朵云推动另一朵云,一个灵魂召唤另一个灵魂。"心理咨询也是如此,咨询师可以提供示范和指导,传授知识,理性分析,但理智认知还不够。要促成当事人真正的学习和改变,必须伴随情感体验。结合认知理解和情感体验的过程,它可能表现为个体在经历了强烈的情绪触动后,通过理智分析领悟到情绪背后的含义;也可能是在获得新的见解时,感受到深深的震撼、惊喜或欢喜之情。这种在安全、支持性的咨询环境中获得的全新学习经验,有助于当事人挣脱束缚,从全新的角度审视自己和面临的问题,从而打开一个全新的视野,带来深刻的领悟与突破;有助于当事人实现个人成长,解决心理困扰,并建立起更加健康、更具适应性的思维方式和行为模式。

4.驾驭自我

心理咨询在帮助当事人的过程中,着重于增强其"主宰感"或自我效能感,以对抗心力萎顿所带来的无力感和无助感。研究表明,个体是否认为自己能有效掌控生活及自我,直接影响其行为积极性、情绪状态和心理健康。心理咨询通过多种途径和策略提升当事人的自主性、支配感和自我效能感,比如帮助他们识别和命名自己的情绪体验,这有助于当事人更好地理解并驾驭自己的情绪,从而获得一种虽有时虚幻但却能激励人心的控制感。

另外,合理解释自身的感受和经历也是增强主宰感的有效途径,因为理解即驾驭的开端。尤为重要的是,成功体验是提升自我效能感的关键源泉,咨询师会通过精心设计由易到难的治疗任务,确保当事人在咨询过程中能够不断积累成功的经验,逐步提升自信,降低对失败的恐惧。这种通过不断累积的小步成功,逐渐引导当事人实现更大改变的策略,使咨询过程始终保持积极的推动力,从而帮助当事人在心理层面上重拾对生活的主导权,促进其心理健康的改善和生活质量的提高。

5.知行合一

心理咨询给当事人提供了机会,使其将治疗过程中的认知、情感和行为改变内化并融入日常生活。这种内化不仅停留在理解层面,更重要的是让当事人在实际生活中践行新的认知模式、情感处理和行为习惯,实现从治疗情境到日常生活的迁移应用。为了确保内化进程的顺利进行,咨询师会通过多种方式鼓励和督促当事人进行反复练习和实践,如引导他们深入探讨和"修通"治疗中的领悟,布置与日常生活紧密相关的家庭作业,并监督反馈练习情况。无论采用何种具体策略,心理咨询的终极目标都是帮助当事人将收获固化为个人生活的一部分,使其能够普遍地、长久地改善生活质量,促进心理健康和整体成长。

(三)心理咨询师是一群怎样的人

心理咨询师是专业的助人工作者,他们具备一系列独特且至关重要的品质与技能,以便有效地帮助当事人解决心理问题,促进个人成长。

(1)安全环境的营造者:他们提供安全、接纳的空间,让当事人放心表达内心世界。

(2)人格成熟:具有稳定的人格特征,情绪成熟,避免个人偏见和情绪影响咨询,可包容、有主见、能接纳。

（3）技能专业：不仅具备处理咨询中具体事项的能力，如诊断和治疗规划，更重要的是具备创造性解决问题的能力。他们能够灵活应对各种情况，寻找解决问题的多种可能途径。

（4）高效沟通者：通过言语和非言语方式与各类人群有效交流，确保信息传递准确深入。

（5）高度敏感与同理心：对当事人的情绪和内在冲突极其敏感，这是共情的重要基础。

（6）终身学习者与实践者：不断从经验中学习，乐于接受认知复杂性和不确定性，愿意接纳和理解他人情绪。

（7）自我情绪管理：关注自身的心理健康及情绪调适，可以随时察觉到情绪如何影响咨询工作。

（8）卓越关系建设者：擅长建立和维护与当事人的工作同盟，这是咨询的关键要素。

三、心理咨询会保密吗？

（一）心理咨询的伦理

根据《中国心理学会临床与咨询心理学工作伦理守则》，为了维护专业水准、保障寻求服务者权益、促进心理健康水平，要求心理咨询师在提供服务过程中遵循一系列核心原则：

善行：心理咨询师的工作目的是使寻求专业服务者从其提供的专业服务中获益。心理咨询师应保障寻求专业服务者的权利，努力使其得到适当的服务并避免伤害。

责任：心理咨询师应保持其服务工作的专业水准，认清自己的专业、伦理及法律责任，维护专业信誉，并承担相应的社会责任。

诚信：心理咨询师在工作中应做到诚实守信，在临床实践、研究及发表、教学工作以及各类媒体的宣传推广中保持真实性。

公正：心理咨询师应公平、公正地对待与专业相关的工作及人员，采取谨慎的态度防止自己潜在的偏见、能力局限、技术限制等导致的不适当行为。

尊重：心理咨询师应尊重每位寻求专业服务者，尊重其隐私权、保密性和自我决定的权利。

其中，在与保密有关的条款里，规定了心理咨询师有责任在专业服务开始时向寻求专业服务者说明工作的保密原则及其应用的限度，并且通常需要签署知情同意书。心理咨询师应按照法律法规和专业伦理规范，在严格保密的前提下创建、使用、保存、传递和处理专业工作相关信息，包括个案记录、测验资料、信件、录音、录像等。如果心理咨询师因专业工作需要在案例讨论或教学、科研、写作中采用心理咨询或治疗案例，应隐去可能辨认出当事人的相关信息，以保护隐私。

不过保密原则也有其限度，这通常被称作"保密例外"。例如，当心理咨询师发现当事人有伤害自己或他人的严重危险时,或者当未成年人受到性侵犯或虐待时,心理咨询师有责任向合法监护人、潜在受害者或相关部门预警。此外,如果法律规定需要披露信息,心理咨询师也必须遵守,但会尽量限制信息的披露范围。

学校的心理咨询师除了需要遵守心理咨询师的伦理要求,也需要践行教师的职业道德。这种双重身份会让前来求助的学生产生一些担心:"心理咨询师会不会把我说的事情告诉老师?""咨询会不会影响我的学业评价?"这种双重身份带来的伦理困境也确实是学校的心理老师们希望避免的情境,一旦在校园环境中陷入这种双重关系的困境,比如在担任心理咨询师的同时担任学生的任课教师、辅导员或其他行政职务,这可能导致界限不清,影响咨询效果,并可能对学生造成不公平待遇。这时候,职业道德规范会指导心理老师们严格遵守保密原则,避免双重关系,坚持将心理咨询与其他教学、行政工作区分开,平衡多种利益关系,确保为学生提供既合法又有效的心理服务。

在任何职业中,特别是涉及他人福祉和敏感信息的领域,遵守职业伦理和道德准则都是无比重要的事情。无论面对多么复杂的情境,保持职业道德的清晰界限和坚守伦理原则是实现职业责任、赢得信任和尊重的基石。作为心理咨询师和高职院校教师,不能辜负学生对其职业的信任,是应该刻进骨子里的信念。这种对职业道德的深刻理解和尊重,让无论何种职业的从业者都能做出负责任的决策。

(二)心理咨询中的伤害

心理咨询对当事人造成的伤害可能包括以下几种情况:

1.情感暴露

心理咨询过程中,不恰当的情感暴露可能导致当事人在还未准备好或在缺乏足够支持的情况下,被迫面对强烈且未解决的情绪,如恐惧、悲伤、愧疚或愤怒,这可能会加剧他们的心理压力,引发生理和心理上的不适,如焦虑、抑郁或失眠等。此外,如果咨询师未能提供足够安全、接纳的环境,或在当事人情绪强度超过其承受能力时仍坚持进行深度暴露,可能会令当事人感到被侵犯、无助和失控,进一步损害其自尊心和信任感,破坏咨询关系,甚至留下长期的心理创伤。因此,在心理咨询中,对情感暴露的运用必须极为谨慎,需在适当的时间、适当的程度和具备充足支持的前提下,逐步引导当事人安全地探索和处理其情感体验。

2.野蛮分析

有的心理咨询师会采取缺乏同情心、过于激烈或不顾及当事人感受的解析和干预方式,在不被邀请的情况下对他人的潜意识、心理防御机制等进行心理分析。这种方式极易对当事人造成多重负面影响。对于没有接触过太多心理学知识的当事人,那些看似专业的标签往往太过沉重,远远超过了当事人的心理承受能力和发展阶段,这样强行深入剖析潜意识内容,很可能超出其心理承受极限,诱发强烈的情绪反应,甚至造成心理创伤。当当事人带着对心理咨询的信任敞开心扉,咨询师却在没有充分了解当事人的前提下,粗暴地给出一个点评,这是对当事人的背叛。这种野蛮分析违背了心理咨询应有的共情、尊重和以人为本的核心理念,损害了咨询关系的信任基石,妨碍了当事人在安全、支持性的环境下进行自我探索和成长,从根本上阻碍了心理咨询工作的有效性。

3. 隐私泄露

心理咨询师有严格的保密义务,如果咨询师未能严格遵守保密原则,或者在特定的法律要求下泄露了当事人的个人信息或咨询内容,会严重损害当事人的信任,导致其心理安全感下降,甚至可能会让当事人觉得自己"社会性死亡"。

4. 不适当的专业关系

《中国心理学会临床与咨询心理学工作伦理守则》对心理咨询师进行了严格规定:心理咨询师不得与当前寻求专业服务者或其家庭成员发生任何形式的性或亲密关系;心理咨询师不得为有过性或亲密关系的当事人提供专业服务;咨访关系结束三年内,不得与寻求专业服务者或其家庭成员发生任何形式的性或亲密关系。

如果心理咨询师与当事人之间发展出超出专业边界的关系(如性关系或其他不适当的双重关系),这将严重违反专业伦理,对当事人的心理健康和福祉造成伤害。

5. 不恰当的治疗方法

如果心理咨询师缺乏提供某种治疗的专业能力,使用未经科学验证或不适合当事人具体情况的方法可能导致当事人的心理问题得不到有效解决,反而可能加重其原有症状,延长治疗周期,增加心理痛苦。若心理咨询师忽略了当事人的个体差异和心理承受能力,盲目推行极端或激进的治疗手段,或强行揭示潜意识内容而无视其情感准备,可能导致当事人在治疗过程中产生严重的心理创伤。因此,心理咨询师必须严格遵循专业伦理和科学原理,选用适宜且经过验证的治疗方法,以最大程度地避免对当事人造成伤害。

6. 期望与现实差距

当当事人带着较高的期待进入咨询过程,希望迅速解决问题或立即获得解脱时,若实际咨询进展不如预期般迅速或明显,他们可能会感到失望甚至绝望,这种落差可能导致其对心理咨询效果的怀疑,进而影响对心理咨询师的信任和对整个治疗过程的投入。因此,心理咨询师在咨询之初就需要帮助当事人建立合理期望,明确心理咨询的本质和过程,以降低期望与现实差距带来的潜在伤害。

7. 关系剥削

有时心理咨询师会自觉不自觉地利用职业地位、权力优势或咨询过程中的信任关系,以满足自身情感或经济利益为目的,对当事人进行不恰当的利用和侵害行为。这种剥削可能表现为心理咨询师逾越专业边界,与当事人建立不当的亲密关系,如情感依赖、性关系或其他超越专业服务范畴的关系,也可能体现在经济方面,如收取不合理的高额费用、迫使当事人购买不必要的产品或服务。关系剥削不仅严重违反心理咨询的职业伦理,损害当事人的合法权益,更会对当事人的心理康复进程造成极大阻碍,加重原有的心理问题,甚至酿成新的心理创伤,破坏当事人对心理咨询的信任,影响其后续的治疗效果和生活质量。

根据伦理要求,心理咨询师应当避免伤害当事人、学生或研究被试。如果伤害可预见,心理咨询师应在对方知情同意的前提下尽可能避免,或将伤害最小化;如果伤害不可避免或无法预见,心理咨询师应尽力使伤害程度降至最低,或在事后设法补救。这表明心理咨询师有责任采取措施预防、减少或修复可能的伤害,以保护当事人的福祉。

拓展阅读

2014年,心理咨询师王某因与当事人发生不当性关系,被投诉至"中国心理学会临床与咨询心理学专业机构与专业人员注册系统伦理分委员会",王某当时是注册系统的注册督导师。经过近半年的内外调查和当事人质证,该伦理分委会最终确认:王某明确违背中国心理协会《伦理守则》,并被该注册系统除名。这是国内第一起被该注册系统公示的违反伦理案。

在一些影视作品中,为了剧情需要,可能会设计咨询师与当事人之间的浪漫爱情,但在现实中这种关系严重违反了心理咨询的伦理道德,会误导公众对心理咨询师职业道德和专业行为的理解,所以大家在欣赏这类作品时应该有辨识能力,了解作为求助者在心理咨询过程中的权利,学会识别心理咨询师的非专业行为,一旦感觉到不适或察觉到不当行为,应该及时提出并寻求帮助。

(三)如何避免伤害

为了最大限度地减少在心理咨询过程中可能遭受的伤害,当事人可以采取以下一些措施:

1.选择合适的心理咨询师

选择资质良好、经验丰富的心理咨询师至关重要。在初次咨询前,可以尽量收集心理咨询师的专业背景信息,如其教育背景、培训经历、执业证书、擅长领域、工作时长和咨询流派等。选择与自己需求相匹配的心理咨询师。

2.明确知情同意

在咨询开始之前,确保自己完全理解咨询过程、方法、可能的风险和收益,以及任何相关的费用。如果有疑问,一定要立刻提出来,并要求得到清晰的解释。

3.明确咨询目标

在咨询开始阶段,与心理咨询师共同明确咨询目标,理解心理咨询是一个渐进的过程,树立合理的期望值,认识到改变需要时间和努力,避免对短期内迅速见效抱有过高期待。这有助于保持对咨询过程的聚焦,避免期望落空。

4.保持开放的沟通

在咨询过程中,如果有任何不适、疑惑或不满,及时与心理咨询师沟通,确保咨询过程符合自己的需求和舒适度,心理咨询师也能据此调整咨询方法和策略,以确保咨询效果。

5.了解保密原则及其限制

确认心理咨询师遵守专业伦理和保密原则,了解并签署保密协议,明确何种情况下心理咨询师必须打破保密(如自杀倾向、伤害他人等紧急情况),了解哪些信息会被保密,哪些情况下你的信息可能会被怎样地披露。

6.设定界限

清楚地了解和维护专业边界,避免与心理咨询师发展出超越专业关系的私人关系,以保护自己的利益和隐私。

7.相信自己的感受

如果在咨询过程中感到不舒服或直觉感到某些事情不对劲,或者感觉到心理咨询师的行为或言论有损自己的权益或让自己感到不适,不要忽视这些感受。可以质疑,或者考虑更换心理咨询师。

8.了解投诉途径

如果认为心理咨询师的行为不专业或违反了伦理标准,了解自己可以通过哪些渠道提出投诉或寻求帮助。(中国心理学会临床心理学注册工作委员会伦理工作组专用邮箱 lunli@chinacpb.org)

通过上述措施,当事人可以在心理咨询过程中更好地保护自己,减少可能的伤害。重要的是,当事人应该感到在整个咨询过程中自己的需求得到了尊重和重视。

四、如何获取心理咨询服务?

（一）学校

1.如何获取校园心理咨询服务

根据教育部等部门印发的相关文件要求,所有高职院校都配备有心理健康教师和心理咨询服务平台,这是学生获取心理咨询服务的首选途径。学生可以在学校的官方网站、公告栏、学校心理健康教育中心的公众号,或者通过心理委员、辅导员了解具体的办公地点和开放时间。

对于大学生来说,学校内设立的心理咨询机构通常位于校园内部,相较于校外的专业机构,其更有利于学生在课余时间预约和访问。而且大学生在熟悉的校园环境中接受心理咨询服务,会感觉更加安全和舒适,有助于他们更好地表达自己的内心感受,降低心理求助的心理成本。

学校的心理咨询师长期与本校学生接触,更了解相似学情下学生的学习压力、人际关系、职业规划等等特定问题,能够提供更具针对性的心理支持。他们对本校学生当前发展阶段的特点有深入研究,可以更好地指导学生应对成长过程中的挑战。

相较于校外心理咨询的较高价格,学校为在校生提供的免费或低成本的心理咨询服务,可以减轻学生的经济负担,让更多学生有能力获取心理咨询服务。

2.个体心理咨询

学校提供的个体咨询是一种一对一的专业心理服务,针对每个学生的个性化需求和问题提供深度、定制化的帮助,咨询师能深入探究学生内心世界,通过私密且具有高度灵活性的咨询环境,帮助学生解决深层次的心理困扰、情绪问题和个体发展议题。适用于学生有强烈的个人问题、心理创伤或需要深度自我探索的情况。

一般而言,学校心理健康教育中心提供的个体心理咨询服务包括以下几个步骤。

(1)咨询预约:

预约:学生可以通过在线预约系统或者直接前往学校心理健康教育中心进行预约。预约后学生会收到确认信息和咨询安排,包括咨询时间、地点和准备事项。

填写基本信息:在首次会见心理咨询师前,学生可能需要填写"预约登记表",以帮助心理咨询师了解学生的基本情况、家庭情况、问题类型和咨询目标。

(2)初次会谈:

初访:第一次见面时,心理咨询师会与学生建立初步信任关系,当事人叙述自己的问题、诉求和背景信息,心理咨询师通过提问、观察等方式收集信息,进行初步评估和问题界定。心理咨询师还会介绍咨询规则、保密原则等。

评估:在初访时,心理咨询师会通过谈话、心理测评等方式对学生的情况进行评估,包括学生的心理状态,心理问题的性质、严重程度、影响因素,当事人的个人及环境资源等,评估当下是否适合心理咨询,是否需要其他形式的支持。

(3)正式咨询:

确定目标:心理咨询师与当事人共同讨论和确定咨询目标,明确希望通过咨询解决的具体问题和期望达到的状态,并商定咨询计划,心理咨询师会介绍可能的干预策略。

咨询干预:根据前期的评估和目标设定,实施具体的咨询技术与治疗方法,如认知行为疗法、心理动力疗法等。当事人在心理咨询师的指导下,进行行为改变、情绪调控、认知调整等工作。

进程评估:在整个咨询过程中,心理咨询师会根据已确定的目标,定期评估进展,检查咨询目标是否完成,必要时调整咨询方案。

(4)结束咨询:

总结与结束:当学生达到预期的咨询目标或者咨询期限到期时,一起回顾咨询过程、评估目标收获、处理关系结束带来的分离焦虑、为学习的迁移和自我依赖做准备,并讨论如何将咨询期间学到的技能应用到日常生活中,以保证咨询效果。

后续资源:提供学生在咨询结束后可利用的资源和支持,包括心理咨询机构、医院精神科等校内外专业资源的名称、位置和联系方式,可靠的公益心理热线等。

跟踪随访:结束咨询后,有的学校心理中心会进行跟踪随访,以确保当事人在咨询结束后继续健康成长。

3.团体心理咨询

团体心理咨询是一种在受过专业训练的咨询师引导下,在由8~12名具有相似问题或有共同心理成长需求的个体组成的团体中进行的心理辅导形式。与传统的个体咨询相比,团体情境下的咨询更强调人际交互作用和集体智慧的力量。

团体心理咨询通过互动交流、分享经验、提供支持和学习彼此的应对策略来促进个体成长。在团体环境中,学生可以接触到多元视角,模拟现实社会情境,提升人际交往能力和问题解决技巧,同时借助集体的力量减轻心理压力,增强面对挑战的信心。团体咨询特别适用于解决学生普遍面临的学业压力、人际交往困扰、适应性问题以及自我认同危机等,并在互动过程中培养社交能力和团队协作精神。

团体心理咨询通常包括以下步骤。

(1)前期准备:

确定团体主题和目标:根据本校学生常见的心理问题和需求,确定团体咨询的主题和目标,如压力管理、情绪调节、人际关系改善、职业规划、自我探索和成长。

招募成员:通过海报、官网、公众号、心理委员和辅导员宣传等方式招募符合条件的学生。

筛选成员:对有意向的学生按照一定规则进行筛选,确保他们适合参加团体咨询。

(2)团体启动:

第一次团体会:介绍团体目标、规则和保密原则,建立团体规范。

破冰活动:通过游戏或讨论等活动,帮助成员相互认识和建立联系。

（3）团体发展：

主题探索：围绕团体主题进行深入讨论和分享，促进成员自我觉察和成长。

技能训练：教授成员应对心理问题的实用技能，如情绪调节、人际沟通等。

角色扮演和练习：提供机会让成员在安全的环境中练习新技能。

（4）团体结束：

总结和回顾：回顾团体历程，总结成员的收获和成长。

行动计划：帮助成员制定团体结束后继续成长的计划。

评估和反馈：收集成员对团体的反馈，评估团体效果。

（二）医院

通过前面的学习我们了解到，正常人与精神疾病患者之间没有明显界限，心理正常到心理异常之间是一个连续变化的过程，甚至我们可能处在从一般心理问题到精神障碍等不同心理健康水平叠加的状态。我们可能既处于心理异常状态，又因为心理异常带来的适应不良存在心理困扰。我们对自己当下心理健康水平的认知，让我们对于来自外界的帮助和干预有着不同的期待。而外界对我们当下心理健康水平的认知，因为处在不同角度、不同角色，有着不同专业水平，可能存在一定的分歧。

根据《中华人民共和国精神卫生法》的规定，医疗机构可以提供包括心理咨询与心理治疗、精神障碍诊断与治疗在内的多种心理服务。如果我们只是存在轻度的心理困扰，好不容易鼓足勇气，带着对共情、接纳的期待误入精神科，期望着一场倾诉，可能会因为精神科医生针对症状进行没完没了的没有感情的提问、不愿了解我们的心灵故事，而感到失望和不被尊重，从而对医院的心理服务有了不好的体验。这就需要我们学会有效识别自己的心理状态，正确认识自己心理问题的性质和严重程度，建立正确的心理预期，选择合适的科室。

如果确认自己只是处于心理亚健康的状态，或者并不认为自己存在心理异常，可以按照如下步骤选择心理咨询服务。

1. 了解医院信息

通过学校心理老师、辅导员、亲人朋友，了解当地有哪些信誉良好的精神专科医院或心理门诊，如所在县、地级市、省会城市的各级精神卫生中心。

从全国范围来看，北京大学第六医院、上海市精神卫生中心、中南大学湘雅二医院、四川大学华西医院、首都医科大学附属北京安定医院、广州医科大学附属脑科医院、南京脑科医院、武汉大学人民医院、北京回龙观医院、深圳市精神卫生中心等都是我国在精神卫生和心理健康领域具有较高学术地位和影响力的医疗机构。

2.预约挂号

可以通过医院的微信公众号、支付宝小程序、预约电话等进行线上预约,也可以线下去医院窗口挂号。挂号选择医疗服务的时候要注意说明文字,心理咨询服务可能会被称为"心理咨询""心理治疗""心理科""特需门诊"等。如果不能确定如何正确选择心理咨询服务,可以拨打电话或线下向医务人员问询。在不同城市、不同医院,心理咨询的时长可能是30~50分钟,费用可能是200~1500元。

3.取号和就诊

就诊当日应该用身份证件或者就诊码,按照预约的时间,在相关楼层的分诊台进行登记或自主取号,即可等候叫号接受咨询服务。

(三)其他社会心理服务机构

社会心理服务是平安中国、健康中国建设的重要组成部分,有助于形成自尊自信、理性平和、积极向上的社会心态。除了教育系统和医疗系统的心理服务网络,很多地区的基层、机关和企事业单位等也在积极建设心理服务平台和心理服务网络。但就目前来看,除了学校和医院,社会心理服务机构、心理健康志愿组织是更易获得的心理咨询服务来源。

当下社会心理服务行业仍然存在一些问题,如相关法律法规不健全、行业管理不规范、缺乏行业准入资质审核、专业人才队伍匮乏、从业者专业能力良莠不齐等。但相较于学校,社会心理服务机构可以让学生不必担心被熟人看见;相较于医院,这里氛围更加轻松,寻求帮助不用背负太大的压力。

在选择校外心理咨询服务时,为了确保获得高质量且合法合规的心理健康支持,可以参考《中国心理学会临床与咨询心理学专业机构和专业人员注册标准》与《中国心理学会临床与咨询心理学工作伦理守则》,仔细核查机构及其工作人员的资质、教育背景、专业胜任能力、伦理表现以及实际服务质量等多个方面,来作出合适的选择:

(1)机构资质:选择合法注册的专业机构,确认该机构已在中国心理学会或相关权威部门、工商部门等完成注册登记。

(2)管理机制:该机构是否如实告知心理咨询师的教育背景、继续教育情况,是否重视专业伦理,是否为心理咨询师配备专业且符合伦理的督导,是否有清晰的服务流程、明确的收费标准。同时可参考过往客户的反馈评价,作为服务质量的一个重要参考。

(3)从业资质:已在中国心理学会临床与咨询心理学专业机构和专业人员注册系统有效注册的心理咨询师或督导师往往是社会心理服务机构的核心专业力量;其次,可优先考虑持有卫健委颁发的心理治疗师资格证并在医院工作的专业人士;持有国家二级、三级心理咨询师证书也代表了一定的专业基础。对于有精神障碍的重症当事人,具备医学背景和心理学受训经历的精神科医师可能是更合适的选择。

(4)学历背景:优先选择具有临床咨询方向的心理学本科、硕士或博士学位的心理咨询师,他们通常接受了系统的实操训练和实习经验。其次,其他心理学相关专业或具有教育学、医学、社会学等背景的研究生也具有一定的专业知识。

(5)个人头衔:虽然某些头衔如教授、会长、理事等可能代表了较高的学术地位和社会影响力,但这并不直接反映咨询实战能力。选择心理咨询师时应重点考察其实际工作经验及心理咨询技能,不要因过于看重头衔而忽视了咨询质量。

(6)工作经历:根据自身需求匹配心理咨询师的工作背景,例如有医院工作经验的心理咨询师可能更适合处理较为严重的心理问题;高校背景的心理咨询师可能擅长处理青少年、大学生群体的问题;中小学工作经历则意味着熟悉儿童青少年心理特点。

(7)流派取向:明确了解心理咨询师所属的心理咨询流派,如精神分析/心理动力学、人本存在主义、认知行为疗法以及后现代主义等,并结合自己的需求来选择合适的流派。例如,寻求长期深度人格成长服务时,倾向于选择精神分析/心理动力学流派的心理咨询师。对于从业年限较短的心理咨询师,慎选整合取向,因为这可能表明他们并未完成至少一个系统的长程受训项目(通常与某个特定流派相关,为期两年以上且包含至少120小时的专业课程)。未标注流派取向的心理咨询师可能未经专门训练或尚未形成明确的理论框架,须谨慎考量。

(8)专业督导与个人体验:优秀的心理咨询师需要长期接受专业督导和个人体验以提升服务质量,其中个体督导是必不可少的一部分,尤其对于新手咨询师而言。团体督导能增进咨询师处理不同当事人问题的能力。个人体验也至关重要,特别是精神动力学取向的心理咨询师,需要完成至少100个小时的个人治疗或咨询,以解决自身议题并影响到咨询风格和态度。

(四)心理服务热线

为了帮助面临学业就业压力、经济困难、情感危机、家庭变故、校园欺凌等风险因素以及校外实习、社会实践等学习生活环境变化的学生,民政、教育、卫生健康、共青团和少先队、妇联、社会心理服务机构等单位搭建了很多公益的心理服务热线,严格筛选具备专业背景和工作经历的心理咨询师、志愿者等。在过去的多次自然灾害、事故灾难、公共卫生事件、社会安全事件等重大突发事件中,这些心理服务热线有效安抚、疏导和干预了受影响人群。

与前面提到的心理咨询或心理治疗不同,心理服务热线更侧重于短期、即时的帮助,通常提供24小时全年无休的服务,方便用户在遇到紧急心理问题或危急情况时及时获得初步的援助和情绪支持,提供的支持相对基础和广泛,不涉及深入的心理治疗过程。虽然心理服务热线会严格选拔接线的专业人员,确保他们具备良好的倾听、共情能力和一定的心理咨询技能,能在短时间内给予来电者情感支持。但心理热线的性质决定了,心理热线的单次服务时间往往不会超过30分钟,无法提供稳定且持续的咨询服务。如果需要深入、持久的心理服务,有着长期心理困扰或需要专业治疗,还是应该按前面的途径寻求心理咨询或心理治疗。

实操练习

一、根据前面对心理咨询的介绍,你认为心理咨询可以在哪些方面帮助自己?

二、建立自己的心理支持网络

(1)根据老师的介绍,在课后找到学校心理中心,并自拍打卡。

(2)寻找所在城市的精神科、心理咨询机构、心理援助热线。

精神科

名称:

地址:

联系电话:

服务时间:

心理咨询机构

名称:

地址:

联系电话:

服务时间:

心理援助热线

名称:

联系电话:

服务时间:

三、心理咨询的探索练习

在心理咨询的过程中,"探索"是一个关键的阶段。这个阶段要求咨询师营造安全的氛围,引导我们深入自己的内心世界,挖掘真实的感受、想法和意图。但是我们会为了维护内心世界的协调、统一而掩盖某些经验、淡化某些经验、忘记某些经验、歪曲某些经验。就好像当我们面对熟人的问候"你好吗?"时,我们会习惯性地回答"还不错啦",而似乎忘记了一个小时前关闭敲了一天的 Word 文档时忘了点保存。

探索可以帮助我们拆除心理的防火墙、打通滞碍的通道,让内心的感受可以流动,让真实的想法可以见天日。这本身就具有很高的治疗价值。充分的探索也是进一步改变的基础。然而在日常生活中,当我们面前的朋友看到我们一方面痛苦并急切地想要得到帮助;另一方面,我们软弱的性格、错误的选择、天真的想法,他们看着也会觉得上火、没办法忍住不去评价和劝诫。当倾诉总是被不耐烦地打断,指点渐渐变成了指指点点,这种伤害也让我们渐渐地不敢去说了。

掌握探索阶段的技术不仅能让我们更好地理解自己,还能帮助我们学会换位思考,增进人际沟通的深度和广度,成为一个更具吸引力和影响力的朋友、同学。

练习目标:

1. 认识并表达自身的真实感受,体验不被评价的倾诉是怎样的感受。

2. 尝试全神贯注地倾听,并观察充分探索本身给对方带来怎样的感受。

练习重点:

全神贯注:关闭干扰源(如手机、电脑等),保持眼神交流和身体面向对方,充分展示你对对方的重视和关注。

非评判性态度:避免在对方讲述过程中插入批评、建议或分析。即使有不同意见,也要等到对方表达完毕后再提出,并以询问和探索的方式而非直接评价的方式进行对话。

耐心等待:给予对方足够的时间来组织和表达他们的思想,不要急于打断或填补沉默。

小结提升

学习目标

- 了解心理咨询的范围、形式、原理、作用与限制。
- 能够识别自己和他人是否需要心理咨询,知道如何获取心理咨询服务。
- 消除对心理咨询的错误认知,减少病耻感,培养开放、积极的心理求助态度。

学习要点

- 心理咨询师在提供服务时必须严格遵守保密原则,除非按规定需要突破保密原则,否则不得泄露当事人信息。
- 心理咨询过程分为探索(了解问题及其背景)、领悟(理解问题背后的机制和意义)以及行动(改变行为或思维方式以促进个人成长和发展)这三个阶段。
- 心理咨询不仅仅是情感宣泄,更是通过认知和情感的整合促进深刻领悟。
- 不同心理咨询流派如精神分析、人本主义、认知行为和家庭治疗,分别利用各自的技术和理论,针对个体问题提供个性化解决方案,促进心理康复和自我实现。

- 心理咨询师具备专业素养,创造安全、接纳的环境,展现同理心和高效沟通,以引导个体探索内心世界,提高自我觉察,实现心理困扰的解决和生活质量的改进。

- 在选择心理咨询师时应考察其资质和专业背景,明确咨询目标、知情同意,并了解保密原则及其例外情况,确保自身权益得到保护。

- 心理咨询不仅限于患有心理障碍的人群,当个体面临压力、困惑、情绪困扰或人生转折时,都适宜寻求心理咨询,以获得情绪支持、新的人生观和应对策略。

- 心理咨询师的角色是引导者和教练,而非告诉个体应做什么,通过引导和讨论帮助个体发现内在资源和解决问题的方法,实现自我成长。

- 心理咨询过程犹如提供地图和生存技能,帮助个体在快速变化的社会环境中找到定位,适应新挑战,增强自信,解决内心的困扰,实现从学生到职场人的顺利过渡。

第二篇　珍视生命篇

近年来,大学生群体中,抑郁、空心病、跳楼、伤人等现象层出不穷。一颗颗年轻的心灵布满阴霾,一次次创伤过后,留下的是难以抚平的疮痍。

高职阶段是个体发展、身心成长、知识储备、健康素养得以培养的关键时期。然而,校园生活充满不确定性和不稳定性,暗藏多重压力。生活与学习方式的变化、激烈的升学与就业竞争、让人捉摸不透的人际关系,莫名情绪以及心境波动,经历心理问题困扰已经成为学生们回避不了的话题。

近些年,国家出台多项政策措施,高度重视大学生的心理健康问题。2022年,教育部将"加强和改进学生心理健康教育工作,实施学生心理健康促进计划,做好科学识别、实时预警、专业咨询和妥善应对"作为年度工作要点之一。在呼唤健康的心灵和全社会共同关注的同时,更重要的是加强生命教育与危机预防教育,帮助大学生从积极的角度进行心理自助和自救。

生命至上,任何时候我们都有机会重新选择,跳出枷锁,拥抱新生!

主题三 我生病了吗？
——常见心理疾病识别与应对

【案例分析】

我战胜了"恶龙"——一个曾经的抑郁患者的自述

那一年，我觉得我生病了，但是我不愿意去医院。因为一旦确诊，我将失去"正常人"这个身份，成为一个多数人鄙夷的"精神病"，甚至是我的父母。

2017年9月底，我第一次走进心理咨询室，哭诉自己即将面对曾经猥亵自己的表哥和那些挥之不去的过往阴影。随着咨询过程深入，咨询师发现我的异常并鼓励我去医院接受进一步诊断。2018年3月10日，我被确诊为中度抑郁。

为什么生病的会是我？我苦思这个问题，甚至向心理咨询师抱怨，但其实没人比我自己更清楚问题的答案。我被困在一团黑雾里，不断重现那些痛苦的时刻：幼年寄人篱下的酸楚；小学同学的欺凌；初中邻居与表哥的猥亵；高中成绩失意时父亲的殴打……更可怕的是，我发现周围人"看不见"我。无论我怎样呼喊，都在被漠视，没有人听见我讲话，我也失去了行动的能力，困在黑雾里，不见天日。每一天我都在被周围人忽视，也不愿意主动联系旧友，与父母关系也不像其他孩子一样亲近。

我觉得抑郁症就像是电影《他是龙》里纠缠阿尔曼的那条恶龙：每天清晨时它力量最为强大，变成恶劣的情绪纠缠我，让我对一整天丧失活力，有时甚至想跟它同归于尽。平时它的压迫使我头晕胸闷，呼吸困难。在它控制我时，它就改变我的生活状态：我变得懒惰、冷漠，缺乏意志力与行动力，不太搭理人，对亲密的朋友和家人充满敌意和猜疑……它让我对一切感到绝望，甚至想逼我走向自我毁灭的道路。

在确诊后我开始服用草酸艾司西酞普兰片，从开始半粒加到一粒半，每次加药都会让我萌生自杀的想法，但我知道这是药物和抑郁症开始战斗了，而不是我想做的。服药1个月后我的头晕就缓解了一些，2个月时不再有呼吸困难的症状，敢一个人出门，不再因为一点拒绝就非常伤心，也不再无助地哭泣。与此同时，在心理咨询中我也有极大收获，更能理解自己的情绪、接纳自己的一些行为,也拓展了对于周围世界的认知。当我自我感觉一切都向好的方向发展时,我觉得可以停药了。但是好景不长,在一些小的刺激事件发生时,我的反应仍然过度,再次出现的自杀想法吓到了我,我又开始继续服药。这是我主动帮助自己的又一大步:坚持服药、按时复诊,根据自己的实际情况面对现实,接受治疗。

如何战胜"恶龙"？首先承认自己的身体里有一条"恶龙",它让我变得面目全非,对亲人朋友充满误解,不再能理智地面对现实,只是恐惧未来,经常莫名其妙的哭泣招来异样的眼光,沉浸在痛苦往事里无力自拔……可是最后阿尔曼战胜了恶龙,我们也可以。接受自己有"精神病"这一事实我用了整整3个月。从接受自己生病的这一刻起,我觉得自己慢慢开始好转。原来那句刺耳的"精神病"并不令人羞耻,我只是生病了而已,生病会康复。在治疗抑郁症的过程中,我知道了什么是抑郁症:除了头晕、呼吸困难、心悸胸闷、反应迟钝、失眠早醒等躯体症状,思维和认知上的改变更令人惶恐,我感到无助、绝望,没有价值,没有存在感,疏离他人,麻木,甚至觉得活着没有意义。最终,我完完全全放下了无谓的羞耻感,那年,我20岁。我为我自己拥有这样的改变感到骄傲。比起精神疾病,无知更可怕。

我接受了一年共25次的心理咨询,在心理咨询师的陪伴下,我找到了更有力量的自己:即使深陷泥潭也有要爬出沼泽的坚定,同时尽自己全部力量去寻找有用的资源。在心理咨询中,我最感谢心理咨询师,觉得在大学里最大的成就就是主动走进心理咨询室,找到了帮助自己的办法。心理咨询师的反馈则是我应该感谢我自己,因为我主动帮助自己,我坚持用各种办法战胜抑郁症,是我自己救了自己。

我战胜了"恶龙"。

分析

案例中的主人公是如何战胜抑郁症这条"恶龙"的呢？她的经验分享非常全面。首先是面对疾病,"承认自己的身体里有一条'恶龙'"。其次是相信自己的力量,坚信自己有一股即使深陷泥潭也能扯着头发拔出自己的力气。再次是药物治疗,也是最重要的一个方法。最后是心理咨询。主人公接受了一年共25次的心理咨询,在心理咨询中很努力地投入,把自己的困惑、想法、感受尽力表达,尝试着把咨询中的收获迁移到现实生活中。从主人公的经历中,可以看到抑郁症作为一种心理疾病,给人身、心、认知带来的巨大影响和损伤。看到它、面对它、接纳它、打败它,甚至与它共存,像治疗身体疾病那般顺理成章。

案例中主人公的经历,可能你或者你身边的朋友也经历过,当你读完她的经历后,你对抑郁症等心理疾病有什么样的看法？你知道怎么判断自己的心理健康状态吗？你知道怎么帮助她吗？

正确认识心理疾病——心理疾病的基本知识

(一)如何判断心理疾病

大学生心理问题和心理疾病的发生率较高,心理疾病是大学生休学、退学、犯罪甚至是自杀的重要原因。近年来,大学生的心理健康问题常常被报道,社会也越来越关注心理健康问题,专家学者也在不遗余力地探索应对之策。正如第一章中对心理健康与心理异常的阐述,心理异常与正常之间没有绝对的分界线,目前对于心理疾病也没有统一的定义。判断一个人是否有心理疾病并非容易的事情,按照江光荣等学者的理解[1],可以从内心痛苦、社会功能受损、行为异常或违反社会规范三个标准来判断,此外还要综合考虑文化、症状严重程度以及情境因素。在案例中,主人公明显感受到内心的痛苦撕扯以及生理上的不适,严重影响到了她的日常学习、与人相处,也出现了和室友激烈的冲突、自伤甚至想要自杀等异常行为,这些症状持续超过3个月的时间。我们可以初步判断主人公有心理疾病的可能。特别要提醒的是,当我们觉察到自己可能生病的时候,一定要寻求专业人员的帮助,只有精神科医生才有权力进行心理疾病的诊断,我们作为非专业人士,有一个初步的认识即可,专业的评估诊断还是需要去专科医院。

(二)心理疾病的成因

为什么生病的人是我?本章案例的主人公也有同样的困扰,她意识到了过往的成长经历、个人的性格特点以及亲子关系对自己疾病的影响。那心理疾病的病因到底有哪些呢?随着精神病理学的发展,学者们认为恩格尔提出的"生物—心理—社会"医学模式也可以应用到心理健康与精神卫生领域,可以将生物、心理和社会三大类因素共同纳入心理的病因、诊断、预防及治疗的综合考虑之中。

1.生物学因素

生物学层面主要包括遗传学、神经发育假说、神经生化失调假说等。

遗传学研究显示,目前绝大多数的精神疾病都不能用单基因遗传来解释,一般认为,这些疾病是由多个基因,甚至微效基因的相互作用,加上环境因素的参与,产生了疾病。双相情感障碍是心境障碍中遗传性最强的,这个结论的绝大多数证据来源于双生子研究,同卵双生子的一方患双相障碍,另一方患该障碍的可能性比一般人群高45~75倍[2]。另外的一些研究显示,如果你的直系亲属(父母、兄弟姐妹和子女)中患有双相障碍,那么你患双相障碍和抑郁障碍的比例比一般人群会高出5~10倍[3]。

心理疾病虽然属于心理范畴,但所有的心理活动都是建立在大脑的生理活动之上,因此心理疾病有明显的神经生理基础。神经发育异常假说认为神经发育障碍患者的大脑从一开始就未能有正常的发育,共同表现为脑结构和功能可塑性改变,包括额叶、颞叶内侧及

---

①江光荣.大学生心理健康[M].武汉:华中师范大学出版社,2018:8-9.

②MCGUFFIN P, RIJSDIJK F, ANDREW M, et al. The heritability of bipolar affective disorder and the genetic relationship to unipolar depression[J]. Archives of General Psychiatry, 2003,60(5): 497-502.

③FARMER A,ELKIN A,& MCGUFFIN P. The genetics of bipolar affective disorder[J]. Current Opinion in Psychiatry,2007(20):8-12.

海马等脑区的灰质和白质减少和体积缩小等①。一项对比抑郁障碍和焦虑障碍的元分析研究显示，抑郁障碍和焦虑障碍存在共同的脑区激活异常，威廉姆斯（Williams）等的元分析发现二者在6个神经回路上共同存在功能联结性异常，分别为默认模式回路、突出回路、消极情感回路、积极情感回路、注意回路和认知控制回路②。任志洪等人的元分析研究发现治疗会给抑郁和焦虑障碍带来一致的脑区激活改变；治疗方法、成像状态和障碍类型不同，治疗后脑区激活改变也存在差异③。

神经生化失调假说认为5-HT功能活动降低与抑郁症患者的抑郁心理、食欲减退、失眠、昼夜节律紊乱、内分泌功能紊乱、性功能障碍、焦虑不安、不能应付应激、活动减少等密切相关，而5-HT功能增高可能与躁狂症的发病有关。在针对首发精神分裂症患者及临床高危人群脑神经生化代谢物异常的研究发现，首发精神分裂症患者在疾病早期就可能存在神经胶质细胞功能障碍和谷氨酸能递质失调④。对于精神分裂症的神经生化研究表明，多巴胺、五羟色胺、谷氨酸、γ-氨基丁酸的功能有着相关，比如多巴胺假说认为精神分裂症的阳性症状与中枢系统多巴胺功能活动亢进有关，而阴性症状和认知缺陷则与前额叶多巴胺功能低下相关。

2.心理因素

心理因素包含很多，比如过往的重要的生活事件、创伤经历、个人性格特点等。

生活事件作为常见的心理社会应激源，泛指在社会活动中进行日常生活的个体经历的活动情景、事件，对个体的情绪变化有着重大影响。负性生活事件是指对个体身体或心理造成一定程度伤害且带来负面情感的事件。以童年经历为研究对象，研究负性生活事件与负性结果之间的关系发现：负性事件发生的次数多少、持续时间长短会影响到个体的主观感受，负性事件次数越多，持续时间越长，越容易影响到个体的自尊水平，影响亲子关系，甚至出现抑郁和自伤行为。

童年创伤经历指个体在童年期遭受父母或重要他人虐待与忽视的经历，如躯体与情感虐待、性虐待、躯体和情感忽视等。童年创伤是一个普遍存在的重要公共卫生问题。据统计，64.7%的中国大学生经历过至少一种类型的童年创伤。李鸽等人针对农村青少年的一项研究显示，60%的农村青少年至少经历过1件创伤性事件，发生频率最高的创伤性事件为曾有亲近的人去世（42.6%）。在这群受调查的青少年中，创伤后应激障碍的检出率高达

①陆林.沈渔邨精神病学［M］.6版.北京：人民卫生出版社，2018.

②WILLIAMS L M. Defining biotypes for depression and anxiety based on large-scale circuit dysfunction：A theoretical review of the evidence and future directions for clinical translation. Depression and Anxiety，2017，34（1）：9-24.

③任志洪，阮怡君，赵庆柏，等.抑郁障碍和焦虑障碍治疗的神经心理机制：脑成像研究的ALE元分析［J］.心理学报，2017，49（10）：1302-1321.

④周莉，曾如双，刘肇瑞，等.首发的精神分裂症和抑郁症及双相障碍的治疗延迟（综述）.中国心理卫生杂志，2024，38（1）：50-54.

9.7%,在他们的创伤经历中,最易引发创伤后应激障碍的为遭受或目睹家庭暴力。研究表明,在个体的整个生命周期内,童年期的创伤经历会对其身心健康产生长期且重要的影响,与大学阶段的焦虑、孤独、抑郁等心理问题密切相关。其中,焦虑被认为是童年创伤普遍存在的负面影响之一。相较于一般人群,童年期有过创伤经历的大学生在生活中会表现出更强烈的情绪反应和情绪调节困难,更容易出现焦虑情绪,进而增加抑郁、自杀风险,学习生活和身心健康受到严重影响。

上述一般是负性生活事件,但是对于确诊某些心理疾病比如双相情感障碍的患者而言,哪怕是积极的生活事件也会产生负性的影响,比如你经历了某种对目标取向的行为产生激励的事件(考入好的学校、升职加薪、开始新的恋爱、财务投资增值等),可能你的躁狂发作的风险就会增高。对双相情感障碍患者来说,保持生活日常的惯例是保持情绪稳定的有效方法之一。

我们还会看到,个体差异性在心理健康中也有很大的不同。比如有的人就会很乐观,看待事情总是很积极,但有的人就会很消极很悲观。有的人情绪感受性强,情绪波动很大。还有的人人格发展不稳定,等等。人格是一个人长期形成的相对稳定的动力系统,从某种意义上来说,人格特质对心理健康有深刻而长远的影响,并以稳定和持续的方式对心理健康产生影响。适应不良的人格特质与较严重的精神疾病相关,而积极的人格特质有利于心理健康。通常健康的人格特质包含了积极进取的状态、和谐的人际关系、自律尽职等特点。同时,他们还有较强的心理韧性、良好的自我效能感等,而这些能在很大程度上防止心理疾病的产生;而消极不良的人格特质,即性格上的缺陷,例如孤僻、固执、暴躁以及社交恐惧和心理脆弱等都会在不同程度上影响人们正常的社交和工作,成为精神健康的潜在威胁,甚至是一个人综合能力强弱的分水岭。一般来说,人格不稳定、情绪波动大、过分悲观等人格特点,在遭遇挫折时容易形成心理疾病。

3.社会环境因素

每个人都是社会人,社会对每个人也都有影响。从社会文化因素的角度而言,家庭教育、学校教育和社会教育被认为是个体成长与发展的三个支柱,三者缺一不可。

社会环境的影响,比如无法控制的天灾人祸、重大的突发的社会事件等对人的影响,重大的传染疾病带给人的对未知的恐惧、焦虑的感觉,会增加患病的可能性。

在学校教育中,良好的同伴关系、师生关系对于个体的成长有着积极的作用;反之,经常被同伴孤立、被老师否定的孩子更容易出现自卑、胆小等负面心理。遭受过校园霸凌的学生,不仅在当时会体验到无助、羞耻等负面情绪体验,还有可能遭受生理上的创伤,在更长的时间内有可能造成"创伤后应激障碍",对于个体的掌控感、安全感和信任感都是极大的破坏。

家庭环境对个体的心理健康起着重要作用。家庭是陪伴一个人时间最长的环境，也是一个人从出生开始最早接触的环境，家庭对一个人的影响往往是伴随一生的。父母的人格特点和教育方式、父母与孩子之间的相处方式等，都会对一个人后来的人格、心理特性、行为方式产生较大的影响。父母是孩子学习的榜样，因此父母的人格特点尤为重要。气质较为安静的父母，其子女长大后往往气质也较为安静；对社会交往需求较高的父母，其子女长大后很可能也长袖善舞；在家一直较为唠叨、焦虑特质较高的父母，其子女也会容易焦虑紧张，对于家人的安全等有过多的担忧。从儿童发展和教育的角度而言，父母的教养方式会对一个人的成长起到很大的作用。教养方式主要分为民主权威型、独裁专制型、宽容放任型、忽视冷漠型。以忽视冷漠型为例，这类父母通常对孩子要求很低，对孩子的需求也看不见、不回应。这样的教育方式容易使孩子具有较强攻击性，很少替别人考虑，对人缺乏热情与关心，在青少年时期更可能表现出不良行为问题。

需要提醒的是，任何心理疾病都不是单一因素导致的，我们不能单一归因后归咎于家庭，或者某个人某件事，而是要从系统的角度去思考问题成因，全面多方位地采取应对措施，才能更好地去应对心理疾病。

问题解决

一、常见心理疾病有哪些？

大学生常见的心理疾病种类很多，本章重点介绍大学生群体中较常见的五类心理疾病。需要特别注意的是，我们不轻易给自己或他人下诊断，因为医生在诊断中需要参照症状标准、病程标准、严重程度标准、排除标准，我们仅作为基础知识理解即可，不能以下述内容进行诊断。

（一）抑郁症

1. 概念

抑郁障碍是一组以悲哀、空虚、易激惹为主的心境，伴有身体和思维认知上的改变，并且显著影响个体的功能为主要特征的心理疾病的总称，是一种常见的复发性心境障碍。

2. 临床表现

抑郁障碍包括破坏性心境失调障碍、重性抑郁障碍（包括重性抑郁发作），持续性抑郁障碍（恶劣心境）、经前期烦躁障碍、物质/药物所致的抑郁障碍，由于其他躯体疾病所致的抑郁障碍，其他特定和未特定的抑郁障碍。

重性抑郁障碍代表了这组障碍的典型疾病。它的特征表现为明确的至少两周的发作

（尽管绝大多数的发作持续更久），涉及情感、认知和自主神经功能的明显变化，以及发作间的缓解。重性抑郁障碍是一种对患者家庭、人际关系、工作、学习、日常饮食与睡眠，以及其他身体功能产生负面影响的严重疾病。它对人体功能与生活质量的影响可以与糖尿病等慢性生理疾病相提并论。

重性抑郁发作的最典型的症状包括：患者长期处于极其抑郁的情感状态中，对以前感到有趣的活动失去兴趣，认为自己的人生无价值、极度的罪恶感、懊悔感、无助感、绝望感和自暴自弃。有时患者会感到难以集中注意力和记忆力减退（尤其是忧郁型和精神病性抑郁症）。患者还表现出回避社交场合和社交活动、性冲动减退、有自杀念头或反复想到死亡等症状。失眠也是一种常见症状，早醒最为常见，有时也会有嗜睡的情况，但这种情况相对少见。没有食欲，体重降低也是常见症状，但是偶尔也有食欲增加、体重增加的情况。患者还可能会感到一些生理方面的症状，尤其是发展中国家的患者可能会有疲劳、头痛和肠胃问题发生。患者的亲友还可能会注意到患者躁动不安或无精打采。

较为常见的慢性的抑郁障碍是持续性抑郁障碍（恶劣心境），当成年人的心境紊乱持续至少两年，儿童持续至少一年时，可以给予此诊断。心境恶劣是一种持久存在的情绪低落，为主要临床上的心境障碍表现，常伴有焦虑、躯体不适和睡眠障碍等。心境恶劣与重性抑郁症相比，病程周期性变化不明显。心境恶劣患者与重性抑郁症患者相比，抑郁状态相对恒定，但程度较轻。许多心境恶劣状态始于儿童时期，而且被普遍认为是一种带有郁闷素质的人格障碍。

总之，抑郁症是一个系统性的疾病，既表现为情绪上的持续低落、悲观绝望、无助、自我否定等特征，也有生理上的诸如头痛等诸多非器质性导致的疼痛感、睡眠障碍、消化道反应等躯体症状，最严重的表现是反复出现自杀的念头甚至是真的采取自杀的行为。这些都是在认识抑郁症的时候需要注意的特点。

3.发病率和流行学特点

根据世界卫生组织的最新估计，2015年全球抑郁症患者有3.22亿人，占全球总人口的4.4%，成年人中平均每年有5%～10%的发病率，其中中国患者超过5480万人。中国精神卫生调查显示，我国成人抑郁障碍终生患病率为6.8%，其中抑郁症为3.4%，目前我国患抑郁症人数9500万，每年大约有28万人自杀，其中40%患有抑郁症。2022年国民心理健康情况调研结果显示，抑郁风险检出率为10.6%，其中青年人群是抑郁的高风险群体，18~24岁年龄组的抑郁风险检出率高达24.1%，显著高于其他年龄组。《2022年国民抑郁症蓝皮书》显示，5成抑郁患者为在校学生，其中41%的患者曾因抑郁而休学；在性别上，女性患病率是男性的2倍；77%和69%的学生患者在人际关系和家庭关系中易出现抑郁。

（二）双相情感障碍

1.概念

双相情感障碍是重性精神疾病中的一种，又称躁郁症。这是一种既有躁狂或轻躁狂发作，又有抑郁发作的一类心境障碍，并伴有相应的认知和行为改变，严重的患者还会有幻觉、妄想等精神症状。

2.临床表现

双相情感障碍所指的两相是指躁狂（轻躁狂）发作与重性抑郁发作，两相交替出现是双相情感障碍最突出的特征。在抑郁发作期的患者可能会感觉自己一无是处，会出现抑郁症的种种表现，比如情绪低落极度沮丧、对几乎所有的活动丧失兴趣、言语减少或精力不足、感到自己毫无价值反复出现死亡的想法等。而在轻躁狂或躁狂发作期，患者的情绪和行为又会到达另一个极端——患者可能会体验到一种"无所不能"的感觉。症状轻者，也称轻躁狂发作，患者感觉轻松愉快，头脑变快，灵感频现，变得言语增多，喜爱社交，自信阳光，兴趣广泛，浑身充满力量。这种表现需要持续4天及以上，才可以诊断为轻躁狂（图3.1）。

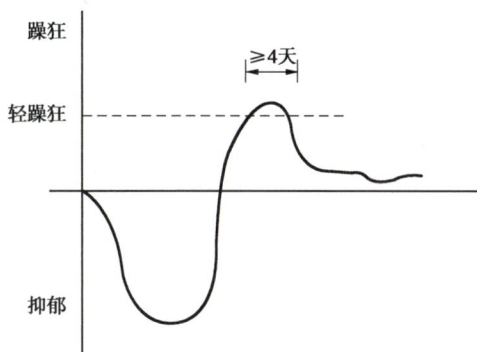

图3.1　轻躁狂发作时间示意图

轻躁狂对患者的影响相对小些，有时不容易识别出来，有些患者比较享受这种兴奋和积极的情绪，希望能一直持续这种状态。然而这种感觉良好的状态并不能如愿保持，如果没有及时调整和干预，情况就会变得非常糟糕，如躁狂发作。

症状重者，也称躁狂发作，患者的情感会异常高涨，或者显得易激惹，为一点小事就会大发雷霆，往往自我感觉良好，言辞夸大，认为自己才华出众、能力非凡。讲起话来滔滔不绝，难以打断。严重时语无伦次，异常活动增多。不断计划，整日忙碌，每天只睡几个小时甚至完全不睡觉，但因为患者的注意力极易转移，虽不停做事，但基本都是虎头蛇尾。另外，患者做事冲动，做事不计后果。比如大笔挥霍钱财，置自身于危险中，严重的患者甚至会出现妄想和幻觉等精神病性症状。不难想象，在躁狂发作时，人的思考和判断力受损，工作、生活、人际关系等也会受到明显损害。诊断躁狂发作,上述这些症状要持续1周及以上(图3.2)。

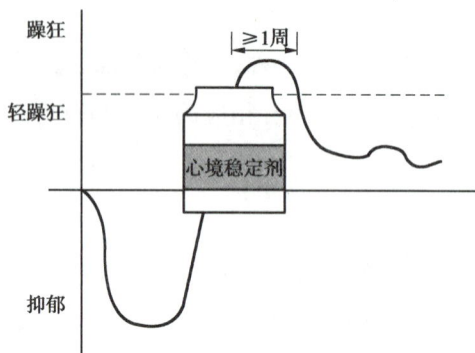

图3.2   躁狂发作发展示意图

根据美国精神医学学会的 DSM-5《精神疾病诊断和统计手册(第五版)》,双相情感障碍有三种亚型。

Ⅰ型双相障碍:个体有过一次躁狂发作和一次抑郁发作,且症状表现强烈,一般需要住院治疗。

Ⅱ型双相障碍:个体有过一次轻躁狂发作和一次抑郁发作。

环性心境障碍:个体多次表现出轻躁狂症状和轻度抑郁症状,每次发作持续时间往往较短。

总体来说,约90%的双相障碍患者一生中会出现多次或者循环发作,每一位双相情感障碍患者的行为和心境看起来颇为不同。双相障碍的诊断并不简单,平均而言,当人们首次出现抑郁或躁狂症状发作后,要滞后8年的时间才能被确诊为双相障碍和得到治疗。

3.流行病学数据

双相情感障碍不如抑郁障碍常见,根据WHO数据,双相情感障碍为15~44岁人群住院的三大病因之一,全球约5%的人患有双相情感障碍,而仅有1%~2%的人被明确诊断,美国其终生患病率为4%,无人种、性别或种族易患性差异。在我国,双相情感障碍的终生患病率在0.5%左右。该疾病可发生于任何年龄段,最早可以发于儿童晚期或青少年期,因为该疾病的特点,69%的双相情感障碍患者最初被误诊,超过1/3的患者被误诊10年或更长时间。双相障碍患者自杀的危险程度是一般人群的15倍,双相患者一生中企图自杀的风险为25%~50%,相比而言,这个数字在抑郁症患者中为15%。双相患者中大多数自杀发生在抑郁期。

(三)焦虑障碍

1.概念

焦虑障碍是以焦虑、恐惧情绪或相关行为紊乱为特征的一组常见心理疾病。焦虑障碍根据发育年龄排列，包括以下几种：分离焦虑障碍、选择性缄默症、特定恐惧症（动物、环境等）、社交焦虑障碍、广场恐惧症、惊恐障碍和广泛性焦虑障碍等。较为常见的是惊恐障碍（急性）和广泛性焦虑障碍（慢性）。

2. 临床表现

惊恐障碍又称急性焦虑障碍，存在焦虑情绪及行为方面的异常，主要表现为惊恐发作、预期焦虑和求助、回避行为等。其中惊恐发作时个体体验了反复的意外的惊恐发作，而且持续担心或担忧将经历更多次的惊恐发作，或因为惊恐发作而以适应不良的方式改变他/她的行为。惊恐发作是强烈的恐惧或不舒服的感觉的突发性潮涌，在几分钟内达到高峰，伴随躯体的（或）认知的症状。惊恐发作时患者往往感受到强烈的躯体不适，比如心跳加快、心悸、呼吸困难、过度换气、出汗、四肢麻木等症状。惊恐发作起病急、发作快，持续20～30分钟，通常在不久之后会再次发作。发作期间患者意识清晰。预期焦虑是指在不发作期，患者会心有余悸、惴惴不安，担心再次发作。求助和回避行为是指由于发作紧急，患者常常要求立即求助，比如到急诊科就诊。有60%的患者担心发作时得不到帮助，会回避一些社交活动，比如不愿意单独出门等。但是到医院检查往往查不出任何病因，在多次发作之后，才会意识到可能是心理问题。

广泛性焦虑障碍（generalized anxiety disorder，GAD）是一种慢性焦虑障碍，其关键性特点是对各种情境持久的、过度的、难以控制的焦虑，过度担心和紧张，持续时间通常是6个月及以上。其典型的表现常常是对现实生活中的某些问题过分担心或烦恼，如担心发生意外，异常担心经济状况，过分担心工作或社会能力。这种紧张不安、担心或烦恼与现实很不相称，使患者感到难以忍受，但又无法摆脱，常伴有自主神经功能亢进、运动性紧张和过分警惕。一般来说，GAD患者的焦虑症状是多变的，可出现一系列生理和心理症状。患者的焦虑症状常常波及消化系统、呼吸系统、心血管系统、泌尿生殖系统、神经系统等，患者会因为躯体症状反复在综合医院就诊，但是多数时候并不能意识到是心理疾病。

3. 流行学数据

焦虑障碍也是患病率较高的一种心理疾病，2017年世界卫生组织公布的数据显示全球焦虑障碍有2.64亿患者，患病率为3.6%，在2005—2015年增长了14.9%。惊恐发作比较常见，约1/3的成人每年会出现惊恐发作，女性是男性的2～3倍。惊恐障碍则不常见，在人群中大约有接近1%的患病率，常起病于青少年晚期或成年早期。广泛性焦虑障碍比较常见，在成年人中占3%～5%，女性患者是男性的2倍。常起病于儿童和青少年时期，其他年龄也可发生。对于大多数患者，病情时好时坏，随着时间推移还有可能有所加重（尤其是处在应激的时候），并迁延多年不愈。

(四)强迫障碍

1.概念

强迫障碍的全名是强迫性精神官能症(obsessive compulsive disorder,OCD),它是一种临床上常见的慢性心理疾病,由生物、社会、心理等各方面因素参与形成的精神疾病,其主要特征是反复出现某些不必要的想法或幻想(强迫思维),或反复发生某些无聊、古怪和令人烦恼的冲动或动作(强迫行为),或控制不住地做某些事情,以期缓解内心的焦虑不安。

2.临床表现

强迫思维是反复出现在脑海中的某些想法、怀疑、冲动等,其内容一般是关于伤害、威胁和危险。常见的形式包括怕脏、怕细菌、怕病毒等,过度关注小概率事件、反复回忆等。患者认识到这些是没有现实意义、不必要的,很想要摆脱但又摆脱不了。

强迫行为一般在强迫思维之后发生,可表现为能观察到的重复行为,比如反复洗涤、检查、询问、仪式动作等,也可以是某些隐匿的重复心理活动,比如反复计数、反复祈祷等。这些仪式动作往往是为了对强迫观点进行控制,比如为了消除病菌而反复洗涤,为了避免攻击某个人而反复躲避等。这些强迫行为在一定程度上可以缓解痛苦焦虑,但是并不会给患者带来快乐,反而会因为这些行为陷入更多的困扰。绝大多数患者是既有强迫思维又有强迫行为。

尽管表现不尽相同,但强迫症状的核心有两个方面:重复和纠缠。重复是指患者花费大量时间和精力反复做一件事情,而达成的效果与付出远远不成比例。纠缠是指者明明知道自己的想法或行为显得过分或者毫无必要,有强烈的摆脱欲望,但因为过分的恐惧和担忧让患者不得不去做。

有研究表明,强迫思维和强迫行为的特定内容在不同个体身上表现不同,一般可以分为四种主要类型,按照常见频率,依次是对称性观念、被禁止的想法、清洁和污染、囤积。每种类型都有一类强迫行为模式相关联。强迫观念和强迫行为的类型见表3.1。

表3.1 强迫观念和强迫行为的类型

症状类型	强迫观念	强迫行为举例
对称性/准确性/刚刚好	要求事物对称或有条理;不断重复做事的冲动,直到觉得它们是"刚刚好"的	将物品以特定的顺序摆放;重复仪式
被禁止的想法或行为(攻击/性/宗教)	害怕或有冲动伤害自己或他人	检查;回避;反复要求保证
清洁/污染	害怕细菌;害怕病菌或污染	反复或过度洗手;做日常家务时戴手套或戴口罩
囤积	害怕扔掉任何东西	收集/保存少有或没有真实价值或情感价值的物品,比如食品包装袋

需要注意的是,正常人也会有一些强迫表现,比如核对账目、检查门锁等,但表现轻、时间短,不觉得痛苦,不影响生活,这不是强迫症。强迫症患者的行为更加频繁,更加强烈,患者耗费更多的时间和精力,也承受巨大的痛苦,疾病严重影响了患者的社会功能,使得他们与家人关系日益紧张,逐渐无法完成学习和工作,越来越回避外出活动和人际交往,最后他们的生活慢慢变成了一座孤岛。

3.流行病学数据

强迫障碍的终生患病率为1.6%~2.3%,而一年内的患病率是1%。而在所有的强迫症患者中,只有三分之一的人会寻求帮助,而患者从出现症状到被确诊平均要经历17年,因此及时识别强迫症,鼓励患者及时寻求帮助是非常重要的。在确诊本病时,大约有三分之一的人同时伴有抑郁。

拓展阅读

强迫症是生活中最容易被发现的症状,很多人都会说到自己有强迫症,因为自己没法容忍有任何一个手机软件中显示未读消息,没法容忍衣服的顺序发生变换,没法忍受白色鞋子上的一个黑点,没法忍受客人敲了两下门而不是三下,等等。

电影《温暖的抱抱》中就让我们看到了强迫症这一类人群,影片中的男主鲍抱就是患有强迫症加洁癖的人,他对整洁和计划有着超乎常人的执念,无论大事小事都需要制订计划,并且严格按照计划表进行自己的人生,就连死亡都要在自己计划的时间点进行。最终鲍抱改变的关键其实是来自爸爸妈妈的信,他深切感知到自己是被爸爸妈妈爱着的,也从那种被捆绑的无力去爱的状态中释放了,仿佛看到了洁癖的爸爸妈妈可以拥抱亲吻他。这就是心理治疗中最为重要的认知重建,用一种新的关系和认知来替换过去创伤性的关系和认知,进而改变其行为。温暖的抱抱,让他和过去产生最重要的联结。

(五)精神分裂症

1.概念

精神分裂症是一种持续的精神障碍,主要表现为感知、情感和行为方面的异常,混乱的思维和情感反应是其典型症状。精神分裂症具有反复发作、不易治愈的特点,但一般不存在意识及智能障碍。

2.临床表现

主要表现为三种类型的症状。第一类阳性症状:以幻觉或错觉以及妄想等为主,无智力障碍。第二类阴性症状:以情感淡漠、主动性缺乏和回避社交等为主,有时存在智力障碍。第三类认知症状:以注意力、执行力、解决问题能力和短期记忆能力缺失和减弱等为主,存在智力障碍。

具体的症状表现可以从感知觉、思维、情感、行为四个方面识别。在感知觉方面患者主要表现出幻觉的症状，是指在没有客观刺激时，患者坚定地报告真真切切体验到了某种"真实"感知。幻觉的种类很多，包括幻视（看到原本不存在的事物）、幻听（听到原本不存在的声音，可能是自然界的声音，也可能是有语言的声音，比如听到有人命令自己等）、幻味（比如觉得食物有异味，觉得有人投毒导致不敢进食）等。在思维方面，患者主要会出现思维贫乏（脑袋空荡荡的，没有想法）、思维破裂（比如语言凌乱，胡言乱语让人无法理解）、思维插入（比如感觉被强制植入某个念头）。妄想是精神分裂症非常重要的症状，是指一系列歪曲顽固的想法，他人的解释、劝说等根本无法动摇。妄想的种类很多，比如钟情妄想（相信某人一定钟情于自己）、夸大妄想（相信自己有超乎寻常的能力、财富与权力，如认为自己富甲一方、位高权重）、被害妄想（相信有人或组织要伤害自己）、非血统妄想（相信自己不是父母亲生的）等。在情感方面表现为情感淡漠，对周围一切漠不关心，比如父母在家争吵得非常激烈，患者仍然无动于衷。情感倒错，是指明明是悲伤的事情，却放声高歌。此外常有抑郁、焦虑，可能是疾病本身带来的。在行为方面，少数患者会出现难以理解的动作，就比如之前所说的裸奔等。还有一系列的隐性症状，比如社交退缩，不会去打扰别人，难以维持自己正常的卫生、起居，也无法继续社会工作，等等。部分患者可能出现冲动、攻击行为。

3. 流行病学数据

精神分裂症是一种复发率高、致残率高的慢性迁延疾病，多起病于青壮年，一般预后较差。世界卫生组织官方网站数据显示，全球共有2300万人受精神分裂症的影响，男性患者比女性患者多。2019年发表的中国精神卫生调查结果显示，精神分裂症及其他精神病性障碍的加权终生患病率为0.7%。通常在青少年及成年初发病，男女患病比率大致相同，病程迁延，进展缓慢，部分发病者转入慢性状态，部分患者可保持痊愈或基本痊愈状态。

二、如何科学应对心理疾病？

面对心理疾病，我们首先是要做好预防工作。具体来说，可以构建三级预防网络。一级预防主要是帮助人们学会健康地生活，预防各种心理障碍的发生。比如学校开展的心理健康教育课程、心理健康类的活动，都是为了让大家学会关注自己的心理状态，学会健康生活。二级预防是对于有可能出现心理异常的患者及时发现，及时治疗。这一阶段的工作，主要是通过班级成员之间的互相了解，辅导员的关注发现。比如某个同学同时遭遇被诈骗、家人重病、考试失利等事情，我们都知道这个人可能需要我们的关心和帮助。三级预防是对于已经出现心理异常的患者，帮助他们恢复健康的过程。这一阶段的重点工作在于医院、康复机构／心理机构和家庭。

对于我们每个人而言，我们要做的事情是建立积极阳光的心态，学会健康生活，预防心理疾病的发生。如果已经出现了心理疾病，需要从勤于自助、善于求助、乐于助人三个方面来应对。

（一）勤于自助

我们知道,心理疾病的影响因素中个人特质是很重要的一环,培养积极阳光的心理品质有助于减少心理疾病的发生。可以从以下几个方面来培养自助的能力。

首先是要主动学习心理健康相关的知识,可以阅读心理学的书籍、自学感兴趣的心理健康课程、主动参与学校组织的心理学的课程和讲座等。

其次是要培养形成良好心理素质的一些能力,比如我们在本次课程中重点介绍的正确认识自己和接纳自我、主动接受生活的磨炼提高耐挫折的能力、有效管理情绪、学会保持健康的情绪、建立良好的人际关系、建立正确的恋爱观等。

最后是培养良好的生活方式。生活方式与身体健康的关系较为密切,也直接影响着人的心理健康。世界卫生组织的研究结果表明,当前影响人类健康及寿命的因素主要取决于遗传和心理因素、环境因素、卫生服务医疗因素、生活方式四方面。其中,遗传和心理因素占15%,环境因素占17%,卫生服务医疗因素仅占8%,其余60%为生活方式影响作用。保持健康的生活方式对个体的心理健康影响重大。

（二）善于求助

当我们自己努力之后仍然无法解决我们的心理困扰时,常常会向身边的人求助。通常我们会建议处于心理困境的人积极联系外在资源,像社会支持系统,包括家庭、单位、同学、朋友、同病相怜的病友等所提供的心理支持和经济支持等。但是当可能出现心理疾病的时候,一定要寻求专业的帮助。

1.药物治疗

对于心理疾病,首先要到医院就医,看是否需要进行药物治疗。在药物治疗上,很多人会讳疾忌医,甚至有很多偏见,比如药物副作用大,对身体有伤害;还担心药物成瘾,过分依赖药物,从而抗拒药物治疗;还有的说"是药三分毒",能少用就少用,稍微好转就私自停药;更多的表现为对药物期待过高,希望立竿见影,尝试之后没有立刻起效会很快放弃。这些都导致药物依从性不够,出现停药、不按时服药的现象。

需要特别注意的是,药物治疗是很多精神疾病最重要的治疗方法,我们要正确看待药物治疗。药物存在副作用,这是所有疾病包括生理疾病的用药都存在的客观现实。但是所有的药物都是经过试验不会对人体产生根本性损害的,这是可以保证的。其次是对于心理疾病而言,药物的副作用出现了,往往也是提醒药物起效了。

当然,药物治疗的过程确实会有很多身体的反应,这里有几点建议给到大家:首先是选择到正规有专业资质的精神科机构与医生处治疗;其次是要与医生构建良好的治疗联盟,提高个人治疗的依从性;再次是与医生进行充分沟通,便于医生评估诊断与治疗,最好在固定的医院固定的医生那里进行复查,这有助于医生全面了解疾病情况;还需要坚持足量足疗程的治疗,在医生的指导下安全用药;最后,对于药物副作用,要和医生充分沟通,医生会给出调整用量或者调整药物的建议,不能自行停药。

2.心理咨询

当病情稳定后,一般会建议辅助心理咨询。心理咨询对心理疾病有较好的治疗效果,有研究证明心理咨询与药物治疗对心理疾病的治疗是等效的,并且效果能够持续更久。有时单一药物治疗的效果并不理想,需要采用联合心理咨询的办法。但是要注意的是,心理咨询不适用于急性精神病性障碍、严重抑郁障碍及存在紧急自杀风险的患者。那么心理咨询可以有哪些作用呢?

心理咨询可以缓解负面情绪,比如悲伤、痛苦等,被一个人专注且理解地倾听后,可以降低痛苦程度。还可以增加理解自己的新视角:比如失恋后对自我的扭曲认识和过度否定,可以通过咨询重新看待自己,确认自己的价值。心理咨询还可以促进对生命意义的理解,比如通过战胜疾病的经验,拓展我们对生命的理解。通过心理咨询,我们可以增加心理能量,更好地应对心理问题。这里也可以看到,个人心理能量也发挥着重要作用,提醒我们需要积极寻找资源,激发我们内在的能量。

在心理咨询中,我们会想方设法激发个体的内在资源,比如去挖掘个人过往的成功经验、有利于应对困境的个人品质、对未来生活的向往和规划、想要成为的理想的自己等。内在资源的作用能帮助个体激发抗挫力。

拓展阅读

抑郁症患者访谈片段

Q:那你可以说一下你是怎么好起来的吗?

A:我也不太清楚。那段浑浑噩噩的时间持续了可能快一年。记忆比较清楚的是做了一个梦,梦到我在一个黑暗的六边形的房间,很黑暗,但是有一束光打在自己身上。我就在里面哭,蜷缩在角落里,两个胳膊抱着腿,头埋在两腿间哭,肆无忌惮地大哭。醒来后好像好一点,但是抑郁的情绪没有完全消失。在遇到一些不开心的时候,这些情绪还是会冒出来。

另外,人本来也会有求生欲,总归还是想要活下去的。可能潜意识里的声音会告诉我,还有一个家在等着我,爸妈还在家里等着我,大不了回去休息一段时间,身体好了再出来闯。

我就向前走,安慰自己,"像我这么优秀的人,总归会有自己生存的空间"。我就这样好起来了。不过可能也是我的抑郁症状比较轻,还没有到想要死的程度。其实我也想过死的问题,但是觉得很多比自己更惨的人、不如自己优秀的人都活得挺好的,自己去死了那多么不值当。反正就是想办法让自己活着,然后活好。

Q:你说的那束光,可以说一下你是怎么理解的吗?

A:那束光不是希望,而是类似于一个舞台效果,让我分裂成两个人,我清楚地知道我自己存在着,然后看着那个哭泣的我。我就陪着那个哭泣的我,直到他哭泣完。

案例分析:我们可以看到,在这个人身上,治愈他的有这样一些内在的资源:第一个资源是拥抱自己的内在小孩。他通过梦的形式,来关注自己内心真实的脆弱和伤痛,然后自己陪伴自己,允许自己充分地哭来表达情绪。这是非常重要的,是对自己的关爱、接纳和陪伴。当没有人陪伴自己的时候,自己也可以去陪伴自己。第二个资源是每个人都拥有的求生欲,也就是每个人都有的生的本能。在生的本能之下才能够忍受和坚持在痛苦中继续前行。第三个资源,就是对家人的信任和牵挂,不管自己如何狼狈,家人都会接纳自己,可以有一个身体的栖息地,也是心灵的栖息地。第四个资源是对自己的信任,真的相信自己值得活下来,会好起来。

(三)乐于助人

法国哲学家居友说过:"我们每个人都有很多的同情、很多的爱心,比维持我们生存所需要的多得多。我们应该把它分散给别人,这就是生命开花。"乐于助人是优秀的品质,也会促进我们的心理健康。

社会交换理论认为人们往往会从长远的角度来考虑帮助行为,帮助他人可能会带来外部的回报,如物质上的奖励、他人的感激和尊重等。但更重要的是,助人行为也能带来内部的回报,如提升自我价值感、缓解不良情绪、避免内疚等。这种内在的满足感是驱动人们助人为乐的重要动力。

研究表明,当个体参与助人为乐的行为时,会释放出一种被称为"幸福荷尔蒙"的内啡肽,从而提升个体的幸福感和满足感。此外,助人行为还可以增强个体的社会支持感,减轻个体的孤独感和无助感,从而有利于缓解负面情绪和压力。

助人行为的核心驱动力可能来自我们内心深处的同理心和关爱,这会激发个体主动发现周围他人的需求并给予帮助,还可以学习倾听他人、关心他人、理解他人,并在实际生活中积极参与社区活动,提升自己的社会责任感和使命感。

拓展阅读

哈佛医学院的卡罗琳·施瓦兹博士曾给多发性硬化症患者做过一个实验,她把这些患者分为三组:第一组教给他们应对疾病的技巧,比如团体心理辅导等,使他们能与病魔搏斗。第二组是为他们提供病友支持,即让其他的多发性硬化症的患者给他们打电话,一个月一次,每次15分钟。第三组是接受第二组的帮助。

实验结果如图3.3所示,在生活满意度、自主掌控感、个人成长、人生目的感、自我接受等方面,第二组支持者的表现都比被支持者和应对组好出很多。他们通过支持别人,对自己更自信,人生更有目标,也更加幸福。在责怪他人、抑郁、焦虑等方面,三组人都有可喜的变化,得分都是负数,但是支持者的负数值比其他两组更大,说明他们更少责备别人,也更少抑郁和焦虑。

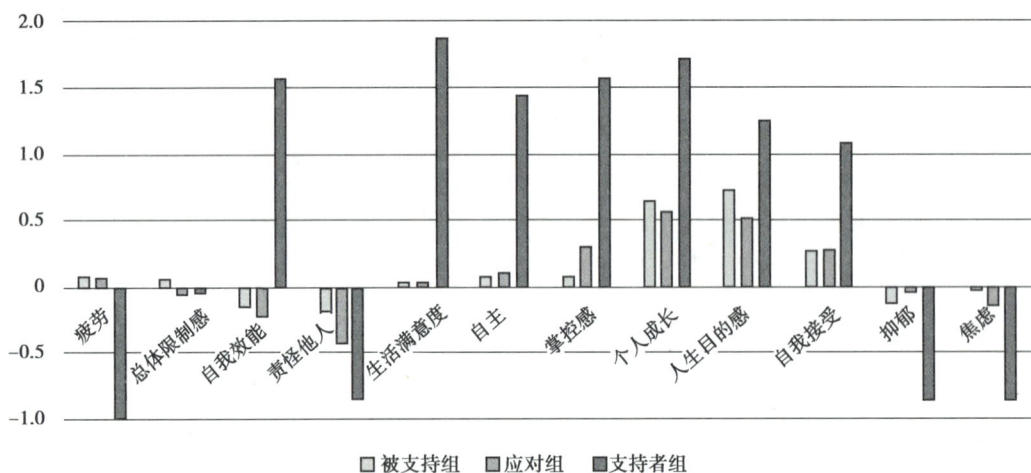

图3.3 助人行为对个体的影响

实验后,施瓦兹博士还采访了这些支持者,结果发现他们通过帮助别人,哪怕这种帮助是微不足道的,如一个月一次15分钟的倾听,也能够使他们的注意力从自己的病魔移开,关注别人的痛苦,而且还能从对别人的帮助当中更加认识到自己的价值,从而对自己更有信心。

实操练习

一、案例讨论

L,男,大三。独生子,降级。4门课挂科,考试期间压力很大。

平时表现:冲动、易怒、人际关系差。多次要求换宿舍,和室友动手打架。环境不适应,觉得同学们素质低,比如大半夜还说话。

精神分裂发作期间周内两次打架事件。其中一次打架:买东西,老板问支付宝还是微信支付,问了几次,L没有回应(据了解他当时在想事情,没有听到),老板就大声问到底买不买,L生气骂了对方,老板泼了L一身水,L冲进去打了老板。到保卫处调解期间,L两次冲进去动手打老板。L事后总觉得有人在嘲笑自己、议论自己,甚至骂自己。在宿舍时他听到别的宿舍的人讲话,觉得是在议论自己,会骂出声音。在此情况下,他又和对门宿舍的人发生打斗事件。

精神科医生进宿舍诊断:宿舍很脏很乱,打包盒、水瓶扔在地上,裤子、袜子、枕头扔在地上,臭气熏天,味道很大。L身上也很脏,据说几天没有洗澡,也没有换衣服。谈话期间,他思维散乱,说话说到一半就停止。说几句他就看看周围,怀疑有人偷听。他觉得辅导员、保安、同学都针对自己。他在家里情绪激动,争吵、摔东西、动手打架。和人相处被动,删掉好朋友的联系方式,不愿意见人。

思考并讨论

从L的以上行为中,你觉得他可能存在哪种心理疾病？你发现了哪些症状？如果你是L的朋友,你觉得从朋友的角度可以提供什么帮助？

二、心理自测

(1)《PHQ-9 抑郁症状自我评估量表》

有些时候我们心情不好,会担心自己是不是也抑郁了,现在来简单测一测吧。

在过去的两周里,你生活中以下症状出现的频率有多少？

(0—没有;1—有几天;2—一半以上时间;3—几乎每天)

①做事时提不起劲或没有兴趣;

②感到心情低落、沮丧或绝望;

③入睡困难、睡不安稳或睡眠过多;

④感觉疲倦或没有活力;

⑤食欲不振或吃太多;

⑥觉得自己很糟糕,或觉得自己很失败,或让自己或家人很失望;

⑦对事物专注有困难,例如阅读报纸或看电视时不能集中注意力;

⑧动作或说话速度缓慢到别人已经觉察,或正好相反,烦躁或坐立不安、动来动去的情况更胜于平常;

⑨有不如死掉或用某种方式伤害自己的念头。

计分方法:每道题所选选项对应的数值即为该道题的得分,计算总分。总分说明:0—4(没有抑郁);5—9(可能有轻度抑郁);10—14(可能有中度抑郁);15—19(可能有中到重度抑郁);20—27(可能有重度抑郁)。

我的得分:

特别说明:心理测试仅针对"症状标准"进行测试,判断是否是抑郁症还要综合考虑时间长度、内心的痛苦程度、对正常生活学习的影响程度等。所以测试结果并不能直接判定是否有抑郁症,需要到心理咨询中心、专科医院进一步进行评估诊断。

(2)《GAD-7 广泛性焦虑障碍量表》

有些时候我们心情不好,会担心自己是不是焦虑了,现在来简单测一测吧。

根据过去两周的情况,您存在下列描述的状况及频率是多少？

(0—完全不会;1—好几天;2—超过一周;3—几乎每天)

①感觉紧张、焦虑或急切；

②不能够停止或控制担忧；

③对各种各样的事情担忧过多；

④很难放松下来；

⑤由于不安而无法静坐；

⑥变得容易烦恼或急躁；

⑦感到似乎将有可怕的事情发生而害怕。

计分方法：每道题的所选选项对应的数值即为该道题的得分，计算总分。总分说明：0—4（没有焦虑）；5—9（可能有轻度焦虑）；10—14（可能有中度焦虑）；15—21（可能有重度焦虑）。

我的得分：

特别说明：本测量只是作为一种了解自己心理健康状态的方式，仅作参考，不能作为诊断标准。如果你在测试后觉得自己的分值超出正常范围，可以按照本书介绍的方式进行自我调整，如果调整之后仍然没有改善，应该到学校心理健康教育中心求助，也可以到医院进行诊断。

三、心理疾病基础知识问答

1.常见的强迫思维包括（   ）。

A.强迫联想   B.强迫回忆   C.强迫型穷思竭虑

D.强迫对立思维   E.以上都是

2.常见的强迫性行为包括（   ）。

A.强迫洗涤   B.强迫坚持   C.强迫计数

D.强迫仪式动作   E.以上都是

3.精神分裂症的发病机制与哪些因素有关？（   ）

A.遗传和环境因素   B.神经递质功能异常   C.神经系统退行性改变

D.自身免疫和内分泌功能紊乱   E.以上都是

4.常见的幻觉不包含以下哪些？（   ）

A.幻想   B.幻视   C.幻听

D.幻嗅   E.幻触

5.常见的妄想包含以下哪些？（   ）

A.关系妄想   B.被害妄想   C.夸大妄想

D.钟情妄想   E.以上都是

6.常见的药物治疗的偏见与行为包括（   ）。

A.副作用大、伤身体、易上瘾、易依赖、抗拒药物治疗

B.是药三分毒,能少用就少用,稍微好转就私自停药

C.排斥西医,相信中医,选择用中药慢慢调养

D.期待过高,希望立竿见影,尝试之后很快放弃

7.遇到心理困惑和心理疾病,我们可以采用的方法有(　　)。

A.积极自助,发掘自身资源应对困难

B.主动求助,寻找身边可以帮助自己的资源

C.寻求专业帮助,比如心理咨询师和心理医生

参考答案:1.E　2.E　3.E　4.A　5.E　6.ABCD　7.ABC

四、自助方法探索练习——蝴蝶拍

个人经历应激事件之后,会表现出焦虑、不安、恐惧、抑郁、有压力,或者容易与人发生冲突或纠纷,甚至迁怒他人、自我伤害、自杀或报复社会。

如果在生活中发生了恶劣的心理应激反应,我们该如何快速安抚好自己的情绪呢?"蝴蝶拍"是一种寻求和促进心理稳定化,可以帮助我们增加安全感和积极感受的方法之一。

蝴蝶拍是慢慢地、温柔地、轻轻地交替拍,注意不要做成快拍。如果在使用中觉得正面的感受并没有增强,反而出现更多负面感受时,则要停止这项练习。可以选择其他适合自己的方法。自助方法并不能代替心理咨询、心理治疗或医生的帮助。

具体操作:

(1)双臂在胸前交叉,右手在左侧、左手在右侧,轻抱自己对侧的肩膀。

(2)双手轮流轻拍自己的臂膀,左一下、右一下为一轮。

(3)速度要慢,轻拍4~6轮为一组。停下来,深吸一口气,感觉如何? 如果好的感受不断增加,可以继续下一组蝴蝶拍。

(4)在进行蝴蝶拍的时候速度要慢,就好像孩提时期母亲安慰孩子一样,轻而缓慢。通过这个动作,我们可以安慰自己,使心理和躯体恢复并进入一种稳定状态。

应用蝴蝶拍增强好的感受:

(1)寻找资源。

积极体验的记忆:愉快的体验、自信心、能力、成就。

社会支持:照料者、亲友、老师、同伴、宠物。

精神世界:图书,故事,电影电视中的人物、动物、形象。

其他:日常生活中的一些积极的经历。

(2)强化资源。

相关事件:寻找到资源后,通过这个资源联想到相关的事件及事件的画面等。 提取重

要元素:画面、积极认知、积极情绪、积极的躯体感觉定位。

(3)顺其自然。

过程中不需要刻意做什么,只需要顺其自然地感受自己。如有负性体验,关注正性的方面,或终止并放入容器;积极体验,可继续。

小结提升

学习目标

- 了解心理疾病的基本概念。
- 理解心理疾病的影响因素。
- 初步识别常见的心理疾病。
- 掌握心理疾病的应对方法。

学习要点

- 心理疾病是心理状态的一种,是可以通过一些方法得到缓解和改善的。
- 心理疾病的病因暂不明确,学者们认为对心理疾病影响较为明显的因素有生理因素、心理因素、社会文化环境因素等。
- 抑郁症是一个身体系统的疾病,除了有情绪的表现,还有很多躯体症状,我们需要同时关注自己的身心状态,及时识别自己的状态。
- 双相情感障碍最大的特点是抑郁和躁狂两相的交替出现,这使得在疾病诊断和治疗时花费更多的时间,需要患者更加配合医生的诊疗工作。
- 惊恐发作是更容易被识别到的一种焦虑障碍,广泛性焦虑障碍关键性特点是对于各种情境的持久的、过度的、难以控制的焦虑、过度的担心和紧张。
- 强迫障碍的典型表现是强迫思维和强迫行为,其主要的特点是重复和纠缠。
- 精神分裂症从字面意思理解,是指心灵与自身和现实相分离,以知觉、思维、情感、行为之间不协调,精神活动与现实脱离为特征,最为典型的症状是幻觉和妄想。
- 应对心理疾病,预防优先,可以通过自助、求助、助人三条途径帮助自己更好地战胜心理疾病。

主题四　生如夏花之绚烂
——生命教育与心理危机应对

【案例分析1】

蔡磊：我已准备死亡，却不放弃对渐冻症的挑战

他的两只手都不顶用了，喝口水需要有人把杯子递到嘴边，借助吸管分两次咽下。他说："我已经准备好死亡了。"

他曾是京东的副总裁，他曾是中国新经济的领军人物，他曾是一个"工作机器"，为了事业不惜牺牲健康和爱情。但他被诊断出患有渐冻症，这种无药可治、无法逆转、无情吞噬肌肉的罕见病，让他面临生命的终结。

他叫蔡磊。

然而，这并不意味着他放弃了对生命的渴望和对疾病的抗争。作为一个习惯了挑战和玩命付出的人，他决定以自身为武器，和渐冻症"决战到底"。

于是，他开始了一场前所未有的创业：

用自己擅长的大数据和互联网工具，搭建了中国最大的渐冻症数据库，为医生和科学家提供样本案例；

他寻求资金和科学家支持，推动药物管线研发；

他为数以万计的渐冻症患者提供支持，并联合1000多位病友，捐献脑组织和脊髓组织，供医学研究使用；

他还与妻子共同尝试直播带货，撰写的自传《相信》，成为畅销书籍。

但是，他也遭遇了无数次失败和失望。进行上百场路演，但10个月下来，"连一分钱都没有找到"；发起冰桶挑战募捐，两个月内每天处理七八千条微信信息，但来自社会陌生人的捐款，只有10多万元；核心成员不告而别，团队小伙伴大多干两个月就离职，他们说，"太磨人了，看不到希望"……

即使身体不断恶化，他仍然每天工作16个小时以上，全年无休。他试图打破旧有的游戏规则,把资金、实验室、药企、患者和医院直接串联起来,尽最大可能缩短时间。

因此,他决定用自己的方式诠释生命的价值。

他站在大屏幕前的病友照片墙,说起他们的遗体捐献故事,声音哽咽。他说:"我会战斗到最后一天,到我死亡的一天为止。"我们相信,这不是一个绝症患者的悲壮叙事,从蔡磊的抗争中,你会重新思考生命的意义、追寻的意义。

【案例分析2】

圆圆是一个性格外向、活泼开朗的女生。她善良、细心,同学心情不好、遇到困难时经常找她倾诉,她总能给同学提供点新鲜主意。大家都很喜欢与她交往。可是圆圆也有自己的难言之隐。父母对她的学习要求很高,期望很大。圆圆学习很努力,但她基础比较薄弱,大一上学期期末考试有三门功课不及格,大一下学期开始,去教室自习成了她每天的必修课,但是收效甚微。因为学习上不能达到父母的期望,她感到压力很大。同学们发现,圆圆表面上嬉笑快乐,内心却孤独寂寞。圆圆虽然有着不错的人缘,但她从来不主动跟人讲自己的事,尤其是从来不讲自己不开心的事,也从来不向他人求助。碰到不开心的时候,她通常是自己憋在心里,不仅不向周围的同学诉说,也不接受同学们的帮助。

大一下学期,圆圆的情绪有些反常。有几次周末从家中返校后,她一个人躲在寝室阳台的角落哭泣。圆圆不喜欢与别人谈论自己的心事,同学们看到后,也只是在心里干着急,不知道怎样才能接近她,才能帮助她。五一长假之后的一天,圆圆又一次从家中返回寝室。晚上同学们陆续回到宿舍。圆圆换上了自己最喜欢的衣服和鞋子,来到其他寝室,看看这个,又去问问那个,与每一个同学都打招呼;即使是那些以前不熟的同学,她都聊上一两句,没有落下一个人,似乎有道别的感觉。十点半之后,圆圆回到自己的寝室,室友都觉得她今夜的情绪很反常,因为她心情低落,不讲一句话,与在其他寝室时判若两人。有同学还发现,圆圆将自己手机上的短信和通话记录全部删除。十一点多,室友陆续上床休息,寝室也熄了灯,只剩圆圆一人。圆圆一直以来都是寝室最晚一个睡觉的,大家因为习惯了,也没在意。深夜,圆圆向母亲发短信,但母亲未复。凌晨,她将手机上的短信及通话记录全部删除后,从寝室阳台上跳下身亡。圆圆在留给父母的遗书中写道:"对不起爸爸妈妈""我已经很努力了,但还是不能达到你们的要求""我想到另一个世界去寻求另一种生活"。

思考

生命进入倒计时的蔡磊与花季少女圆圆对生命的认识有什么不同?

一、来之不易的生命——解锁生命密码

(一)生命的含义

生命的内涵是指在宇宙发展变化过程中自然出现的存在一定的自我生长、繁衍、感觉、意识、意志、进化、互动等可能的一类现象。它也包括生化反应产生的能够自我复制的氨基

酸结构,以及真菌、细菌、植物、动物(人类),就未来的发展可能而言,人工制造或者促成的机器复杂到一定程度,具备了某种符合生命内涵的基本属性的现象也将可能纳入生命的范畴,包括人机混合体、纯自由意志人工智能机器人等。

(二)生命的结构

1.生物性

人的生命作为一个自然生物性的肉体生命而存在,人的生长和发展就必然要服从生物界的法则和规律。

2.社会性

每个人要想生存下去,就必须融入社会活动,在与人的沟通、交往和互动中保存自己的生命,追求自己生命的意义,实现自己生命的价值。马克思曾提出,人的本质并不是一种内在的、无声的、把许多个人纯粹自然地联系起来的共同性,而是人的社会特质。因此,离开了人的社会性,脱离人的社会联系,就没有真正的人的存在,就没有现实的、具体的人。

3.精神性

人不仅仅是为了满足自己的自然生命而活着,在适应千变万化的社会变化中还要追求超越生物性和社会性的精神性存在。人要规划自己的人生,创造自己的价值,指导和提升生物性的存在。正是有了生命的精神性的存在,才使人的使命有了人文意义和价值,有了理性的意蕴和道德的升华。

(三)生命的特性

1.生命的不可逆性

从胚胎萌芽,生命便一直生长、发育,直至衰亡。生命始终沿着一条单向的道路前行,它绝不会"倒行逆施",返老还童这一美好的愿景,在现实的生物学与医学面前,显得遥不可及。

2.生命的不可再性

生命,对任何人来说都只有一次,是一次且仅有一次的旅行。世间常说,"人死不得复生",便是这个真理。

3.生命的不可换性

生命为个体所私有,相互不得交换,彼此不可替代。

4.生命的有限性

生命存在的时间有限;生命无常;个体生命的存在不能离群索居。

(四)人的生命的产生

人类的生命历程开始得非常简单,像其他物种成千上万的个体一样,人类个体始于单细胞。然而,如果一切进展顺利,从这个微不足道的开端,只需经过数月,一个活生生的、自主呼吸的婴儿就诞生了。这个最初的细胞是由一个男性生殖细胞(精子)突破女性生殖细胞的膜,然后融合而成的。这些配子,即男女性生殖细胞,每一个都含有大量遗传信息。在精子进入卵子约一个小时后,两者突然融合,变成了一个细胞,即受精卵。两者遗传结构最终结合在一起,含有超过20亿化学编码的信息,足以创造一个完整的人。

二、认识危机——珍惜生命

一般而言,危机有两个含义,一是指突发事件,出乎人们意料发生的,如地震、海啸、空难、传染性疾病暴发、战争、恐怖袭击等;二是指所处的紧急状态的人。当个体遭遇重大变化或问题发生使之感到难以把握、难以解决时,平衡就会打破,正常的生活受到干扰,内心的紧张不断积蓄,继而出现无所适从甚至思维和行为的紊乱,进入一种失衡状态,这就是危机状态。危机意味着平衡稳定的破坏,引起不安、混乱。危机出现是因为个体意识到某一事件和情景超出了自己的应对能力,而不是个体经历的事件本身。

(一)个体危机的类型

(1)正常发展性危机:在成长的过程中,急剧变化或转变所产生的异常反应,如大学毕业、小孩出生、中年生活改变、退休等。

(2)情境性危机:出现的少见或者超常性事件、在无法预估和掌控时出现的危机,如突发疾病、交通事故、被绑架以及亲人意外离世等。

(3)存在性危机:伴随重要的人生问题的内部冲突和焦虑,如生活孤独、错失发展的机会等。

(二)公共危机

公共危机是指在日常的社会运转过程中,由于内部或外部不确定因素的变化,使社会公共领域发生的可能危及正常秩序甚至公共安全的一种突发性状态。公共危机发生的区域内,所有公民都是受害对象,表现出共性的心理反应。这一概念强调的是危机反应的群体性,与个体危机相对应。

(三)高职高专学生在哪些时间段容易出现心理危机

(1)新生入学后。

(2)期末大考(补考、其他重要考试)前。

(3)成绩下降、挂科时。

(4)评优选干前后、受到处罚(考试作弊被抓或严重错误被发现)时。

（5）发生突发事件（或遭遇重大变故）后。

（6）严重冲突（人际关系、亲密关系、亲子关系）发生后。

（7）与学生密切相关重要政策（规定）出台后。

（8）求职择业期间、毕业前夕。

问题解决

一、我遇到个体危机了怎么办？

（一）建立积极的危机观念

当我们听到"危机"这个词的时候，可能会本能地去抗拒、否认、害怕，会天真地奢望自己永远不要有这样的经历与体验，有时我们还真的成功地欺骗了自己，但真相是危机离我们每个人都不远，它是我们生活中不可或缺，也无法摆脱的重要组成部分。没有人能在一生中完全免除危机状况，有些危机是一生中必然要面对的，我们需接纳危机的客观存在。

在接纳危机的客观存在的同时，我们也要辩证地看待危机，除了看到"危"，更要看到"机"。俗话说的"塞翁失马，焉知非福"就体现了危机的转化。危机本身无法完全避免，重点是我们如何看待和应对危机。对于有些人来说，在经历了危机最初的混乱之后，他们反而能够获得极大的成长与力量。对于一些人来说，他们需要花时间来接受，"生活再也无法完全回到过去"；而对于另外一些人而言，危机事件使他们内心深处潜藏压抑的冲突与不安被放大，逼得他们不得不重新思考自己的人生如何处理得当，危机反而成为他们人生转折的重要催化剂。

拓展阅读

无腿舞者——廖智

2008年5月12日，汶川大地震，廖智的两个亲人（女儿和婆婆）去世了，廖智哭泣着，绝望着。她被送往医院后，由于小腿伤势太过严重，只能截肢，而手术同意书是廖智亲自签的。地震前她是少儿舞蹈老师，地震后她不想与舞蹈割裂。

没有平衡缺少支撑，伤口肿痛，汗水泪水甚至血水交织在一起……廖智咬着牙把舞蹈动作啃了下来。2011年，廖智被邀请参加《舞林大会》；2013年，她获得《舞出我人生》亚军，一曲在轮椅上的舞蹈《废墟上的重生》，感动并折服了所有人。

2013年4月，雅安地震后，她与歌手潘倩倩奔赴抢险救灾一线当起了志愿者。戴着假肢送粮、送衣、送发电机、搭帐篷。2013年8月15—16日，廖智在上海举行新书《廖智：感谢生命的美意》签售会并首发仪式。在社交平台上，廖智穿戴着银色酷炫假肢，跳得热情四溢。在廖智和Charles的帮助和努力下，已经有很多肢体障碍人士走出了阴影，学会接纳和尊重自己，面带微笑地拥抱新生活。

无腿舞者廖智积极的危机观念值得我们去深思去学习。正因为危机避无可避，最基础的打开方式就是直面危机，放弃自欺欺人的否认防御，主动提前学习必要的危机常识，接受自己的脆弱与能力有限，对可能到来的危机形成科学客观的观念。

(二)掌握正确的危机应对策略

1.觉察危机

我们要有一颗觉察的心，若出现以下几种情况，则出现心理危机的可能性较大[①]：

(1)重大丧失(如亲近的人离世、人际关系破裂、失恋、考试失败、遭受拒绝等)后出现异常表现。

(2)遇到严重突发事件的刺激后有异常反应。

(3)明确或间接表露自己感到十分痛苦、抑郁、无希望、无价值甚至流露出死亡的意图。

(4)孤僻、人际关系恶化。

(5)加大剂量的物质滥用。

(6)注意力下降，感觉容易分心、力不从心甚至明显感觉注意力或记忆力下降。

(7)身体不舒服，出现躯体性症状如胃痛、偏头疼、背痛、睡眠变化、食欲不振、消化系统紊乱等方面的问题。

(8)与人敌对、易激惹。

(9)持续的悲伤或焦虑。

(10)出现攻击性行为或自毁性。

(11)日常生活、学习、工作状况出现明显的负性改变。

2.及时寻求专业帮助

危机应对最重要的是安全与及时。如果心理危机状态已经严重影响学习和生活，甚至有自杀危机，请及时与医院、学校或家长联系，寻求专业人员的帮助。可以寻求专业的心理援助或精神科帮助，也可以先接受远程的心理援助热线服务或网络心理咨询，如果这也帮不到自己，可以去附近的精神专科医院或综合医院的心理科就诊，接受面对面的精神心理评估治疗。不要轻信非官方途径的信息，尤其是一些不正规的网站和机构。

危机应对的首要原则是尽量向专业人士求助。危机干预对专业性的要求很高，受过相关训练的心理咨询师或者医生能够提供有效的帮助，这是其他人员无法替代的。当然并不

①荆月闵.大学生心理危机及干预对策研究[D].北京:中国石油大学,2008.

是每一个人都有条件接受专业帮助,作为非专业的个体,我们可以借鉴危机干预的视角与思路,在日常生活中给予自己及他人一定的帮助,这些都有利于我们在危机状态下保有基本的社会功能。

3.情绪调节

首先,接纳自己的负性情绪,知道这是在特殊状态下的一种正常反应,不是说自己得了抑郁症或者焦虑症,它是一种对突发危机事件的正常反应。

其次,可以和朋友家人说一说自己的一些感受。倾诉是一个非常好的情绪调节和处理的方法。

还可以使用一些简单的放松方法,对焦虑还有紧张的处理,放松训练是有效的,常见的如深呼吸肌肉放松、冥想瑜伽等。

4.行为调节

首先要充分休息,做一些自己平时想做,但是总没有时间做的事情、有意义的事情。在危机状态下,安全与健康高于一切,如实在无法继续学习或者工作,可以考虑暂时休学或者休假,没有必要通过硬撑来证明自己坚强,必要时也可以暂时远离引发危机反应的人与事。保持生活的基本规律,有助于我们保持基本的掌控感,对身体健康也至关重要。

5.寻求社会支持

社会支持网络指的是一组个人之间的接触,通过这些接触,个人得以维持社会身份并且获得情绪支持、物质援助和服务、信息与新的社会接触。依据社会支持理论的观点,一个人所拥有的社会支持网络越强大,就能够越好地应对各种来自环境的挑战。个人所拥有的资源又可以分为个人资源和社会资源。个人资源包括个人的自我功能和应对能力,后者是指个人社会网络中的广度和网络中的人所能提供的社会支持功能的程度。

当遇到心理危机的时候可积极寻求社会支持,向信任的人表达脆弱与痛苦,获得他们的理解与支持。我们的亲人、朋友、同事、单位领导,甚至有的时候是陌生人,可能也会在这个过程中给你一些支持。

6.调动各种现实资源

调动各种现实资源帮助自己解决引发危机的问题,比如说自己的内在资源、外在社会资源、环境资源等。

二、我遇到公共危机了怎么办?

公共危机的应对是非常复杂的议题,涉及国家制度、宗教文化、社会治理水平、经济发展水平、公民素质等层面。公共危机事件往往带给民众强烈的失控感,现实层面与心理层面的安全感都被冲击,加上信息不对称,有可能陷入各种可怕的想象,唤起死亡焦虑。适度的恐慌情绪具有进化意义,是个体面临危险时的信号,可以帮助我们及时觉察危险,积极应对。

(一)接纳自己的恐慌情绪

允许自己体验与表现出适度的恐慌情绪。公共危机事件下的恐慌情绪是有一定现实基础的,如身边确实发生了对我们具有威胁性的事件。当我们可以去表达与交流这份恐慌的时候,反而不太会采取非理性的荒唐行为。因此,你可以与家人、朋友交流对公共危机事件的看法、担心,也可以借由文字、绘画表达自己的情绪。最重要的是,让这份情绪被看到。

(二)通过正确的方式获取信息

面对公共危机,有效信息的及时获取至关重要,能够极大地稳定心态。作为普通人,最简单的方式就是只关注权威、官方的信息,对于来源不明尤其是言辞带有偏激、煽动特征的信息要尤其警惕,不要急着认同其中的观点,多想想观点背后的逻辑是否成立。自觉屏蔽、拒绝传递不实信息。

(三)通过熟悉的日常事件重获控制感

恐慌情绪与失控感密切关联,公共危机事件让我们深切体会到人生的无常,人类在疾病与死亡面前如此无力。对于绝大部分普通民众,可以尝试将关注点适当转回自己的现实生活,公共危机事件并不是生活的全部。每日的三餐、洗衣、收拾房间等家务以及过去每天常规做的事情,如读书、运动、学习与工作等都可以如往常一样进行。

(四)寻求专业心理援助

随着心理健康事业的完善,每当出现公共危机时,社会、政府以及专业协会等组织都会马上开通专业的心理援助渠道,为民众提供公益心理服务。在你需要的时候,可以考虑寻求专业支持,受过训练的专业人员能够为你提供有效的心理疏导,并且传递科学的心理常识。

(五)通过助人彰显人性的光辉

在公共危机面前,人类切身体验到自身的渺小、命运的无常。但反过来,也正是这样的时刻,让我们有机会体验到人与人之间深刻的共鸣、紧密的联结。我们原有的社会属性标签都不再重要,所有人的命运都被绑在了一起,唯有守望相助才能共渡难关。因此,面对公共危机,我们除了调整好个人心态,更要将自己置于人类命运共同体中,通过自己力所能及的方式帮助同处于危难中的同胞。这种助人的心态能够赋予自我强大的精神力量与慰藉，因为正是这样的举动让人类在面对具有巨大破坏力的公共危机时依然心存希望，这也是人之所以被称为"人"的本质所在。

三、如何预防自杀？

【案例分析】

2017年，大学生自杀事件接连出现。1月11日，山东大学一女生被发现在出租屋内上吊自杀，被发现时已身亡四天；2月27日，广西大学一在读研究生烧炭自杀死亡；3月4日，渭南职业技术学院农学院一名大二学生在宿舍内上吊身亡；4月11日，厦门华厦学院大二在校女学生因卷入校园贷选择自杀；4月19日，发生一起坠楼事件，一名20岁的陈姓青年从香港仔渔安苑瑚阁中层坠下，路人听到巨响前往发现，青年倒卧大厦对开空地昏迷，遂报警求助。救护员到场检验后证实死亡。警方在场调查，检获一封遗书，稍后联络到其家人。据悉，陈曾向家人透露，他的手机近日损坏，藏在手机内的功课资料失去，怀疑因此感到不开心。警方调查后相信事件，并没有可疑。

思考

读到这样的文字时，我们会作何感想？从出生开始，我们可能就思考过关于人的生和死。我们都知道，死亡不可避免，在我们的大学生群体中，有一些触目惊心的案例显示，我们当中的少数人会因为种种原因选择自杀来结束自己的生命。

自杀预防是在珍惜生命价值的理念指导下，依据对自杀行为发生规律的研究，针对自杀高危人群和自杀危险因素采取的一切预警策略和防范措施。自杀预防和危机干预之间存在既相互联系又相互区别的关系，作为两项既有所不同又密切相关的工作，从构成上来说，要发挥社会群体的功能，构成互相联系、互相补充的社会网络。总体上让社会、学校、家庭构成一个有机整体，共同努力减少社会失范、文化震惊、目标置换带来的影响。同时又在具体实践中各有偏重，运用符合自身的方法来解决自身群体内更为突出的自杀原因问题。并且开展有关自杀的教育，营造积极正向的环境，重视良好的伦理道德规范的教育和形成。引导正确的生活习惯、积极的心理状态，减少大学生自杀现象。大学生群体的自杀并非一个国家、一个地区、一个学校的现象，而是一个世界性的问题，也绝不是无法阻止、无法干预、不可解决的问题。只要相关主管部门高度重视，将其作为一项系统工程，由社会、学校、家庭协同努力，共同关心大学生成长，就一定可以减少甚至杜绝大学生自杀现象的发生[①]。

---

①梅晓宇.对大学生自杀现象的再分析[J].学校党建与思想教育,2016(4):70-72.

对于个人,可从以下几个方面进行自杀预防。

(一)科学认识自杀

自杀是危机表现的极端情况,也是青少年群体排名第二的死因。 自杀未必是个体真的想要结束生命,而是想用这样一种方式解决自己的问题或痛苦,没有看到其他的可能性。自杀既是一种心理现象,也是一种文化现象,还是一种社会现象。自杀的原因很复杂,自杀是生理、心理和社会诸因素相互作用的结果。所以,社会学、心理学、精神病学、生物医学等都对自杀进行过阐释。《中国精神疾病诊断标准 CCMD-3(2001 版)》对自杀死亡的诊断标准是:"有充分依据可以断定死亡的结局系故意采取自我致死的行为所致。"此定义强调两点:一是意愿,"蓄意而自愿";二是结果,"结束自己的生命"。实际上,绝大部分自杀是可防可"治"的,人们对自杀有一些常见的误区[①]。

(1)不可以和有自杀想法的人谈论自杀,因为谈论自杀可能会诱发其自杀的行为。其实并不是这样的。以温和、镇定、接纳的态度与对方交谈,可以让其重新思考,赢得时间来做危机干预。更重要的是,理解、支持和接纳对有自杀想法的人是非常重要的,他们的苦闷会得到宣泄,他们的情绪会得到承托。有可能他们会因为这些温暖而留恋世界,把跨出去的那只脚收回来。

(2)把自杀挂在嘴边的人不会自杀。确实有一些人是这样,但也有一些自杀者会在发出预警信号后实施自杀。据研究,80%的自杀死亡者生前曾发出各种预警信号和求救声。当我们无法识别对方是哪一种时,最安全的策略是充分重视。有过一次自杀念头的人总会想自杀。有自杀念头和实施自杀的过程中还有长长的一段路。许多人在遇到一些危机时都曾经有一死了之的念头,但这只是短暂的念头,过后往往会克服危机,重新投入新的生活。

(3)当一个人自杀行为未遂后,危机就结束了。如果一个人的目的仅仅是用自杀去威胁他人,自杀未遂、达到目的后会停止。但如果一个人一心求死,因偶然原因自杀未遂,继续实施的可能性依然存在。那些状态转变得很快、很好的自杀未遂者值得关注,因为其背后可能酝酿着更大的危机。

(4)自杀不一定是冲动性行为。这不完全正确。有些受到强烈情绪支配的自杀,有可能确实是冲动行为,但有些自杀行为是在强大理性支配下的行为,是有周密的计划和充分的准备的。

(5)只有严重的抑郁症者才会具有自杀的倾向。其实部分严重的抑郁症者可能连实施

---

①杨振斌,李焰.中国大学生自杀现象探讨[J].清华大学教育研究,2013,34(5):59-63.

自杀的动力和精力都没有。而那些处于抑郁加重、想要摆脱又无力摆脱的人自杀的危险性最大。

(二)建立积极的生死观

生命的诞生来之不易，我们知道，人的生命是从受精卵开始的。从受精卵的形成直至一个鲜活生命的出生，这段时间称作胎儿期。胎儿期约四十周，即常说的十月怀胎。不知你是否听到爸爸或妈妈提起过，在妈妈孕育你的时候，会经受很多的不适。比如：随着还是胎儿的你在妈妈子宫里一天天长大，妈妈的肚子也一点点长大，每个月要例行去医院做产前检查；不知什么原因，睡觉到半夜总会有想吐的感觉，但又什么都吐不出来，很难受；翻身这个简单的动作也不是很利索就能做到，有的时候腿还会抽筋；不敢生病，因为害怕对还是胎儿的你的健康造成影响，即使生病也不敢吃药……生命不仅属于自己，也属于家庭。父母含辛茹苦地养育我们，我们承载着家庭、父母的希望。我们一出生，家人就开始为我们付出辛勤的劳动。所以，我们更应该珍惜自己的生命！自杀往往是人们最不愿意去面对的事件之一，因为自杀涉及死亡，而死亡对于中国大众来说是一个禁忌的话题。但死亡是每个个体的最终归宿，对于它的认识和理解是我们获得人生意义的前提条件。了解死亡可以让我们体悟到生命的有限性和脆弱，激发出一种力量感和珍视感。

(三)建立良好的应对方式

应对方式又称应对策略，是个体在应激期间处理应激情境、保持心理平衡的一种手段。人在生活、学习、工作中，必然会遭到心理压力与挫折。采用何种心理应对方式，会产生不同的心理体验。心理应对方式多种多样。

消极的心理应对方式，使人产生垂头丧气或嫉妒愤怒，带来的是痛苦。

积极的心理应对方式，使人化消极为积极，焕发心理潜力，去战胜心理压力和挫折，迎来的是战胜挫折的体验，是幸福的体验。

在心理压力和挫折面前，人常常出现焦虑、抑郁、愤怒、攻击、屈从、发愤等心理应对方式。

心理应对方式既稳定又可变。人对心理压力、挫折的心理应对方式是在生活实践当中形成的，因此，它具有一定的稳定性。但是，这并不是不可以改变的。怎么改变消极的心理应对方式呢？

1.正视挫折

挫折是客观存在的，不以人们的意志为转移，否认挫折、掩饰挫折都不是正确对待挫折的态度。

2.冷静分析

挫折发生后,不要怨天尤人,要冷静地分析挫折发生的原因是主观原因还是客观原因,并分析各种原因的相互关系,找出主要矛盾所在。

3.心理策划

在冷静分析挫折原因的基础上,根据自己的实际情况和客观条件采取可行的、可操作的决策方式。

4.付诸实践

努力把决策付诸实践,脚踏实地,一步一个脚印地去实施决策。

(四)构建社会支持系统

构建社会支持系统就是要构建一个来自他人关心和支持的系统。当遇到心理危机的时候可积极寻求社会支持,向信任的人表达脆弱与痛苦,获得他们的理解与支持。

(五)探索、丰富生命的意义与价值

我们的世界里没有死亡,那么生命就会丧失意义。所谓"向死而生"就是领悟生命本真地生存,知道自己理想的工作和生活状态是人的一生中没有多少的时间可以去挥霍、去浪费,我们所能做的,就是趁着还年轻,让有限的生命得到最大程度的延伸和拓展,去提升生命的广度和热度,让有限的生命变得更有意义。正如那句话:"我无法选择自己的命运,但可以选择对待命运的态度;我无法延伸生命的长度,却可以拓展生命的宽度。"

1.生命意义的含义

哲学上的生命意义指向"人类为何存在、生命本身的价值是什么",存在主义心理学家亚隆将这一层次的生命意义称为生命的"宇宙意义",重在回答人类或者生命作为一个整体的意义。心理学上生命意义的概念则是从生命个体的角度来理解每个个体的生命价值是什么。心理学家斯特格认为生命意义是联系、理解和解释的网络,它可以帮助我们理解我们的经历;引导我们制订计划去实现我们期望的未来;让我们意识到我们的生命是重要的,是有价值的,它们不仅仅是我们每一秒、每一天、每一年的总和。

2.生命意义的内涵

(1)存在就是意义。存在本身就是有意义的,从生命存在的角度来看,我们每个人来到这个世界是一个极小概率的事件,是一个奇迹。存在主义也强调每个个体都是在存在的过程中创造他自己的生命意义。

(2)需求的满足就是意义。鲍麦斯特让我们相信,如果目的需求、价值需求、效能需求、自我价值需求这四种需求能够得到满足,个体就会感觉到自己的生命充满意义。马斯洛则基于需求层次理论,认为低层次的需求获得满足、迈向高层次的需求这一过程中,个体将获

得更加丰富的生命意义;生命的意义既来自个体需求不断被满足的过程,又来自自我实现的过程中,其中,自我实现本身就是一种意义。

(3)意义在于相信和投入。生命意义是没有预先设定的限制,无论是何种信念体系都能够指导人们获得生命的意义,我们对人生的积极关注、对人生理想和生活目的的坚信以及投入其中的程度才是生命意义感最重要的来源。

3.生命意义对心理健康有积极影响

(1)生命意义有助于人们理解生命的本质。生命本身的特征决定了人类需要探寻生命的意义。生命具有独特性,每个人的生命都是独一无二的,同时又兼具有限性与无限性,以及自由与自主性。人的生命是有限的、短暂的,这是一个难以更改的事实,人终有一死,人们不禁要问,生命中苦苦追求的那些东西有什么意义呢? 对这一问题的理解与行动,从根本上决定了心理健康的程度。

(2)生命意义能够让人们明了活着的理由。古希腊哲学家柏拉图观察到:人类是寻找意义的存在,人们会自动地从他们的经历中获得意义,包括生活本身的经历。弗兰克尔认为对意义的追求是人类最基本的动机,他在《活出生命的意义》一书中写道:"人活着是为了寻找生命的意义"　　乏意义是人类最重要的生存危机,也是促使人们寻求意义的最主要动力。

(3　　　　　　　供追求幸福的路径。古希腊哲学家伊壁鸠鲁认为,探求人生的意义就是　　　　　　福,不同幸福取向的人有着不同的思维和行为方式,持综合性幸福取向　　　　　　足于当下快乐的愉悦体验,而更看重发挥自我价值和实现自我意义,在他　　　　求意义和实现目标的过程就是追求和实现幸福的过程。

(4)生命意义让人们在生命困境中看到希望。重大的负性经历和创伤会带来个体世界观、人生观的崩塌,导致意义危机,世界上没有什么比认识到自己的生命意义更能有效地帮助一个人在最恶劣的环境中生存下来。

4.生命意义的缺失可能导致的心理困扰

(1)更容易感到无聊空虚:如果我们失去或未能制定有意义的生活目标,长期生活在无意义感之中,内心会产生强烈的虚无感,这种"存在空虚"会带来无聊感和消极的情绪体验。

(2)更容易感到心理痛苦:弗兰克尔认为,人类的特征是对意义的意志——一种寻找生命意义的内在动力,而未能实现意义会导致心理痛苦。当生活中缺乏生命意义感时,可能会有更高的抑郁、焦虑的水平,对自我的评价更消极(例如,更低的自我价值、自尊感),对生活会感觉到更不满意,也更少能体验到幸福感以及对未来的希望感,生命意义缺失的个体对心理治疗的需求也会更大。

(3)更容易感到悲观绝望:生命意义的重要性维度强调我们对自己生命价值的评估,

"我的生命有价值,是值得活的感觉"是一件攸关生死的事,意义缺失带来的最致命的行为便是自杀。有关大学生的研究发现,自杀的大学生缺乏对"存在"的重要信念和价值的理解,那些没有找到"存在意义"的大学生面对压力时倾向于选择放弃努力并产生无助感,面对严重压力时他们甚至会选择自杀的方式来获得解脱①。

(4)更容易消极应对苦难:生命意义的存在有助于缓解心理创伤和压力的影响。在苦难发生后,相比于那些未能找到意义的人,一个能明确自己生命意义的人,能更积极地去面对生活中的苦难和挑战,会用更积极的方式调节自己的情绪,并会努力采取行动,让生活产生积极向好的变化。

5.生命意义的求索

人们对生命意义的理解会随着个体认知能力和水平的发展而不断推进。探索生命意义是贯穿一生的任务,但不同的生命阶段有不同的探索内容。

认知能力是感知生命意义的基础,意义形成过程中所需要的深思熟虑的、有意识的思维和心智模式的形成,就是从"不断摧毁旧认识而重构新认识"的认知过程中演化而来的。

(1)在人际联结中感知意义。重点强调在我们需要寻找自己的生命意义时,可以尝试建立亲密关系,在关系中找到归属感。

(2)在投入和参与生活中构建意义。帮助学生理解探寻生命的意义既要积极投身于某项事业,也要在生活的过程中去品味,要承担起责任,采取行动,积极参与到生活中,做自己热爱的事情,寻找自己有能力实现的人生目标。

(3)在奉献和超越中实现意义。寻找和获得一个"更高的自我",不仅仅关注个体的生存和个人的成败得失,而把目光和精力投向身边组织、社会,甚至整个人类的生存与发展。

(4)在自我实现中追求意义。鼓励学生充分发掘、发挥潜藏于自我的禀赋,使自己成为一个独特的个体,把个体的生命力全部伸展开来。

(5)在自我反思中领悟意义。教授给学生反思性地思考、解释个人生活的方法。

(6)在角色中演绎生命的意义。引导学生认同自身在社会中的角色,尽到角色的义务,履行相应的责任,从中体验特定的价值。

(7)在选择中构建生命的意义。强调没有哪种人生意义对另一个人是既定的。我们生命的意义需要我们自己去定义、寻求、领悟、认同、行动。时间充足的情况下,老师可以让学生进行"价值观与选择的练习"。

(8)在人生极限中洞见生命的意义。这个世界上的生命之所以有意义,正是因为有死

---

① 倪旭东,唐文佳.生命意义的缺失与追寻[J].心理学探新,2018,38(6):497-503.

亡,假如在我们的世界里没有死亡,那么生命就会丧失意义,意识到死,才会只争朝夕,好好活出自己的人生。

宇宙年龄约有137亿年,地球的年龄约有46亿年,人类历史约有300万年,人的寿命平均80年。虽然我们无法决定生命的长度,但是我们可以决定生命的宽度。

(六)助人与转介:当身边人遭遇自杀心理危机时

目前全球每年有近80万人自杀身亡,平均每40秒就有一人死亡,自杀是全球15~29岁年龄组中第二大死亡原因。大学生自杀的新闻也是不断出现,自杀给家庭和社会带来悲剧,并对自杀者的亲友造成持久的影响。如果有更多的人能够理解自杀的征兆是怎样出现的,我们便有更多的机会将身边有自杀倾向的人识别出来,使及时有效的援助成为可能。

1.识别与评估自杀

(1)自杀的征兆。言语上的征兆包含直接或间接表达自杀意念。当一个人直接对他人说"我想死""我不想活了"等话语时,这是一个明确的暗示;也包括当一个人间接向他人表达"我的生活毫无意义""我所有的问题马上就要结束了""没有我,他们会过得更好""我再也受不了了""现在没有人可以帮助我"等。或谈论与自杀有关的事或开自杀方面的玩笑;谈论如何计划自杀,包括自杀方法、日期和地点;流露出无望或无助的心情。

行为上的征兆包含出现明显的、突然的行为改变。例如:抑郁的表现;频繁出现意外事故;突然与亲朋好友告别;有条理地安排后事;饮酒量增加;回避社交,自我封闭,将自己珍贵的东西送人;中断与周围人的联结等。

(2)自杀风险的确认。确认自杀风险最好的方式是直接询问,例如你可以询问一个处于危机中的个体。"你告诉了我你的问题和感受,我想知道,是否有些时刻你冒出一个念头;想要结束自己的生命?"这样的问题不会唤起自杀企图。恰恰相反,有时自杀个体会觉得主动向他人表达自杀倾向是非常困难的,有一些人会为他们有自杀念头感到羞耻,有时他们会害怕被谴责,不被理解。因此,如果有人能够和他们坦诚地、不带评判地讨论自杀想法,他们会感到被支持、被理解,能够直面自己的处境。

(3)自杀风险的评估。希瑞尔在《解读自杀心理》一书中指出,自杀风险可以分为慢性的与急性的。慢性自杀风险指个体存在一定危险因素,但不太可能会在近期实施自杀行为,因此需要密切地关注与追踪;急性自杀风险则意味着自杀行为可能会在近期出现。急性自杀风险有三个非常有用的指标因子:个体不久前才尝试过严重的自杀行为;个体存在危险的、可能导致自杀的精神病性症状;个体流露出自杀意图,表明自己已经拥有成熟的近期自杀计划[1]。

---

[1]刘明波,曹高举,孙志辉.高校学生心理危机分级干预工作探究[J].中华卫生应急电子杂志,2019,5(3):169-171.

2.应对自杀心理危机——如何帮助有自杀风险的人

(1)立即告知当事人的监护人、重要他人、辅导员或校心理健康教育中心。

(2)相信他们说的话；当他们说要自杀时，应认真对待。

(3)如果他们要你对其想自杀的事情给予保密时，不要真的这么做。

(4)让他们相信他人的帮助能缓解面临的困境，并鼓励他们寻求帮助。

拓展阅读

预防自杀的传染性

在有关自杀的研究中，自杀的传染性是一个需要受到重视的现象。不少研究都介绍过因影视、广播等媒体详尽报道一些自杀事件，而使社会上自杀或企图自杀者增加的事实。日本曾出现一位走红女演员跳楼自杀事件，此后的几个月中，连续不断出现采用类似方式而自杀的事件，其中女学生居多。筑波大学发生过一男性教师从理工大楼7层跳楼自杀，一年中在同一地方先后有3人以同样的方式自杀。

研究表明，自杀的模仿性现象及潜意识引导确实存在。对1973—1979年美国电视报道自杀事件的研究报告指出，电视报道自杀事件确能导致青少年自杀率上升，越多媒体报道，内容越详尽，则引致自杀率上升幅度也越大。青少年女性自杀率上升约13%，男性上升5%。

学者们认为最容易引发模仿性自杀的新闻报道有以下特征：详细报道自杀方法；对自杀而引致的身体伤残很少提及；忽略了自杀者生前长期有心理不健康的问题；将引发自杀的原因简单化；自杀者知名度高，社会影响大；使人误认为自杀会带来好处等。

为减少自杀的传染现象，学者们强调大众传播媒介注意在报道自杀事件时应该持谨慎态度，尽量指出自杀者实际有很多其他可以选择的途径，自杀不是唯一出路，以便尽量减少那些有自杀意念的人认为自杀是一种正确处理困难的方法、是一种可以理解的选择。

实操练习

一、小组讨论

可以跟人讨论自杀吗？

二、案例分析

小明是一个男孩子，很小的时候父母就离异了，他与父亲一起生活。性格内向的他，学业成绩不好，常常受到父亲的打骂。上大二时，他的好朋友小白因患白血病不治身亡，临去世前对小明说："我在天边等待你的到来！"小白的去世对小明打击很大，他一时难以走出丧友的痛苦，成绩下滑到班级最后一名，因此又遭到父亲的暴打。于是，小明开始实施"天边的云"计划。

　　他的表现如下：(1)做什么事情都提不起兴趣，没有精神，常常发呆。(2)不想吃饭，感觉不到饿，完全没有胃口。(3)归还以前借同学的钱和东西。(4)将自己以前很珍爱的东西赠送给同学。(5)问同学怎样死才是最安逸的。(6)问同学一些奇怪的问题："天堂是什么样子？你到时会不会想我？"(7)归整书桌，整理床铺、衣服。(8)"悄悄地我走了，正如我悄悄地来，挥一挥衣袖，不带走半边云彩……"给同学留下信件(某天后再打开看)。(9)让同学对自己的计划保密，"我要做一件惊天大事，我想去天堂！你要为我的计划保密哦！"(10)去药店买药品，准备单独行动。

思考

从小明的以上行为中，你发现了哪些自杀信号？

三、活动：画出多彩生命

目标：了解生命观。

准备：A4纸、彩笔、胶带等。

操作：

　　请每位成员以生命为主题画一幅画，怎样画都可以，表达自己对生命的理解。画完后请成员以小组为单位进行分享，可以为自己的画取个名字，谈谈自己画的是什么，是怎样理解生命的，之后每个小组选1名代表进行大组的分享。分享完毕，把所有的画贴在教室里，相互参观、交流。

四、活动：A4纸的人生

　　曾经有人在知乎上问："最令你吃惊的事实是什么？"其中最震撼的答案是："人生只有900个月。"(按平均75岁的寿命来计算。)

　　一张A4纸，30×30的表格，每个格子代表你人生的一个月，每过一个月就涂掉一格，你的全部人生就会在一张白纸上显现，也许你没有想过，被量化后的人生原来如此短暂。

　　试着画画你人生的A4纸吧，然后用笔涂掉过完的。

　　如果你是30岁上下的上班族，假如你刚有了孩子，在上幼儿园前，你们朝夕相处的日子是？直到他/她考上大学，你将持续为之操心，花费的精力时间是？

　　假设我们的父母目前平均50岁的话，假如天天见面，你能陪伴他们的时间是？假如你们一个月见两次面，你能陪伴他们的时间是？假如你们一年见一次面，会是？

　　假设工作后每年能够回家2次，假设每次在家陪父母3天，假设父母刚过50岁生日，假设父母都能长命百岁，我们还能和父母共同生活300天。

（方格图）

小结提升

学习目标

- 了解生命的基本特性,提高珍惜生命的意识。
- 理解心理危机的相关概念,加强对危机的敏感性。
- 建立积极的危机观念。
- 掌握应对危机的正确方式,学会自助与求助。
- 掌握自杀相关常识,能恰当地帮助有自杀风险的他人。

学习要点

- 生命的结构:生物性、社会性、精神性。
- 生命的特性:不可逆性、不可再生性、不可换性、有限性。
- 危机状态,是当个体遭遇重大问题或变化,个体感到难以解决、难以把握时,平衡会被打破,正常的生活受到干扰,内心的紧张不断积蓄,继而出现无所适从,甚至出现思维和行为的紊乱,所呈现的一种失衡状态。
- 个体危机的类型有:正常发展性危机、情境性危机、存在性危机。
- 危机的应对:建立积极的危机观念,掌握正确的危机应对策略。
- 从个人角度开展自杀的预防包含:科学认识自杀、建立积极的生死观、建立良好的应对方式、构建社会支持系统、探索和丰富生命的意义和价值。

- 当身边的人遭遇自杀心理危机时,应立即告知当事人的监护人、重要他人、辅导员或校心理健康教育中心;相信他们说的话;当他们说要自杀时应认真对待;如果他们要你对其想自杀的事情给予保密时,不要真的这么做;让他们相信他人的帮助能缓解面临的困境,并鼓励他们寻求帮助。

第三篇　自尊自信篇

　　自尊和自信是大学生个人成长和未来发展的两大重要支柱。自尊,即自我尊重,是对自我价值的认同和肯定;自信,则是对自己能力和潜力的信任。这两者相辅相成,共同构成了大学生健康心理的重要组成部分。

　　自尊是大学生自我认知的基石。一个拥有健康自尊的大学生,能够清晰地认识自己的优点和不足,从而在面对挑战时,能够积极应对,不断完善自我。自尊也是大学生自我激励的源泉,它促使大学生不断追求卓越,实现自我价值。

　　自信则是大学生行动的动力。拥有自信的大学生,能够在困难和挑战面前保持坚定,不畏艰难,勇往直前。自信使他们敢于尝试新事物,勇于接受挑战,从而在实践中不断提升自己的能力和素质。

　　自尊和自信的培养,对于大学生的个人成长和未来发展具有深远影响。它能够帮助大学生建立健全的人格,形成健康的心理品质,提高社会适应能力。同时,自尊和自信也是大学生实现自我价值、追求人生目标的重要保证。

　　因此,大学生应该重视自尊和自信的培养。在日常生活中,要学会正视自己的优点和不足,积极面对挑战,勇于承担责任。同时,也要学会关注自己的内心需求,保持积极向上的心态,不断提升自己的能力和素质。只有这样,才能真正实现个人的全面发展和社会的共同进步。

主题五　遇见更好自己的心灵奇旅
——自我意识的发展与培养

学习之旅

【案例分析】

小张,男,刚刚踏入大学校门,带着青春的朝气和对未来的无限憧憬。大学对他来说,不仅是一段全新的旅程,更是一次心灵上的洗礼。他来自一个温馨的家庭,家境虽普通,但家人的关爱如同涓涓细流,滋润着他的成长。从小到大,他的生活都由父母精心安排,无须他操半点心。进入大学后,他像一只羽翼渐丰的鸟儿,即将展翅高飞,面对更广阔的天空。

小张面临的首个挑战便是选择哪一门计算机编程语言进行学习。他虽对编程怀有浓厚的兴趣,但在这之前,他的生活却与编程世界毫无交集。从小学到高中,他的学习计划一直由老师安排得井井有条,他只需要按照既定的轨道前行。但现在,面对眼花缭乱的编程语言——Java、Python、C++等,他感到无所适从。每一种语言都有其独特的魅力与适用场景,而他在这方面如同一张白纸,毫无经验。

每次试听编程课后,小张都感到困惑和迷茫。他想快速掌握编程技能,但又不知道该从何入手。学习的过程充满了挫败感,他开始质疑自己的选择。与此同时,他的内心充满了挣扎与矛盾,他既想证明自己的能力,又害怕失败带来的打击。这种犹豫和担忧如同一道无形的枷锁,束缚了他的手脚,使他在课程学习上无法专心致志。

其实,小张的经历在很多大一新生中非常普遍。大学生活的自由度远超他们之前所体验的教育环境。没有了父母和老师的指引,许多同学都像无头苍蝇一样乱撞,对学习和生活缺乏自主安排的能力,不知如何找到属于自己的方向。

问题分析

小张的问题主要表现在两个方面:一是对自我的怀疑和不确定,二是对自我发展感到迷茫。

对于前者,小张需要认识到每个人在学习和成长的过程中都会遇到挫折和困难,在逆境之中,大家都会产生对自我或者是选择的怀疑,这是非常正常的反应。困顿和失败并不可怕,可怕的是失去尝试的勇气。认识自己,找到属于自己的道路本是一个不断试误的过程。就如编程语言的学习也是一个长期的过程,需要不断地实践和摸索。小张应该从最基本的语法开始学起,然后逐渐尝试编写一些简单的程序,通过成就感不断建立自信。同时,在这个过程中,他可以向有经验的同学或老师请教,获得一些指导性的建议和帮助,以减少挫败感而高效自我提升。通过不断地实践、总结和反思,他就能找到适合自己的学习方法并夯实对编程学习的自信,逐步提高自己的编程能力。

对于后者,小张需要通过自我探索更清晰地了解自己的兴趣和优势。比如通过参与各种社团活动和技能竞赛,他可以发现自己在哪些领域有特长和潜力。同时,他也可以多与在各领域中已经崭露头角的学长学姐交流,了解他们的大学生活和自我发展的经验。这样可以帮助小张更好地规划自己的未来道路,不断整合确定自己的发展方向。

个性方案

为了帮助小张走出自我的困境,学校心理健康教育中心的心理咨询老师为他制订了一套个性化的解决方案:

1.兴趣挖掘:辅导员鼓励小张多参加各类社团活动和学术讲座,特别是与编程相关的活动。这不仅能够帮助小张结识志同道合的朋友,还可以拓宽他的视野,了解不同领域的知识和技术。

2.职业规划指导:辅导员与心理咨询师引导小张进行自我评估和职业规划。通过了解不同职业背景和市场趋势,小张可以更明确自己的学习目标和发展方向。同时,通过与业界人士的交流和学习,小张能够及时掌握行业动态和市场需求。

3.学习资源推荐:心理咨询师为小张推荐了一些关于编程学习的书籍、在线课程和论坛等资源。这些资源有助于小张系统地学习编程知识、积累实战经验并与其他学习者交流心得体会。

4.心理疏导与支持:心理咨询师定期与小张进行沟通交流,帮助他调整心态、增强自信。通过心理咨询师的疏导和支持,小张逐渐摆脱了自卑情绪和消极心理的困扰。

5.定期评估与反馈:辅导员与心理咨询师定期对小张的学习进展进行评估与反馈,根据阶段性的评估结果给予有针对性的建议,帮助小张不断调整学习计划和方法、逐步提高学习效果。

6.搭建社交网络:鼓励小张积极参加学术沙龙和小组讨论等活动,为他和更多同学建立互动交流的平台,帮助他扩大社交圈以结识更多志同道合的朋友,互相鼓励支持,共同成长进步。

7.培养自律习惯:建议小张制订明确的学习计划时间表,督促自己养成良好的自律习惯,保证充足的休息,合理安排学习娱乐和锻炼时间,劳逸结合,提升综合素养。

你会给小张提出怎样的建议呢?

一、最了解你的人是自己——人格与自我意识

(一)人格与社会性

人是个性与社会性的对立统一体。每个人都有属于自己独特的个性,在社会化的过程中个体不断丰富和发展自我意识,从而形成区别于他人的独特性。

个体又具有社会性,他"像所有的人",又"像某一类人"。生活在同一阶层里的人的基本社会行为、价值观念往往是相似的。社会文化给特定社会里的每个成员的行为染上了一层区别于其他社会文化的色彩。

人格的发展以及形成与社会性发展密不可分,自我意识的发展过程是个体不断社会化的过程,同时也是人格发展的核心,自我意识的成熟往往标志着人格的基本形成。

个体出生时只是一个生物体,无所谓个性和社会性。婴儿的心理活动还是片段的、无系统的、易变的,仅有自我意识和社会性的萌芽。个性的初步形成还是从幼儿期开始。儿童的个性形成和社会性发展是在社会化中实现的。所谓"**社会化**"就是个体在与社会环境相互作用中获得他所处的社会的各种行为规范、价值观念、道德标准和社会技能等方面,成为独立的社会成员并逐步适应社会的过程[①]。

社会化规范人的社会行为,培养人的身份、地位的认同,影响人的价值和行为取向,传递知识经验和技能。社会化保证了社会文化的积累和传递,既有利于社会发展,也有利于个体社会适应。社会化对于人格和社会性形成意义重大。

在社会化的过程中,个体有时会体验到个人意愿与社会规范的矛盾冲突,这时个体慢慢学会采用理性的、社会群体认可的行为规范行事,并将自己逐步融入更大的社会群体中。也是在这样对于冲突的理解和解决中,个体的社会化水平不断提高,而社会性也得到不断发展。

(二)自我与自我意识

1.自我的概念

心理学中的自我是指每个独特个体的生理和心理特征的总和。心理学中主要探讨的是"self"这一自我,即个人的反思意识或自我意识。心理学上把"self"作为研究对象,可以追溯到美国心理学之父詹姆斯。詹姆斯认为自我由主我(I)和客我(me)两部分组成,主我指代自我中积极地知觉、思考的部分,通常只有自己知道,他人并不清楚,如你的个人隐私、内心世界;客我指代自我中被思考、注意或知觉的客体,也是他人能够看到的方面,如你的外貌、你的性格、你的人际关系等。事实上,后来心理学家对自我的研究大多集中在

---

① 杭然,刘德华."社会事件"融入中小学教育的价值与路径[J].当代教育理论与实践,2020,12(1):53-57.

主我及其相关的层面与维度上,如自我概念、自我评价、自尊等。我国心理学界对自我的研究始于20世纪60年代,研究中对自我、自我概念、自我意识等概念也进行了一些探讨,但未做严格区分。我国的诸位心理学家纷纷提出自我的概念:朱智贤认为,自我是个人自我意识的凝聚,即人对自身的观念系统。时蓉华认为,自我意识也称自我,乃是对自己存在的察觉,即自己认识自己的一切,包括认识自己的生理状况、心理特征以及自己与他人的关系。李德显认为,自我意识不同于自我概念,自我意识属于一种主体自觉的、能动的、行为过程,包括知、情、意三大过程,是个体的主我实现认识客我的方法和手段,而自我概念就是这一过程的目的和结果。主体通过自我意识形成自我概念,两者是过程与结果的关系。

　　2.自我意识的概念

　　自我意识是指一个人对自身和自己与他人及自己与社会关系的认识和态度,是一个人在社会化过程中逐步形成和发展起来的,是一个多维度、多层次的心理系统。自我意识是个体关于自我全部的思想、情感和态度的总和。就内容而言,可以分为生理自我、社会自我、心理自我三个方面;就形式而言,自我意识可分为自我认知、自我体验和自我调控三个方面。

　　3.自我意识的内容

　　(1)生理自我。生理自我是对自己生理状况如身高、体重、外貌的认识以及生理病痛、温饱饥饿、劳累疲乏的感受等。这一部分有形的"自我"可以说是每个人对于"自我"最直接的感受和理解。

　　(2)心理自我。心理自我是指对自己知识、能力、情绪、兴趣、爱好、性格、气质等个性的认识和体验,表现为个体对自己的心理活动、个性特点、心理品质的认识、体验和愿望。

　　(3)社会自我。社会自我是指个人对自己在客观环境及各种社会关系中的角色、地位、权利、义务、责任、力量等的意识,表现为个体对自身与外界客观事物关系的认识、体验和愿望。社会自我使个体在社会化过程中得以发展和成长。

　　4.自我意识的结构

　　(1)自我认知。自我认知是主观自我对客观自我的评价,包括自我感觉、自我观念、自我分析、自我观察、自我分析、自我评价、自我批评等,主要解决"我是一个什么样的人""我为什么是这样的人"的问题。

　　(2)自我体验。自我体验是个体对自己怀有一种情绪体验,包括自尊、自爱、自信、自负、自卑等,主要涉及"我是否接受自己""我是否满意自己"等内容。

　　(3)自我调控。自我调控是对自己行为、思想和言语的控制,包括自主、自立、自强、自律、自我监督、自我约束、自我调节、自我控制等,主要涉及"我如何管理好自己""我如何改变自己""我如何规划自己的人生"等内容。

自我认知、自我体验、自我调控三方面相互联系、有机结合、完整统一,自我意识是人格的核心。例如,一位同学体重超重20千克。他的自我认知是"觉得自己太胖了,各种生活不便";他的自我体验是"不喜欢自己的身材,在人际交往中不自信";在这样的情况下,这位同学努力寻求改变,及时进行自我调控,"设定计划:合理饮食、规律运动;同时自律坚持"。这就是一个较为完整的自我意识结构。

自我意识的内容和结构相互联系、有机组合、完整统一,是一个人个性的核心内容(表5.1)。

表5.1   自我意识的内容和结构

内容	结构		
	自我认知	自我体验	自我调控
生理自我	对自己的身体、外貌、衣着、家属、所有物方面的认识	英俊、漂亮、有吸引力、迷人、自我悦纳	追求身体的外表、物质欲望的满足,维持家庭的利益等
心理自我	知识、能力、情绪、兴趣、爱好、性格、气质等个性的认识	自尊、自信、自爱、自豪、自卑、自怜	追求名誉、地位、与他人竞争,争取得到他人的好感等
社会自我	对自己在客观环境及各种社会关系中的角色、地位、权利、义务、责任、力量等的认识	有能力、聪明、优雅、敏感、迟钝、情感丰富、细腻	追求信仰,注意行为符合社会规范,要求智慧与能力的发展

二、人生海海,以我为帆——自我意识的发展

在人的毕生发展历程之中,个体的自我意识从萌发、发展形成再到成熟稳定,大约需要经历二十余年的光阴。自我意识是个体在社会交往的过程中,随着语言和思维的不断发展而发展的,起始萌发于婴幼儿时期,稳步成长于童年期,快速发展于青春期,初步形成于青年期,成熟完善于成年期。青春期是自我意识发展的关键时期,也是广大青少年获得自我同一性的重要阶段,建立内在统整一致的自我,了解和接纳自己的优缺点,对于个体建立自信,获得长远的内在动力,稳定地迈向人生成熟的阶段,有着非常重要的意义。

(一)自我意识发展八阶段

心理学家埃里克森认为,在人格发展中,逐步形成的自我意识在个人及其周围环境的交互作用中起着主导和整合的作用。个体在成长过程中都普遍体验着生物的、生理的、社会的事件的发展顺序,按一定的成熟程度分阶段地向前发展。人的自我意识发展

持续一生,他把自我意识的形成和发展过程划分为八个阶段(表5.2),他认为每个阶段中个体都会面临一种主要危机,危机是否充分解决决定了人生是否能够顺利地进入下一阶段。

表5.2　埃里克森自我意识发展八阶段

年龄阶段	危机	充分解决	不充分解决
0~2岁	信任对不信任	获得信任感	不安全感、焦虑
2~4岁	自主对自我怀疑	知道自己有能力控制自己的身体、做某些事情	感到无力完全控制事情
4~7岁	主动对内疚	相信自己是发起者、创造者	缺少自我价值感
7~12岁	勤奋对自卑	丰富的社交技能和认知技能	缺乏自信心、有失败感
青少年期	同一性对角色混乱	明白自我是谁、接受并欣赏自己	不清楚自己是谁
成年早期	亲密对孤独	有能力与他人建立亲密的、需要承诺的关系	感到孤独、隔绝,否认需要亲密感
成年中期	繁殖对停滞	更关注家庭、社会和后代	固着于自我放纵,缺乏未来的定向
成年晚期	自我整合对绝望	完满感、对自己的一生感到满意	感到无用、无价值,沮丧

0~2岁:信任对不信任。心理社会发展理论中的第一个发展阶段,儿童需要通过与照料者之间的交往建立对于环境的基本信任感。信任感来自儿童对父母强烈的依恋,父母为儿童给提供了食物、温暖以及身体接触带来的安慰。但是,如果儿童的基本需要没有得到满足,缺乏身体的接触和温暖的情感,甚至照料者经常不在身边,儿童就可能发展出一种强烈的不信任感、不安全感和焦虑感。

2~4岁:自主对自我怀疑。伴随着走路的发展和语言技能的出现,儿童探索世界、操控客体的能力进一步提升,随之而来的是一种安全的自主感和成为有能力和有价值人的感受。相反,在第二个阶段中过分地约束和批评儿童可能导致他们出现自我怀疑。

4~7岁:主动对内疚。在学前期,随着身体活动能力和语言的发展,儿童探究的范围进一步扩大,经常用"为什么""怎么样"的字眼来表达自己对事物的好奇心,包括对自己的身体及男女身体差异的好奇。若鼓励儿童的好奇心,并允许他在适当的范围内探索环境,就能发展儿童的主动性和自信心;若干涉儿童的探索或是环境中无所探索,就会使儿童产生内疚感,使儿童感到自己的愿望不对,想做的事不受人欢迎,其结果是压抑了儿童的探索精神和好奇心。

7~12岁:勤奋对自卑。到了小学阶段,儿童告别了学前期的随意探索,而是准备系统地发展各项能力。学习活动和体育活动为儿童获得知识技能和运动技能提供了机会;与同伴的交往为儿童提供了发展其社交技能的机会。努力学习这些技能使儿童获得能力感。但是有部分儿童是作为旁观者而不是参与者,或者他们经历了太多的失败以至于产生了自卑感。

青少年期:同一性对角色混乱。埃里克森认为,青少年阶段的基本危机是要对不同人扮演不同的角色,并在这种混乱中发现自己正确的同一性。解决这个危机使个体培养出对自我的一致感;如果失败则导致青少年缺乏稳定、核心的自我形象。

成年早期,亲密对孤独。成年初期的危机是解决亲密和孤独之间的矛盾,即发展对他人作出充满情感、道德和性的承诺的能力。作出这种承诺要求个体克制一些个人的偏好,承担一些责任,放弃些许隐私与独立。如果个体不能成功解决这个危机,则很可能导致心理学意义上的孤独感以及与他人交流的无力感。

成年中期:繁殖对停滞。下一个重要的发展时机出现在成年中期,被称为是繁殖感。30~40岁,个体把对自己和伴侣的承诺扩展为对整个家庭、工作、社会以及后代的承诺。没有妥善解决之前发展阶段中的危机的个体,现在仍然沉湎于自我放纵之中,质疑以前的决定和目标,不顾安危地追求自由和无拘无束的生活。

成年晚期:自我整合对绝望。成年后期的危机是自我整合和绝望。成功解决前几个阶段的危机使成人可以回顾往事而不留遗憾,可以享受一种完满感。如果以前的危机仍未解决,愿望仍没有实现,那么个体将会产生挫折感、绝望感。

大学生处于成年早期,也正是处于刚刚经历"自我同一性"危机,将要面对"亲密感"危机的阶段。"自我同一性"危机能否获得平稳的解决是在新的人生阶段能否与他人建立亲密关系、与他人结成爱侣或同伴关系的重要前提。经历了青春期自我意识的快速发展,青少年在频繁的自我探索与社会交往中已经获得了较为丰富的对于自我的思考。在大学生活这一阶段中,个体需要在更为丰富的社会实践活动以及更为复杂的人际交往环境中进行更为深入的自我探索,使自我意识更加完善和稳固。获得高水平的自我认同感,明白自己是谁,接受并欣赏自己是大学生步入社会,成为"社会人"的前提,也是完成社会情境下的人际交往、应聘求职、职业发展等重要任务不可或缺的心理品质。

(二)自我中心化的发展

自我中心指个体在认识事物时,只能从自己的感知、感受或观念出发,以自我为认识的起点或原因的倾向,而不太能从客观事物本身的内在规律以及他人的角度认识事物。瑞士心理学家皮亚杰认为,在一个人心理发展的初期(婴幼儿期),自我和外部世界还没有明确分化开来。婴幼儿在认知世界时,倾向于将自身作为中心,将各种事物与自身建立联系。他们依据自身的需求和情感来解读和理解周围的事物、环境以及与他人的关系,尚不能完全从他人的视角出发,去体会他人的意图,亦难以从客观的角度去分析问题。同时,他们尚未能充分把握事物的本质和规律。这种以自我为中心的认知方式,体现了婴幼儿在成长过程中的一种自然特征。

另一方面,皮亚杰又认为,个体不会停留在自我中心状态。个体在成长过程中,逐渐学会了区分主体与客体,自我意识逐渐觉醒,并开始积极寻找自我在环境中的地位。这一过程,被称为去自我中心化,同时也是意识客观化的过程。皮亚杰将这一过程形容为个体心理发展中的"哥白尼式的革命"。这场革命使个体能够在自我与环境、自我与他人之间建立起相互的联系,并在自己的认知中构建出一个客观的世界。同时,个体也开始意识到,主体的心理活动是与这个客观世界相对立的。这一转变对于个体的心理发展具有重要的影响,为其后续的认知和行为提供了基础。

皮亚杰认为,在儿童与周围世界发生关系时有着两种重要的作用:同化作用和顺应作用。自我中心化与去自我中心化这两种状态的产生,源于同化作用与顺应作用之间的相互影响。当同化作用占据主导地位时,客体往往被整合进主体的既有认知框架中,而客体的独特性往往被忽视,这种状态便是自我中心化。在儿童发展的历程中,一个典型的自我中心化表现就是象征性游戏,其中儿童操纵的客体主要扮演了他们心中所构想的角色。相反,当顺应作用占据上风时,儿童会倾向于模仿,忠实地复制客体的形态与动态。然而,单纯的模仿并不足以实现去自我中心化。只有当同化作用与顺应作用达到动态的平衡时,主体才能适应环境的同时,保留自身的特性。这种平衡状态使儿童能同时意识到主体与客体的存在,从而实现了去自我中心化。去自我中心化的实质,在于主体如何区分并协调内在自我与外在环境之间的关系。这种平衡并非永恒不变,随着新的认知结构的形成,个体又会经历新的自我中心化与去自我中心化的过程。皮亚杰指出,自我中心化与去自我中心化的过程是个体心理发展中的常态,它们反复出现,推动着心理结构的不断演进。因此,个体的心理发展便在这种否定之否定的循环中,实现了螺旋式的上升与进步。

皮亚杰的理论中,在个体心理发生、发展过程中存在着4种水平的自我中心化—去自我中心化进程。

1.感知运动阶段（0～2岁）

感知运动阶段的发展,乃是一个渐进的过程,由极端的自我中心状态逐步向去自我中心化转变。婴儿自诞生之初,尚未形成明确的自我意识,其与世界之间并无明确的界限。4至7个月大时,婴儿开始逐步认识到自身行为与外部环境间的联系,这一过程标志着去自我中心化的初步启动。至18至24个月大时,这一转变过程方告完成。通过这一过程,婴儿学会了将自己视为由众多永久性客体构成的世界中的一部分。在情感层面,婴儿通过人际的情感交流,以及对事物的好奇心的驱动,逐渐区分了自我与他人,以及自我与外界事物。首次去自我中心化的核心在于自我与外在环境的分化,以及在实务操作层面上的协调。

2.前运算阶段（2～7岁）

在前运算阶段,幼儿通过语言构建出表象,并尝试与他人交流,展现出了第二种自我中心化的倾向。尽管在这个阶段,幼儿对自我与他人观点的差异,以及对主体与客体间区别的理解尚显不足,但这种不足主要体现在表象层面,而非感知运动层面。在看待世界的方式上,幼儿展现出如泛灵论、人造论、实在论等原始的思维模式。此外,自我中心言语成为学前期幼儿的一个显著特征。然而,随着年龄的增长和社会交往的深入,特别是与同伴间的互动,儿童逐渐认识到他人观点或看法的存在。这使得他们能够在"概念或概念化的活动"中区分并协调自我与他人的关系,从而完成了第二次去自我中心化的过程。

3.具体运算阶段（7～12岁）

在儿童认知发展的具体运算阶段,存在一个明显的自我中心化倾向,即儿童难以区分感知事件和心理建构。因此,对于与他们的直接感知相悖的假设性说法,例如假设煤是白色,他们通常会坚决拒绝接受。这种自我中心化的思维方式将持续至形式运算阶段的初期,当儿童开始能够对自己的思维进行"反省"时,这种倾向才会逐渐消失。在这个阶段,儿童逐渐发展出去中心化的能力,开始理解并尊重他人的观点,能够将自己的看法和他人的看法进行协调。然而,这种协调性并不一定完全客观,有些成人的思维方式仍可能表现出自我中心化的特点。

4.形式运算阶段（青春期）

当形式思维的认知结构得以确立,个体便迎来了第四次自我中心化的阶段。在这个阶段,青年们往往深信自己的思想蕴含着无限的力量,坚信自身具备改造社会和世界的能力,并致力于按照自身的设想塑造一个理想的世界。

皮亚杰指出,去自我中心化的过程需要满足两个基本条件。首先,个体需要意识到自我是认知的主体,并能够明确区分主体与客体之间的差异。其次,个体需要学会将自己的观点与他人的观点进行协调,避免将个人观点视为绝对真理。只有在这样的前提下,个体才能逐步摆脱自我中心化的束缚,实现更为全面和客观的认知。

拓展阅读 ┈┈┈┈┈┈┈┈┈┈┈┈┈┈┈┈┈┈┈┈┈┈┈┈┈┈┈┈┈┈┈┈┈┈┈┈┈┈

婴儿自我意识的萌发——有趣的点红实验

心理学家阿姆斯特丹借用动物学家盖勒帕在黑猩猩研究中使用的点红测验(以测定黑猩猩是否知觉"自我"这个客体),从而使有关婴儿自我觉知的研究取得了突破性进展。实验的对象是88名3~24个月大小的婴儿。实验开始,在婴儿毫无察觉的情况下,实验人员在其鼻子上涂一个无刺激红点,然后观察婴儿照镜子时的反应。研究者假设,如果婴儿在镜子里能立即发现自己鼻子上的红点,并用手去摸它或试图抹掉,表明婴儿已能区分自己的形象和加在自己形象上的东西,这种行为可作为自我认识出现的标志。

阿姆斯特丹对研究结果进行总结得出,婴儿对自我形象的认识要经历三个发展阶段。

第一个是游戏伙伴阶段:6~12个月。此阶段婴儿对镜中自我的映像很感兴趣,但认不出他自己。

第二个是退缩阶段:13~20个月。此时婴儿特别注意镜子里的映像与镜子外的东西的对应关系,对镜中映像的动作伴随自己的动作更是显得好奇,但似乎不愿与"他"交往。

第三个是自我意识出现阶段:20~24个月。这是婴儿在有无自我意识问题上质的飞跃阶段,这时婴儿能明确意识到自己鼻子上的红点并立刻用手去摸[①]。

问题解决

一、自我意识和心理健康的关系是怎样的?

(一)良好自我意识是心理健康状态的重要要求

许多心理学家在界定心理健康标准时,将"能保持正确的自我意识和自我接纳"作为重要指标。可见对于自己的较为准确的自我意识并且能够接纳自我对于保持心理健康状态非常重要。在社会交往的过程中,稳定的社会支持系统是心理健康状态的重要保证,而想要获得他人的尊重和爱,首先需要尊重和爱他人,而尊重和爱他人的重要前提就是先要学会自尊和自爱,良好的人际关系必须是建立在平等的基础上,对于自己比较准确的认知、保持良好的自尊自爱水平有利于建立平等相互尊重的人际关系。

(二)不同自我意识水平对个性特征的影响

表5.3所展现的是不同自我意识水平下个性特征的差异。个体的自我意识越准确客观全面,就越能够接纳、喜欢、尊重自己,就会形成独立自主、自律的个性特征,自尊水平也较高,在人际交往过程中能表现得更为主动和积极;反之,就会引发自我意识偏差,对于自己不能接受或者否定自己,表现出自卑的自尊水平,继而产生人际交往退缩或者是过度依赖他人等人际关系问题。

表5.3　不同自我意识水平的表现

高自我意识水平	低自我意识水平
接纳自我	否定自我
喜欢和尊重自我	不尊重或讨厌自己

[①]AMSTERDAM B. Mirror self-image reactions before age two[J]. Developmental Psychobiology, 1972, 5(4):297-305.

续表

高自我意识水平	低自我意识水平
有安全感、自我肯定、清楚个人能力	无安全感、怀疑自己、不清楚个人能力
独立自主、自律、自信	依赖他人、自卑
对自己的行为负责	情绪化、逃避责任
对自己有恰当的期望	没有恰当的期望
有勇气开放表达自己	羞怯、不敢表达自己
对自己的成就感到自豪	害怕成功

（三）自我概念影响大学生心理健康状态

国内学者曾对一千多名大学生的自我概念水平以及心理健康状态进行了测验和分析，结果表明：

第一，大学生自我概念与心理健康相关性较高，即自我概念越积极，所表现出的心理健康状态越好，因此，培养大学生积极的自我概念是增进大学生心理健康状态的有效途径。

第二，大学生消极的自我概念容易诱发抑郁、强迫、人际关系敏感等情绪和心理问题，所以，积极的自我概念的培养有助于预防、减少心理问题、心理障碍的发生。

第三，大学生常见异常心理（尤其指抑郁）的发生与其自我认同程度、自我接纳程度和自我调节能力均存在较大关系。因此，正确引导大学生客观评价自己、积极悦纳自己、不断提高自我调节能力，是促进大学生心理健康的具体途径与方法。

二、高职学生自我意识的发展有什么特点？

在毕生发展的历程中，个体的自我意识也持续在发展，婴儿8个月之后萌发了自我意识；3岁左右时开始具备了自我中心的行为特征，获得社会对自己的认识与评价；青少年期是个体自我意识迅速发展的时期。在个体自我认知、自我体验、自我调控相互影响、作用的过程中，自我意识在大学生目前所处于的成年早期逐步走向了成熟，但是经历了分化、矛盾、统一的过程。

（一）大学生自我意识的不断成熟

1.自我认知

与高中阶段相比，大学生的自我认识更具有主动性和自觉性；自我评价能力增强，但有时仍有片面性。大学生的自我概念有了明显的变化，更丰富、更完整、更加稳定和更具有概括性。

2.自我体验

在大学阶段,大学生的自我体验主要具有以下特点。

(1)丰富性和波动性。大学生的自我体验更加丰富,能够体验到各个方面,但是尚不稳定,会随着情境的改变而变化。

(2)敏感性。大学生的自我体验比较敏感,凡涉及"我"的事物都会引起他们的兴趣,与"我"相关的事物也往往诱发连锁反应。

(3)自我保护感强。大学生的自我保护感强表现为自尊心与自卑感的相互交织。就心理健康而言,适度的自尊与自卑对个体都是有必要的。但有时,存在的自卑感会使大学生的自我保护感极强。

3.自我调控

学生的自我控制能力有了很大的增强,主要表现如下。

(1)自我完善的愿望强烈。这时期的大学生特别注重自我完善,对自己的生活开始有了初始的设计。

(2)独立意识和反抗意识强烈。在大学期间,大学生的独立意识已经得到很好的发展,喜欢独立地思考问题,独立地判断和认识事物。同时,大学生的反抗意识也逐渐地发展起来。为了证明自己在生活态度、价值观或者追求目标上与长辈或他人不一样,大学生常常会做出一些成人或社会所不期望或不赞赏的事情。

(二)大学生自我意识的分化

当大学生随着自我活动空间扩展、社会实践活动增多、人际关系愈发复杂、自我意识趋于成熟,开始在丰富的活动与人际交往中更加深入地审视自己,开始意识到以前不曾注意到的有关"我"的许多方面和细节,这时自我意识开始进一步分化。分化的过程中大学生非常关心"我是谁"以及"别人如何评价我"。随着大学生生理发育成熟、心理体验愈加丰富,在社会化的过程中不断进行自我探索,对于自己的社会角色以及责任都有了新的认识,自我意识分化为现实中的"我"和理想中的"我"。这是大学生自我意识走向成熟的标志。正是这种分化过程,促进了大学生自主性的形成,从而为客观认识、评价自己、合理调节自身言行打下了重要基础。

(三)大学生自我意识矛盾与整合

进入大学之后,大学生自我意识的冲突很大一部分来源于理想的我和现实的我之间的冲突,由于社会地位和社会期待的提高,理想的我和现实的我进一步分化。理想的我更加积极主动地对现实的我进行认识和评价,同时对成绩以外的其他方面,如家庭环境、个人外表、兴趣特长、交往技能等有了更多的关注和需求,这使得一部分同学不能全面地评价自己,产生自我认识的偏差。在现实生活中,理想的我与现实的我总是存在一定的差距,适当的差距可以作为努力奋斗的起点和动力,但是如果两者之间差距过大,理想就有可能变成空想,大学生可能因为无法实现目标而变得焦虑不安,甚至产生自卑等一系列心理问题。

当理想的我和现实的我发生矛盾冲突时,大学生应该重新调整理想的我和现实的我之间的差距。如果理想的我现实可行,现实的我就要朝着目标坚持不懈地奋斗,以达到理想的我和现实的我的统一。如果两者之间差距较大,大学生需要调整理想的我的内容或实现的步骤,以便成功之路走得更加顺利[①]。

三、高职学生自我意识发展的偏差有哪些?

自我意识的完善是一个长期的自我认识、自我调节过程。在这个过程中,正确认识自我、全面评价自我是自我意识完善的基本原则。在这一过程中,大学生经常容易产生以下几种常见自我意识偏差。

(一)过强的自尊心与自卑感

自尊心、自信心、好胜心、自主感等都是大学生自我意识发展的主要表现,是一种要求自己的言行和人格得到尊重,维护自己一定荣誉和社会地位的一种自我意识倾向。大学生自尊心较强,对自己充满信心,相信自己能够在各方面都取得成功。但是过强的自尊心往往和骄傲自大联系在一起,自尊心过强的大学生缺乏自我批评,而且也不允许别人批评,习惯回避、否认自己的缺点,缺乏自知能力,不能与他人和谐相处,容易失败,也容易受伤害[②]。

自卑感则是对自己不满、否定的情感,往往是因为对自己缺乏全面的认识所致,主要的心理和行为表现有羞怯、不安、退缩、自我否定、经常低估自己的能力,总是看到事情消极的一面,过于放大自己的缺点,感到自己方方面面都不如人,做什么事情都容易失败,在参与社会实践活动和人际交往方面更是明显退缩。

个体产生自卑往往是由于缺乏对自我价值的肯定,当一个人习惯性地否认自己时,自卑感油然而生。自卑是可以克服与矫正的,关键是要通过有效的途径建立内在的自信,客观看待自己的优缺点。

(二)过度的自我接受与自负

自我接受是指个体对自身价值和存在的全面认可,是心理健康的重要体现。个体应客观评价自己的才能和局限、优势和劣势,不沉溺于抱怨和自责,以积极、理性的态度面对

① 李书.大学生心理健康教育[M].武汉:华中科技大学出版社,2018:52-53.
② 王天哲.大学生心理健康教育[M].西安:西北大学出版社,2019:51-52.

自身。

然而,过度自我接受则可能转化为自负心理,导致个体过高评价自身能力,这种不切实际的自我肯定往往远超其实际水平。这种心理状态下,个体易于产生盲目乐观和自以为是的心态,影响人际关系的和谐,甚至可能导致任务失败,对自尊心造成严重打击。

因此,我们必须保持适度的自我接受,避免过度自负。同时,应加强对自身能力的客观评估,提高自我认知的准确性,以更好地适应社会发展的需要。

(三)过度的自我中心

自我中心是一切以自我为中心,只看到和想到自己的利益和感受,很少考虑别人甚至不考虑别人的利益和感受。比如,在大学生宿舍里经常会发生这样的事情:晚上已经过了12点,室友们都已经进入了梦乡,而有些同学还在大声地和网友连麦打游戏或是使劲儿敲击键盘发出声响,我行我素,从来不考虑自己的行为是否影响到其他室友休息。

有部分大学生往往从自己的角度和标准去认识、评价和行动,而忽视他人或客观情况,不能客观、全面地分析问题,从而容易表现出自我的倾向。过度以自我为中心的人会事事从自我出发,不考虑他人的感受和体会,一心为自己打算,喜欢把自己的意愿强加于别人身上,人际关系多不和谐。

四、面对自我意识的偏差该如何调适?

(一)自卑感的调适

奥地利心理学家 A.阿德勒在《自卑与超越》一书中提出人类的行为都是出于"自卑感"以及对于"自卑感"的克服和超越,因为"我们都发现我们自己所处的地位是我们希望加以改进的"[①]。大学生在学习、生活、工作上产生了一定的自卑意识,能采取积极的态度去发现它、承认它、设法弥补它,反而会促进自己各方面的成长和进步。但如果不注意加以纠正和克服,任其发展势必影响大学生的成才。因此,学校对有自卑心理的大学生应当采取切实有效的措施,帮助他们纠正自卑心理倾向,化消极因素为积极因素,变压力为动力,努力提高其心理素质和心理调适能力。

1.端正对待自卑的态度

终身从事人类自卑感研究的日本著名心理学家关计夫指出,只有"智力低下的人不感到自卑,他们在客观上能力差,在主观上并不为之苦恼。因此,全然没有自卑感,也就不会成为一个卓越的人"。可见,在大学生身上出现自卑感是一种正常的心理现象,问题在于

---

① 杜静.大学生自卑心理浅析[J].河南大学学报(社会科学版),1998,38(6):106-109.

有了自卑感怎么办？我们说自卑并不可怕,因为自卑者往往谦虚谨慎、稳妥细心、体谅别人、安分随和,所以比起狂妄自大的人要讨人喜欢。认识到这些优点,就可以增强自信心,为消除自卑奠定心理基础。大学生要克服自卑心理,就应该端正对待自卑的态度,认真分析自卑心理产生的原因,通过合理和积极的自我调节来消除自卑心理。

2.全面认识自我,正确评价自我

要克服自卑,就要全面、客观、实事求是地认识与评价自己。一是细心观察、虚心听取他人对自己的态度和看法,"以人为镜"照出自己的真实面目;二是通过"自我反省"找到自己的长处和不足,准确地评价自我;三是修正理想自我,调节抱负水平,在正确认识自己的基础上根据自身的特点确立合乎实际的目标,把目标定在既有一定难度又可能达到的水平上,减少挫折与失败,获得成功与自信;四是对某一具体行为进行科学的分析和评价,不能因某一事件的失败而否定自己的能力和价值,要进行正确的"挫折归因"。

3.消除引起自卑感的外部刺激因素

他人的贬抑性评价是使大学生产生自卑感的一个重要的外部刺激因素。因此,父母、老师、同学应注意不要随意贬低他们的能力或品质,以免挫伤其自尊心,而要多给予褒扬性的评价和鼓励。从学生个人来说,对于贬抑性的评价不要盲目接受。事实上,社会上的评价并不总是正确的,不少伟人在学生时代被老师贬低过,但他们后来却成就了一番伟业。如大发明家爱迪生上小学时被老师斥之为"蠢猪",生物学家达尔文在学校读书时,他的老师认为他"智力低下"。此外,要学会把贬抑性的评价化为自己积极进取的"动力",看成是对自己的鞭策和督促,这样能有效克服自卑心理。

4.积极进行自我暗示和心理补偿

大学生产生自卑心理时,一方面应加强积极的自我暗示,进行自我激励,正确悦纳自己,大胆地表现自己;坚信自己有能力克服困难,成为强者,促使自卑心理的转化。另一方面,要善于获得正确的心理补偿,通过自己努力奋斗,以某一方面的成就来弥补自身的缺陷。通常可采用以下两种方法来积极补偿:一是以勤补拙。知道自己在哪方面有缺陷,就以最大的决心和毅力去克服这些缺陷。二是扬长避短。如果"其貌不扬",可以用"满腹经纶"来补偿;如果"五音不全",可以用"潇洒文笔"来补偿;"失之东隅,收之桑榆",扬长避短,克服自卑①。

(二)过度自我接受与自负的调适

1.收起优越感,与他人平等相处

部分自负者过度自我接受的心态源于在过往学习、生活中建立起的优越感,如优渥的

---

① 周永卫.大学生自卑心理成因分析及调适[J].湖南人文科技学院学报,2007,24(6):163-165.

家庭经济条件、出众的外貌身材条件、优异的学业成绩、备受夸赞的成长环境等都会较高水平提升个体对自己的自我认同感,激发自我意识的发展。加之青春期自我中心化的加持,与同龄人"与众不同"这种特异性感受的凸显,容易使自负者陷入到优越感的泥潭之中。

优越感所造就的自负实际上是个体对自己能力和价值片面化和过高的估计。人的能力和价值不仅只体现在得意的某个方面,人更不可能在所有的方面都表现得尽善尽美,就算在某个方面与身边他人相比相对突出,也可能是参照人群的总体水平偏低而得出的片面结论。总之,优越感无法帮助个体获得成长,反而会诱导其安于现状,止步不前。

与人交往的前提是"平等",后天物质条件和先天能力禀赋所带来的优越感无法改变"每个人的人格是平等的"这一事实,所以当你与他人相比感到优越之时,尤其是你还沉浸在这种优越感之时,请收起你的优越感,并请反思自己的这种优越感究竟是不是一种"普信"呢? 真正优异的人更需要"容人"之量,将自己摆放在谦虚的位置与他人平等相处,既是一种风度,也是真正获得他人尊重和称赞的必由之路。

2.勇于走出舒适区,挫折是成长的良师益友

对于每个人来说,走出舒适区都不是件容易的事情。因为待在舒适区里,个体可以感受到最大程度的熟悉感和掌控感,学习能轻松理解的知识,完成自己熟练的工作,与熟悉的人交往,生活在熟悉的环境中,这大概是很多人最舒适的人生状态。但是长期生活在这样的状态之下,个体对自己的认识将从自信发展为自满,身边即是自己熟悉的一切,自己能够从容应对各种熟悉的情况,人在"不变"中接纳了环境,也接纳了自我,不再能接受挑战,不经历挫折,抗挫能力也会相应减退。

世界上,"唯一不变的就是一直在变",变化是事物存在状态的基本规律,没有人能够抗拒变化,也没有人能够一直待在一成不变的环境之中,当变化来临,随着变化一同发生的,在舒适区认知之外的挑战一定也会来临。接纳变化的必然性,提升对不确定性的容忍度,走出舒适区,尝试适应改变的发生,虽然这必然会削弱个体对已知世界的熟悉感和掌控感,但这却是纠偏过度的自我接纳,恢复正常自我意识水平的有效方式。

3.平和接受批评,接纳是改变的开始

自负的人有时就像一只装满水的水桶,常常对自己非常满意,自我评价非常高,完全不能够接受来自他人的批评或者不同意见,当他人给予批评意见或者与自己意见相左,自负者内心里强大的自我防御就会来捍卫强烈的"自尊感"。"拒绝"和"否认"是自负者面对批评和不同意见时的常见言行反应。让自负者意识到面对他人批评时的强烈反应是由于过高的"自尊感"所引起这一事实,是调适自负心态的重要起点。

意识到"自尊感"过于强烈,并且能够接纳"自视甚高"的自我意识状态,才能开始卸下时刻处于高度警觉和"敌对"状态的自我防御,这时再听到来自他人的批评和意见应该就没

有那么"刺耳"又"令人烦躁"了。平和地接受来自他人"不那么让人愉快"的批评和意见,是自负者改变的必修课,这表示你已经决定暂时放下"高自尊感"那略显沉重的包袱,行在由他人的慷慨"帮助"而铺成的新路之上。

(三)过度自我中心的调适

1.学会与他人换位思考

换位思考对于经历过"去自我中心化"阶段的青年大学生来说并不是一个陌生的词语,我们曾接受的教育不乏以这样的方式告诫我们:"多替别人想想""站在他人的角度看问题""如果你是他……你也会……"的确,这就是换位思考大致的本意内涵,但看似容易理解,实则却难以做到,尤其当个体的需求极端增大的情况下,以"自我中心"为取向的感性成为意识的主导(以"自我中心"为取向的感性主导状态类似于我们现在常说的"上头"),个体在考虑"利己"中尚且无法自拔,哪有多余的智慧去考虑他人呢?

换位思考是一种能力,同时也是一种重要品质,相比于"共情",换位思考更可能是理性的产物。所幸换位思考是一种可以通过训练而提升的能力品质,比如"多替别人想想",既解释了换位思考的内涵,也给出了相应的训练方案:考虑"利己"的同时兼顾"考虑考虑他人",这二者并不互斥,只有在"个体的需求极端增大的情况下",你才会无暇顾及他人,其他正常人际交往情境之下,你都会不乏大量的机会去"站在他人的情境立场,设身处地为他人着想"。是的,换位思考的训练方案就是不厌其烦地去尝试理解他人与自己的分歧,并保持尊重,最终使换位思考成为一种人际交往中的习惯性策略,而自我中心化特征在这一过程中就会不断被压缩,虽然"当需求极端增大的情况下",自我中心仍会第一个跳出来"利己"。

2.尝试倾听他人的意见

尝试倾听他人的意见,不仅能帮助我们练习"去自我中心",还能提供新的视角和思考方式。然而,如何有效地听取他人的意见并非易事。

首先,我们需要保持开放的心态。这意味着我们要尊重他人的观点,即使我们不同意,也要避免立即反驳。通过保持开放的心态,我们可以更好地理解他人的想法,并从中汲取有价值的信息。

其次,我们需要学会倾听。倾听不仅仅是听到别人的话,更是理解别人的意思和情感。当我们倾听他人时,应该专注于他们所说的话,而不是急于表达自己的观点。同时,我们还需要注意倾听非语言信号,如对方的表情和肢体语言,以更好地理解他们的真实意图。

此外,我们还需要有批判性思维。这意味着我们不仅要听取他人的意见,还要对其进行分析和评估。我们需要考虑这些意见是否基于事实、逻辑和合理性,以及它们是否符合我们的价值观和目标。通过批判性思维,我们可以筛选出有价值的意见,并将其融入我们的决策。

最后,我们需要感谢那些给予我们意见的人。他们的建议和反馈是对我们的关心和支持。即使我们不同意他们的观点,也应该感谢他们为我们提供的帮助和启发。

总之,听取他人的意见是我们在生活和工作中不可或缺的一部分。通过保持开放的心态、学会倾听、具有批判性思维和感恩之心,我们可以更好地吸收和利用他人的意见,为自己的成长和发展铺平道路,以克服自我中心化的倾向。

3.广泛地与他人交往

以自我为中心往往源于个人的成长环境、性格特质或生活经验,它可能导致社交障碍,影响人际关系。为了改变这一倾向,广泛与他人交往是一种有效的策略。

首先,广泛与他人交往意味着将遇到各种各样的人,具有不同的背景、观点和经验。这种多样性将挑战我们原有的观念和思考方式,促使我们意识到世界的多元性。通过与不同人的交流,我们将逐渐学会从他人的角度看问题,理解他人的感受和需求。

其次,频繁的社交活动会迫使我们更加关注他人的动态和话题。为了与他人建立良好的关系,我们需要学会倾听,并回应他们的兴趣和话题。这种倾听与回应的过程将逐渐削弱我们的自我中心倾向,增强个体的共情能力和社交技巧。

此外,通过广泛的交往,我们还可能遇到一些具有不同观点和见解的人。与他们进行深入的讨论和辩论将帮助我们认识到自己的局限性和偏见,促使我们更加开放和包容。

最后,持续的社交实践将为我们提供大量的反馈和经验。通过反思这些经验,我们可以更加清晰地认识到自己在交往中的表现,以及需要改进的地方。这种自我反思和学习的过程将帮助我们逐步摆脱以自我为中心的思维方式,形成更加成熟和健康的社交态度。

总之,广泛与他人交往是克服"自我中心"倾向的重要途径。通过接触多样性、倾听与回应、深入讨论和反思实践,我们将逐渐摆脱这一局限,变得更加开放、包容和善于社交。

实操练习

一、思考与练习——自我探索："20个我是谁"

(1)请用10分钟时间写出20句"我是_____人",要求尽量深入思考,尽可能写一些能反映个性的语句,避免出现类似"我是一个男生/女生"这样的语句。

我是:_____

我是:_____

我是:_____

我是:_____

我是:_____

我是：_____

我是：_____

我是：_____

我是：_____

我是：_____

我是：_____

我是：_____

我是：_____

我是：_____

我是：_____

我是：_____

我是：_____

我是：_____

我是：_____

（2）评估你对自己的陈述是积极的还是消极的。

在你列出的每句话后面加上正号（+）或负号（-）。正号表示"这句话表达了你对自己肯定、满意的态度"，负号则表示"这句话表达了你对自己否定、不满意的态度"。如果是负号，请思考一下：

①你是否过低地评价了自己？

②使你成为这样的原因是什么？

③有没有改善的可能性？如果有的话，你准备怎么做？

（3）将你写出的20句话进行内容的归类。

①生理自我（你的体貌特征，如身高、年龄、外貌、身材等）

编号：_____

②认知自我（你的认知能力状态，如智力、语言、思维、注意力、记忆力等）

编号：_____

③情绪自我（你的情绪情感状态，如积极情绪、消极情绪等）

编号：_____

④个性自我（你的个性特征，如能力、性格、兴趣、理想、信念、价值观等）

编号：_____

⑤社会自我（你与他人的人际交往）

编号：_____

归类完成后,请再思考一下:

①完成速度如何? 数量是否达标?

②你的答案是否有比较集中的类别主题?

③你的答案内容里是否有涉及自己的未来?

二、案例分析

【案例分析1】

晓文是一位非常优秀的女生,不仅人长得漂亮,而且聪慧博学,多才多艺。班主任视其为不可多得的骨干,一直很器重她,班上很多事都交给她去处理。回到家,父母又把她捧为掌上明珠,宠爱有加。渐渐地,晓文越来越自命不凡,和同学们也搞不好关系,常常发生些小摩擦小矛盾。大二新学年班级改选班委会,班主任征求她的意见,她说这个同学学习不行,那个同学学习态度不积极,不是摇头就是撇嘴,好像全班除了她就没有人能当班干部了,也许正是她的这种态度引起了同学们的不满,班干竞选中,她以11票之差落选了。

思考

1. 你如果是晓文,这次落选之后,可能会产生什么样的心理或行为表现?

2. 要帮助晓文,你对她有什么建议或忠告?

【案例分析2】

李华,大一,从小就是家里的"小王子",爸妈的宠爱让他几乎没尝过失败的滋味。进了大学,他突然发现自己不再是那个众人瞩目的焦点,得开始和一群各有千秋的小伙伴打交道。但李华可不打算轻易改变,他决定坚持自己的"独特"风格。

1. 课堂上的"独行侠":每次上课,李华总是迫不及待地发表自己的观点,哪怕老师还没说完。如果有人和他意见不合,他就像个斗志昂扬的小斗士,誓要捍卫自己的"真理"。

2. 团队里的"孤独英雄":一提到小组作业,李华就成了那个"孤胆英雄"。他觉得自己的方案才是最厉害的,别人的意见都不行。结果往往是团队成果不尽如人意,他还怪罪于别人。

3. 人际关系的"绊脚石":李华在宿舍,要求室友按照他的习惯来生活,好像整个宿舍就是他的王国。同学们都说他"太有个性"了,但这样的个性似乎并不受欢迎。

4. 日常生活中的"小霸王":去食堂吃饭,李华要插队;打水也要抢在最前面。他似乎完全没意识到自己的行为已经影响别人了。

思考

1. 案例中,李华的哪些行为是"自我中心"的表现?

2. 面对李华这些"自我中心"的表现,你能否给予他一些改变的"小贴士"呢?

三、自测与思考

《自我意识量表(SCS)》。

1.量表的构成

自我意识量表(Self-Consciousness Scale,SCS)由17个测试题目构成。

指导语:下面是17道有关自我意识的问题,请根据每一个陈述与你自己实际情况的符合程度,将你认为合适的选项填入(　　　)内。(A.完全不符合,B.不太符合,C.说不清楚,D.比较符合,E.非常符合)

(1)我经常试图描述我自己。　　　　　　　　　　　　　　　　　(　　)

(2)我关心自己做事情的方式。　　　　　　　　　　　　　　　　(　　)

(3)总的来说,我对自己是什么人不太清楚。　　　　　　　　　　(　　)

(4)我经常反省自己。　　　　　　　　　　　　　　　　　　　　(　　)

(5)我关心自己的表现方式。　　　　　　　　　　　　　　　　　(　　)

(6)我能决定自己的命运。　　　　　　　　　　　　　　　　　　(　　)

(7)我从不检讨自己。　　　　　　　　　　　　　　　　　　　　(　　)

(8)我对自己是什么样的人很在意。　　　　　　　　　　　　　　(　　)

(9)我很关注自己的内在感受。　　　　　　　　　　　　　　　　(　　)

(10)我常常担心自己是否能给别人一个好印象。　　　　　　　　(　　)

(11)我常常考察自己的动机。　　　　　　　　　　　　　　　　　(　　)

(12)离开家时我常常照镜子。　　　　　　　　　　　　　　　　　(　　)

(13)有时我会注意自己的感受。　　　　　　　　　　　　　　　　(　　)

(14)我关心他人看我的方式。　　　　　　　　　　　　　　　　　(　　)

(15)我对自己的心情变化很敏感。　　　　　　　　　　　　　　　(　　)

(16)我对自己的外表很关注。　　　　　　　　　　　　　　　　　(　　)

(17)当问题解决时,我很清楚我自己的心理。　　　　　　　　　　(　　)

2.评分方法

第3题和第7题为反向计分题,即选A得4分,选B得3分,选C得2分,选D得1分,选E得0分;其余各题均为正向计分题,即选A得0分,选B得1分,选C得2分,选D得3分,选E得4分。

自我意识分为内在自我意识和公众自我意识,代表内在自我的题目包括1、3、4、6、7、9、11、13、15,代表公众自我的题目包括2、5、8、19、12、14、16,请把两部分的得分分别计算出来。

对大学生群体而言,内在自我的评分不超过26分。而外在自我的评分不低于19分,即一般为19~25分。内在自我部分得分过高的人对自己的感受比较在乎,常常坚持自己的行为准则和信念,不太会受外界环境的影响;公众自我部分得分过低的人太看重外界的影响,所以担心别人对自己有不好的评价,由于太看重来自他人的评价,常常会产生暂时性的自尊感低落,容易在理想自我和现实自我之间产生矛盾。

自测结果与分析:

四、思考与练习

目标:对过去的我、现在的我、未来的我进行评估和展望。

准备:1张纸、1支笔

操作:在纸上画上一条代表你自己的生命线,起点是你出生的时候,终点是你预测的死亡年龄。你可以根据本章学习到的毕生发展阶段,在生命线上标记一些时间点,或是根据你自己的想法在生命线上作出标记,然后最重要的是在这条线上找到你现在的位置。现在请安静地思考一下你过去的日子里最难忘的三件事,以及在你今后的日子里最想得到的2~3个目标,分别把这些事件标记在你的生命线上。

个人独立填写后,可以进行小组分享或展示。

五、思考与练习

美国心理学家Joseph和Harrington提出的关于自我认识和自我探索的窗口理论,称为"乔韩窗口理论",如图5.1所示。他们认为人对自己的认识是一个不断探索的过程,每个人的内心都有四块区域。

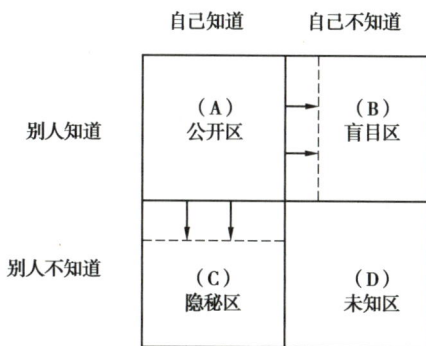

图 5.1　乔韩窗口理论

1.公开的自我(A公开区),也就是透明真实的自我,这部分自己很了解,别人也很了解。

2.盲目的自我(B盲目区),别人看得很清楚,自己却不了解。

3.秘密的自我(C隐秘区),自己了解但别人不了解的部分。

4.未知的自我(D未知区),别人和自己都不了解的潜在部分,通过一些契机可以激发出来。

每个人的自我都是由这四部分构成,但是每个人四部分的区域比例是不同的。而且,随着每个人的成长和生活经历,自我的四个部分不断发生着变化。当一个人自我的公开区扩大,其生活会变得更加真实,无论与人交往还是独处,都会感到轻松愉快而充满活力;而盲目区变小,人对自我的认识就会更清晰,在生活中更容易扬长避短,发挥自己的潜力;每个人都有自己的隐秘区,适当地减小隐秘区不仅会让自己更加轻松惬意,还能够通过人际分享提高在人际交往中的自我暴露和自我卷入程度,从而提升亲密关系。

请你模仿图5.1,认真地思考,描绘出你自己的自我认识窗口,公开区可以填写你展现在他人眼前的形象;盲目区需要你身边的同学参与帮助你进行反思;隐秘区可以藏在心里或者跟好朋友交换一二。

小结提升

学习目标

- 理解什么是人格与社会性。
- 明确自我意识的概念、内容及结构。
- 了解高职学生自我意识发展的常见特点。
- 掌握高职学生常见自我意识发展偏差的类型。
- 初步形成注重自我反思的意识。

学习要点

- 人是个性与社会性的对立统一体,每个人都具有社会性,同时也有属于自己独特的个性。
- 人格的发展以及形成与社会性发展密不可分,自我意识的发展过程是个体不断社会化的过程,同时也是人格发展的核心。
- 自我意识是指一个人对自身和自己与他人及自己与社会关系的认识和态度。
- 自我意识就内容而言,可分为生理自我、社会自我、心理自我三个方面。
- 自我意识就结构而言,可分为自我认知、自我体验、自我调控三个方面。
- 高职学生典型的自我意识发展偏差包括:过强的自尊心与自卑感、过度的自我接受与自负、过度的自我中心。

主题六　学习爱与被爱
——恋爱的困惑与调适

【案例分析】

　　小 A 和小 C 是一对情侣,彼此是对方的初恋。他们在图书馆一见钟情,后来和朋友出去玩了几次,两个人开始谈恋爱。刚开始的几个月,他们如胶似漆,渴望每天见面,时时在一起,宛如连体婴。他们一起去食堂吃饭,一起上课,一起去图书馆,小 A 时不时给小 C 送花,送早餐,晚上作为护花使者,把小 C 送到宿舍楼下,两人依然难舍难分。但仅仅半年后,小 A 就对小 C 不胜其烦,小 C 每天早中晚三次都要给小 A 打电话,仅仅是为了搞清楚他在干什么,还反复质问小 A 还爱不爱她,是不是很烦她了。小 A 认为即使爱小 C,也没必要每天事无巨细地报告所有的事情,小 C 每天对他的侦察、盘问、吵闹在他看来是无理取闹。小 C 觉得小 A 对她不像以前那么在乎了,以前每次她生气,小 A 都会哄了又哄,可现在从不跟她解释。

思考

你认为小 A 和小 C 的未来会怎么样?为什么?

　　爱情无疑是大学生最为关注的话题之一。爱情是那样独具魅力,拨动着大学生的心弦,成为大学生活的"诗歌和太阳"。然而,恋爱问题恰恰也是大学生感到困扰的问题之一,因为那是两颗心的碰撞,激起的有阵阵爱的涟漪,也有重重矛盾纠葛。如果处理不当,往往会导致当事人心理痛苦、人格扭曲,甚至引发精神失常或造成生命的陨灭。

　　那么,你渴望爱情吗?爱情到底是什么?它为什么对我们如此重要?我们为什么会彼此相爱?为什么相爱如此之难?大学生如何化解恋爱中的种种困扰呢?

爱的模样——爱情的真义

爱情是人类最美妙的情感体验,古往今来,哲学家、伦理学家、文学家都对爱情给予了极大的关注,从不同角度、不同侧面作出了不同解释和回答。

柏拉图认为"爱情是没有肉体接触的灵魂的融合,是一种超个人情感的爱神的具体体现"。柏拉图式爱情指的是人的精神之爱,它追求心灵沟通,排斥身体接触,这一观点摒除了性欲在爱情中的基础作用,但他对精神成分的强调,直达了爱情的实质。

休谟认为"爱情是由美貌、性欲和好感这三种印象或情感结合而产生的"。这一观点有一些道理,但过于主体化而又忽略了某些客体因素。

恩格斯认为"爱情是一对男女基于一定的物质基础和生活理想,在各自内心形成的对异性最真挚的倾慕,并渴望对方成为自己终身伴侣的最强烈的感情"。他强调了爱情具有自然与社会双重属性,既肯定性在爱情中生理基础的重要作用,同时也强调爱情是人类社会特有的社会关系。

爱情,从心理学角度来说,本质上是一种亲密关系,它超越了血缘、宗教、国界、种族、年龄等因素,是人类特有的高级情感活动。

爱情是一种非常个人化的经验,每个人都有自己的见解和感受,而它的内容实在又太丰富,所以一直以来难以有一个完满的答案。

(一)爱情的价值

问世间情为何物,直教人生死相许?爱情是人类最基本的情感需求之一,它不仅为我们带来了幸福和快乐,还使我们变得更加完整和成熟。

为什么我们对爱情这种亲密关系有强烈的渴求?

1.爱情满足了人的归属需要

个人对友伴、家庭的需要,对受到组织、团体认可的需要,表明人渴望亲密关系,不愿被孤立或疏离,这种归属需要可能是人类长期生存演化的产物。它的逻辑在于,早期人类个体生存环境恶劣,洪水猛兽,灾害频繁,单靠个体的力量无法生存,而合群的人比孤僻的人更容易生存下来,繁衍子女和养育后代的成功率更高。久而久之,这种能够与他人形成稳定亲密关系的个体倾向,具有适应意义。

为了满足归属需要,我们发展爱情,进入婚姻,相互协调合作,分担养育成本,繁衍后代,延续生命,完成生命的传承。择偶中,人们通常倾向于选择身体健康、聪明、有智慧的伴侣,以增加子孙后代的生存和竞争能力。

2.爱情有利于人的身心健康

爱情有利于人的身心健康。热恋中的人精神焕发,容光满面,充满了生机和活力。爱情催发了激情与浪漫,带来了充盈的幸福感、强烈的亲密感,他们仿佛拥有无尽的精力和动力,对未来充满了憧憬和梦想。因此,高质量的爱情使人身体更健康,更不容易生病,对生活更满意,感觉到更加幸福和充实。

如果没有或者丧失爱情会怎样?会损害人的身心健康。失恋的人可能容易迷失人生方向,患上各种疾病和心理问题。比如他们的免疫系统更弱,更容易患上感冒或流感。纵览人的一生,如果长期没有爱情或者高质量的爱情,这些人感觉到更多的孤独、空虚和寂寞,他们通常死得更早,意外死亡率更高。即使爱情质量很低,他们仍然会觉得比孤家寡人更好一些。其中心理脆弱的人可能会因为失恋或者丧失伴侣,感染上抑郁或者发展成长期的抑郁症,可能会出现更多的饮酒行为甚至酗酒,有的人会出现暴饮暴食甚至饮食障碍,有的人无法接受这样的打击出现精神疾病等。

3.爱情让自我得到确认和发展

爱情让自我得到确认。孤独是人生的常态,对自我的确认是人的需求。爱情超越了一般人际关系中的等价交换原则,不计成本地付出,与他人建立了深层次的、与众不同的联结——在他(她)的眼中,得到彻底的、无限的、最高的承认——你是全世界最棒的,最好的,最独一无二的。在对方的眼睛里,我们看到了自己——我们被喜欢,被爱,被认可,被接纳,被尊重。

爱情让自我成熟和发展。爱情中,我们如此渴望并竭尽所能地让对方感受到幸福快乐,因此我们进行自我印象管理,塑造良好个人形象,近距离的接触,让我们了解两性差异和个体差异,恋爱为我们打开了一扇深入人性的大门,这是自我了解的过程。当我们将自己全身心投注在恋爱对象身上,自我最真实的打开时刻,也是最脆弱敏感的时期,我们可能会被拒绝,被抛弃,会受伤,痛苦促使我们反思自我,思考人生。这又是一个促使自我成长的契机,让我们能识别真爱,保持发展爱情。

人类婚姻制度已存在几千年,而爱情成为一种普遍的心理需求,却是伴随工业革命时代产生的社会思潮。传统社会里,中国人的婚恋观是:男大当婚,女大当家;父母之命,媒妁之言;不孝有三,无后为大。在现代年轻人的观念里,爱情是婚姻的前提,浪漫和激情是必不可少的。

为什么现在人们认为爱情与婚姻相伴相随?其实,这与社会经济发展水平提高密切相关。伴随着经济发展,人们受教育程度提高,尤其是女性受教育水平提高,年轻人能够离家学习和工作,不再需要依靠父母提供经济资助,经济、财力独立得以让年轻人摆脱家庭、家族的控制,从而能够自由地选择恋爱对象和婚姻伴侣,社会越来越能接纳单身,包容离婚和支持晚婚。那么是不是意味着爱情与婚姻就没有价值了?其实未必,在剥掉物质、金钱、身份、家庭地位的社会外衣后,爱情在两性关系中反而会越来越重要。

(二)爱情中的吸引力

如果某人很有魅力，我们通常会被他吸引，但其实一个人对我们是否有吸引力还取决于我们自己的需要、偏好、愿望以及所处的情境等多种因素。

1.时空临近性

我们不一定会爱上所遇之人，但爱上他们首先要遇到他们，而时间是否交集、空间是否临近决定了男女是否相遇。

首先，空间临近性能带来熟悉。心理学有个"曝光效应"，即单纯的反复接触都会增加对另一个人的好感，哪怕那个人什么也不干。因为临近常常导致熟悉，而熟悉又引起喜欢。

其次，身边的恋人比异地恋、网恋更具有优势，更具有性价比。维持异地恋、网恋需要更多的时间、精力和金钱，成本更高。你伤心郁闷需要安慰时，通过文字、声音中感受到的爱意远比不上一个拥抱、一个接吻带给你的慰藉。事实上，一旦你确定了学习、工作和生活的地点，大体上也决定了哪些人会成为你的恋人。比如你在哪个城市读什么学校，在哪里工作，你的男(女)朋友通常会是你的同学或者同事、朋友。

再次，时空临近性是不是都是好的？也未必，山珍海味偶尔吃一顿美好，天天吃也让人生厌，朝夕相对也会消弭掉新鲜性，适当地拉开距离，距离产生美，能保持自己的神秘感，同时给予彼此独立空间。

2.外表吸引力

外表重要吗？尽管"人不可貌相，海水不可斗量"，但人是视觉动物，外表对于形成第一印象非常重要。所谓"爱美之心，人皆有之"，同时对于外表赋予更多的意义，比如人们认为外表美的人更有趣，更善于社交，爱情更容易成功。这都受到"美的就是好的"这一刻板印象的影响。

什么是美的？情人眼里出西施，萝卜白菜，各有所爱。你喜欢什么外表的异性跟你的经历有很大的关系，我们倾向于选择身边熟悉的人具有的特点，尤其是父亲或者母亲的。

评价美丑的标准是否一致？全世界对是否美丽所做判断的一致性要远大于分歧性。比如奥黛丽·赫本、苏菲玛索、珍妮弗·洛佩兹、林青霞等是全世界男人公认的梦中情人，而莱昂纳多、汤姆·克鲁斯等则是女人们的梦中情人。这些人具有什么共同特征？

外表方面，如果女性有大眼睛、小鼻子、尖下巴、饱满的双唇比较有吸引力，这种"娃娃脸"面部特征，使女性同时具备青春可人和成熟的女人味。男性，如果五官立体、鼻子高挺、线条分明、轮廓感和结构感强，通常会认为是帅哥。

公认的男女理想体型是身体健康、身高适度、比例匀称、线条流畅。男性通常认为体重正常、不胖不瘦、比例协调的女性身材具有诱惑力。如果她们的腰臀比为0.7，即腰围是臀围的70%，是最有吸引力的。丰胸、细腰、宽臀、丰满的大腿，身材曲线呈S形则是完美女性身材。女性丰满的胸部对男性有吸引力,但并不如女性身体的比例协调重要。女性认为,男性腰臀比为0.9,宽肩窄臀身体呈倒梯形更有吸引力。身高方面,男女两性都认为男性应该比女性略高,长头发的女生比短发的女生更有吸引力。

为什么具有这些特征更有吸引力?社会进化论认为,外表吸引力的标准存在一个长期演化的过程。比如,女性0.7腰臀比缺少曲线美的女生身体更健康,更容易怀孕,更容易生育健康的子女,因此无论什么年龄段的男生都想找比自己更年轻、健康的女性,而且越年轻越好;而女性更倾向于找经济条件、资源更好的男生,因为他们更容易让自己生育的子女生存下来。所以,男性光有好身材并不能吸引女生,他还必须具有某些资源,英俊但贫穷的男性,对女性并不那么有吸引力。

随着社会经济和文化条件的变化,吸引力的标准也在变化。"楚王好细腰,宫中多饿死";文艺复兴时期绘画中的女性稍显肥胖,中国唐代女性以丰满为美。为什么会这样?在经济困难时期,食物供应困难,骨瘦如柴对应营养不良,丰满的女性是经济富足的表现。到了物质富足的年代,人们认为苗条的女性更美。"纸片人""白幼瘦"成为明星网红的标准,这是畸形的审美。

外表也是把双刃剑。帅哥美女获得的约会次数更多,能获得更多与异性交往的机会,人际关系中更受欢迎,往往不怎么孤独,更自信,拥有更好的社交技能。但帅哥美女的困惑在于,他们被爱、被表扬甚至职场升迁,不确定是因为他们的外表还是欣赏他们的能力。

对于外表方面,虽然帅哥美女很养眼,但普通人仅仅看看罢了,大多数人会倾向于现实性,选择和自己外表方面比较匹配的人。

3.相互性

喜欢那些喜欢我们的人。短时间,我们可以"剃头担子一头热",但时间长了,人们会评估别人接纳和喜欢自己的可能性,人们更愿意与那些喜欢自己的人交往。

4.相似性与互补性

我们通常喜欢和我们相似的人。"物以类聚,人以群分",恋人间能找到很多相似性,首先是年龄、种族、宗教、教育程度、家庭社会地位等相似的背景;其次是态度和价值观的相像,通常是共同的兴趣、爱好、态度、价值观等将他们连接在一起;再次,有相似的性格,特别是长期的关系中,处事风格和人格特质相近的人往往更长久。

有人觉得将两个人连在一起的是互补性,比如恋人认为两人性格互补,内向与外向、急躁与柔缓、严肃与搞怪,也可能是两人的某些优势项目能取长补短。那么是相似性重要还是互补性重要?

相似性会让两人相处舒适,互补性则会创造生活的新鲜感,但相似性越多的恋人越喜欢彼此,人们关注到差异性是忽略了更多的相似性前提下夸大了差异。

5.障碍

越是得不到的就越是最好的。心理学上有"罗密欧与朱丽叶效应",越是父母干涉子女的恋爱,恋人之间越加相爱,父母阻碍反而对爱情起了助推作用。如果父母不管,听之任之,反而这段恋情可能会无疾而终。

6.男女两性期望的理想伴侣

在长期的恋爱关系中,无论男女,都希望对方有良好的品质而非仅仅有英俊美貌的外表,比如责任感、担当、能力。女生比男生更加看重这个男生有没有好的资源,比如更高的工资、长远的发展空间、较好的家庭经济条件。但是短期的关系,他们可能不会这么挑剔。

综上所述,你们如何相爱,首先你们能遇见,然后始于外貌,最后忠于人品。无论男女,都希望找到和自己各方面资源相匹配的伴侣,也希望对方拥有好的品质,但记住通常拥有更多相似性的恋人更加满意彼此的关系。

(三)爱情的成分

爱情是由哪些要素组成的?美国耶鲁大学心理学家罗特格·斯滕伯格(Robert Stern-berg)提出了爱情三角理论(图6.1),他认为各种不同的爱情都是由激情、亲密和承诺三大要素所构成的。

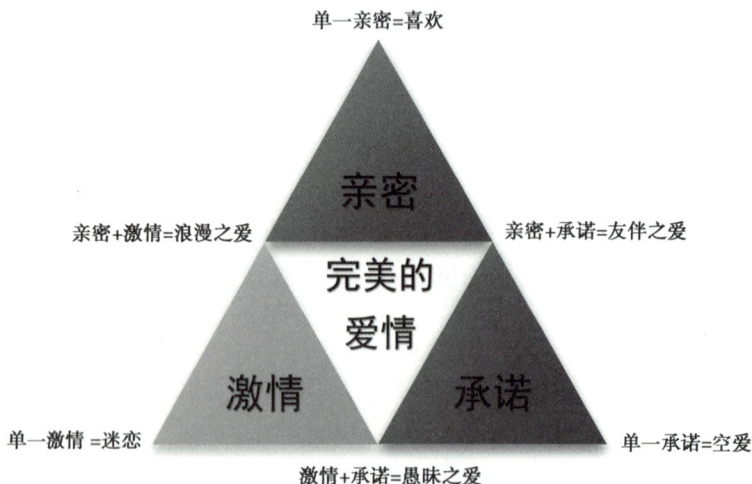

图6.1　斯滕伯格爱情三角形理论

1.激情

激情是一种情绪上的痴迷,是如电击般的怦然心动、欣快、兴奋的体验。个人的外表和内在魅力是影响激情的最重要的因素,通常表现为性的唤醒。

2.亲密

亲密是两个人互相喜欢的感觉,包括对爱人的欣赏,照顾爱人的愿望,私密的自我暴露,为人处世的认可,支持和理解爱人。

3.承诺

承诺是个人内心或口头对爱的预期,表现为投身于爱情和维护爱情的决心,是爱情中最理性的成分。

斯滕伯格认为,这三大要素就是爱情三角形的三条边,每个要素的强度都可由低到高变化,所以爱情的三角形可能有各种大小和形状,也可能存在无数的变化。

不同程度的激情、亲密和承诺组成了七种有代表性的爱情类型。

(1)喜欢式爱情。与友谊相似,有相互喜欢,但没有激情和承诺。友谊可能发展成爱情,但友谊并不是爱情,喜欢不等于爱。

(2)迷恋式爱情。有激情和迷恋,没有亲密和承诺。为对方神魂颠倒,"一日不见,如隔三秋",却少了成熟与稳重,是一种受到本能牵引和导向的青涩情感。

(3)虚幻式爱情。有承诺,缺乏亲密和激情,如以前的包办婚姻,既没有温情,又缺乏激情,仅仅是在一起过日子。

(4)浪漫式爱情。有亲密和激情,但不打算进入长期关系,这种爱情崇尚过程,不在乎结果。

(5)伴侣式爱情。没有激情,但有亲密和承诺,他们合作、沟通、分享,对爱情投入。长久而幸福的婚姻,尽管最初的激情已经逐渐消失,但他们仍然相爱。

(6)愚蠢式爱情。有激情和承诺,没有亲密。他们的爱疯狂而失去理性,有汹涌澎湃的激情,但彼此并不了解和喜欢对方。

(7)完美式爱情。同时拥有激情、承诺和亲密,并且非常充足,这是很多人追求的理想爱情,斯滕伯格认为这种爱情就像减肥,短时间内容易做到,但很难长久坚持。

"我爱你",一句简单的陈述可能包含多种不同的情感。爱情的复杂性还在于爱情的三个要素会随着时间发生变化,即使面对同一个恋爱对象,在不同的时间,也能体验到不同类型的爱情。激情是最容易变化的,也是最不容易控制的;亲密随着时间会深厚,但也可能疏远;承诺无法保证爱情的保质期。

(四)爱情的特点

爱情是人类特有的高级情感活动。虽然爱情是非常个体化的体验,但了解爱情本身,能帮助我们少走很多弯路。

1.爱情的基本特征

(1)自主性和互爱性。真正的爱情,源于内心深处的自主选择,而不是外界压力或者诱惑。爱是双向的奔赴,不是单方面的执着,爱是两情相悦,彼此倾慕,不是一个人的委曲求全。正所谓"强扭的瓜不甜",爱情不可强求,只能以当事人的互爱为前提,当事人既是爱者又是被爱者,相互支持,携手成长。

(2)专一性和排他性。真正的爱情,具有强烈的专属性。男女一旦相爱,就会要求相互忠贞,表现为对另一半的专注和忠诚,在行为上的不出轨、不欺骗、不背叛。如果没有忠诚,爱情就像流沙上的建筑,很难长久。教育家陶行知说:"爱情之酒甜而苦,两人喝是甘露,三人喝是酸醋,随便喝要中毒。"

(3)持久性和阶段性。爱情伴随着彼此生命的拓展而不断深化、充实和提高,它是建立和保持婚姻关系的前提和基础。真正的爱情不会随着年岁的增长而减弱,但在爱情的不同阶段、人生的不同年龄阶段,爱情的表现会有所不同。价值不同,具有阶段性。

(4)社会性和道德性。爱情虽然是男女之间相互爱慕的私情,但它要符合社会伦理和道德规范,不能僭越道德与法律。爱情的内涵、本质以及追求爱情的方式,必然会受到各种社会关系及社会因素的影响。爱情的道德性是指爱情中蕴含着对对方的义务感和责任心,相互尊重,文明相亲相爱,自觉承担责任。

2.校园爱情的特点

大学校园是爱情的沃土。大学同龄人聚集,相似的教育背景,相对小的学习压力,相对多的空闲时间,较多的活动和社交,有更多的机会展示个性和才华,很多人的爱情在校园萌芽、开花。校园爱情具有什么特点?大学校园的爱情和走向社会的爱情有什么不同?

(1)天真而简单。校园爱情的筛选标准和评价体系简单,仅仅出于喜欢或者爱,不掺杂功利性目的,没有权衡利弊,懵懂而青涩,纯粹而美好。他们不考虑现实物质,也不考虑地域家庭,更加注重过程而不是结果,"不在乎天长地久,只在乎曾经拥有"。

(2)自主而开放。大学生个性突出,重感情、易冲动,不受传统习俗的局限,爱情需求的自主意识更加强烈,自我选择更加坚定,自由独立更加突出。

(3)主动又盲目。面对爱情,大学生不再消极等待,主动追求爱情,但有时糊里糊涂地进入恋爱,比如,大学的恋爱可能就是被异性的一个眼神、一个微笑或者无意的一个动作所吸引,因孤独、无聊而谈恋爱,或者由于从众、攀比而谈恋爱,甚至别人的起哄、怂恿也会引发一段爱情。

(4)随意不耐挫。大学生一旦陷入热恋之中,往往不善于控制自己的情感,任感情随意放纵,缺乏理智。也可能会为爱争风吃醋,一时"怒发冲冠为红颜"的不在少数。还有的因为校园爱情没有经历现实生活的洗礼,一点点需求没得到满足,就会吵架、轻率分手,或者稍有波折就痛苦万分。

校园爱情是纯粹而美好的,但是校园爱情要走入婚姻,两人必然要经历社会现实的风吹雨打,要给彼此发展的机会,看到对方的价值,不断地创造属于两人的生活。

问题解决

由于大学生的心智尚未完全成熟,情绪冲动易激惹,缺乏社会经验,再加上时代、社会等多方面因素的影响,校园爱情普遍存在不确定性,极易出现问题。由于恋爱问题处理不当,导致当事人心理痛苦、人格扭曲、自伤、伤人,甚至引发心理问题、精神障碍的案例在大学校园里时有发生。

一、单相思是不是爱?

你是否爱过不爱你的人? 很多人经历过单相思:浪漫地、充满激情地被某个人吸引,但对方并不爱自己。单恋是一种非常普遍的爱情体验,性格内向、敏感、富于幻想、自卑感强的人,更容易陷入单相思。

(一)为什么我们会单相思

1.错误归因

因为渴望得到对方的爱,误把对方的亲切和蔼、热情大方当作爱的表示,并坚信不已;把对方的拒绝看作矜持或对自己的考验,更加坚定不移。单相思的人,并不真正了解对方,而是不断地把对方理想化,编织了一个爱情梦想把自己深陷其中。

2.乐观估计

想当然地认为与对方的爱情关系值得努力和等待,甚至幻想经过一段时间,对方一定会爱上自己,乐观地高估对方喜欢自己的程度。

3.奖赏价值

即使是单相思,但仍然体验深陷爱情中的激动、兴奋,这对单相思的人也是一种奖赏和鼓励。

爱情应该是两个人的双边活动。单相思的人"剃头担子一头热",其结果是对方感觉到被冒犯、打扰。单相思不是"花痴",但它确实是一种强大的精神内耗,总让人患得患失,在否定与怀疑中反复摇摆,从而造成心灵创伤。持久的单相思会使人丧失自尊,影响人的知觉判断和理性选择,甚至会走向极端,以伤人的方式终结单恋。

(二)走出单相思的困境

1.自我分析

排除主观因素对认知的干扰,摆脱不现实的幻想。问问自己到底爱的是谁,我在他身上投射了哪些理想化的特质,我需要从对方那里得到什么。

2.弃暗投明

尽早直率地表达感情,直接地了解对方,也坦诚地让对方了解自己,把暗恋变成明恋,免得一厢情愿、劳而无功。如果遭到拒绝,长痛不如短痛,最起码获得的是心灵的解放。

3.减少接触

减少"触景生情"的机会,降低两人见面或者接触的时间和机会,冲淡相思之情,以理智的长剑斩断相思的乱麻,并及早从自己编织的爱情梦境中清醒过来,把精力转移到学习、工作或自己感兴趣的活动中去。积极参加集体活动,培养与异性交往的能力,形成较广泛的异性交际网络,增强自信心。

二、他(她)为什么变了?

如胶似漆、甜言蜜语是爱情的初始阶段,随着时间的变化,恋人间出现非常苦恼的问题:"为什么你不再像以前那样爱我?""这个人谈恋爱前后怎么不一样?""他怎么会是这样的一个人?"人们往往对难以获得的东西更加渴望,而对于已经拥有的则可能不够珍惜。这可能是导致上述苦恼问题的原因之一。

(一)激情的消失

我们渴望激情浪漫能十年如一日,但现实中可能吗? 不能。中国人讲婚姻有七年之痒,爱情的保质期更短。多项研究表明,爱情的保质期是18个月至30个月。爱情开始时,由于大脑中的化学物质如苯乙胺、多巴胺和催产素的释放,通常会感到兴奋、热情和陶醉。但随着时间的推移,这种化学反应会逐渐减弱,导致感觉和热情随之减退。为什么激情消失这么快?

1.为什么激情会消失?

(1)自我印象管理。面对重要他人时,人们会试图控制自己传达给他人的信息,将自己刻画成令人喜欢的形象。恋爱中的男女倾向于进行自我印象管理,心甘情愿付出,逢迎讨好,自我推销,试图给对方留下美好的印象,将自己塑造成美丽的或者帅气的,拥有良好品质、优秀能干的人。

但是随着时间变化,这种想给恋人留下好印象的动机减弱。因为长期维持良好印象需要付出专心和努力,恋人已经爱上我们,这种强烈的动机就没有了。也可能觉得恋人已经彼此熟悉,知道真实的自己,想改变印象非常困难,还有可能仅仅因为变懒,干脆放弃了努力。

（2）理想化。理想化是将他人完美化的过程，是一种自我心理防御机制，认为爱的对象完美无缺，忽略或否认与完满形象不符合的特性。理想化的幻想助长了浪漫，问题在于幻想会随着时间的流逝及相处经验的增多而减退。当恋人们真正朝夕相处在一起，现实渐渐地侵入时，理想化破灭，回归现实。

（3）新奇与唤醒。第一眼看到心动的对象，第一次牵手、拥抱、接吻，新奇感带来兴奋，大脑里的神经递质——多巴胺和5-羟色胺就会活动，身体被唤醒，表现为脉搏加快、呼吸加促、口干舌燥、手心出汗等，这些生理变化信息返回大脑，提醒我们这种欣快、精神抖擞、精力充沛的感觉，就是爱。但是激情这种情绪上的唤起随着时间推移而减弱。当恋人变得熟悉，大脑就无法产生足够多的激情。

2.增进爱情的方法

（1）享受亲密。随着时间的延长，当爱情关系变得重复、单调和沉闷，看到对方不再有最初的兴奋和脸红心跳，不要觉得失望或者奇怪。爱情的成分有多种，促使人们牵手的爱情与进入婚姻后的爱情并不一样。当激情逐渐演变成平静而深厚的情感，身处其中，会感受到幸福。因此，我们享受激情，但不要把它作为维持爱情关系的基础，可以培养与恋人之间的友谊，亲密比激情更稳定，更不容易变化。

（2）激活多巴胺。心理学家阿瑟·阿伦做过著名的吊桥实验。研究者找到一位漂亮的女生做研究助手，请她让男生完成一个简单的问卷，再根据图片编一个小故事。参加实验的男大学生被分为三组，分别在三个不同的地点。一是在安静的公园，二是在坚固而低矮的石桥上，三是在一座危险的吊桥上。在完成调查后，女生把自己的名字和电话号码留给每一个参加实验的男大学生。研究者所要探讨的问题是：男大学生们会编出什么样的故事，谁会在实验结束后给漂亮的女助手打电话？实验结果非常有趣：与其他两组相比，在危险的吊桥上参加实验的大学生给女调查者打电话的人数最多，而他们所编撰的故事中，也更多含有情爱的色彩。

这里有个唤醒的错误归因。因为情绪受到了行为的影响，在吊桥上，由于危险的情境，人们会不自觉地心跳加快，如果这个时候碰巧遇见一个异性，他会错把由这种情境引起的心跳加快理解为"对方使自己心动而产生的生理反应"，故而对对方滋生出爱情的感觉。

吊桥实验启示我们，新奇、危险或刺激性的情境可以刺激多巴胺的分泌，这种多巴胺的分泌，类似于谈恋爱的感觉。因此，恋人可以通过一些行为来刺激多巴胺分泌，比如跑步、打球等运动性项目，一起探索新兴趣，比如听音乐、学乐器，或者体验骑马、登山、蹦极等惊险刺激的项目，还可以外出探险、旅游，体验不同的文化，尝试不同的美食等拓展生命的体验。

（3）欣赏与感恩。每个人都希望看到和被看到。亲密关系满足的秘诀是,欣赏你的恋人,表达你的感激,重复循环上面的两步。不要把恋人的付出当作理所当然,我们有义务去看到恋人的付出,并且积极主动与他分享你最欣赏他的地方。这样做,一方面,我们自己的主观幸福感增加;另一方面,当我们向恋人表达感激时,我们能为他们提供强大的价值认可和关爱,感受到更多的快乐。

（4）创造共同的现实感。确立关系后,恋人需要融入彼此的生活,尊重包容差异性,创造共同的现实,如共享的时间、相同的爱好、相投的话题、共同的记忆,甚至未来能有共同的事业、共享的财产,将彼此稳定地连接在一起。

(二)依恋类型

英国心理学家约翰·鲍比最早提出依恋类型理论,后来有心理学家将爱情关系与依恋关系建立关联,他们认为个体婴儿时期与人建立的依恋关系,会使个体形成一个持久且稳定的人格特质,这项特质会在个体在与异性建立亲密关系时自然流露。

每个人的依恋类型不一样,不同依恋类型的人在亲密关系中,会有不同的表现。依恋类型可分为四种类型(图6.2):安全型、痴迷型、恐惧型和疏离型,后三种属于不安全型依恋。依恋类型的两个维度:忧虑被抛弃和回避亲密,与爱情中的成分亲密、激情、忠诚都相关。

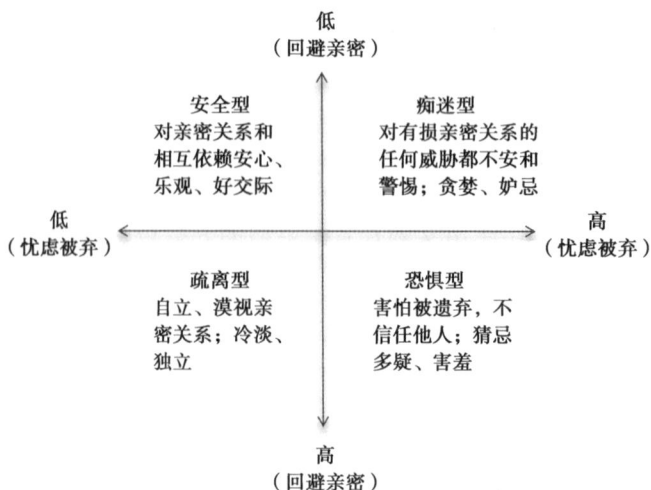

低
(回避亲密)

安全型
对亲密关系和
相互依赖安心、
乐观、好交际

痴迷型
对有损亲密关系的
任何威胁都不安和
警惕;贪婪、妒忌

低
(忧虑被弃)

高
(忧虑被弃)

疏离型
自立、漠视亲
密关系;冷淡、
独立

恐惧型
害怕被遗弃,不
信任他人;猜忌
多疑、害羞

高
(回避亲密)

图6.2 依恋类型

1.了解彼此的依恋类型

了解彼此的依恋类型,从而更加和谐相处。最理想型的恋人是安全型,他们对恋人坦诚、情绪稳定并有大量的自我表露,对关系比较满意,能寻求恋人的支持,也能向苦恼中的恋人提供支持,并鼓励恋人发展自己,成就自己,恋爱持续时间较长、信任、忠诚、独立。

不安全型依恋各有特点。疏离型的人习惯沉默寡言,显得疏远冷漠,他们很少对恋人自我暴露,很少体验到激情。痴迷型的人则过分地依赖他人的赞许和认同才能心安,也表现出对亲密关系的强烈需求,没有亲密关系会感到不安,因此他们过得并不轻松,嫉妒、占有欲强。恐惧型的人总担心自己被人抛弃,不敢信任他人,因此在恋爱时体验到的总是提心吊胆、紧张不安,而不是幸福快乐。

2.提供安全的依恋环境

人的依恋类型很稳定,很难改变,因为它很大程度上由他早期的亲子养育经验和人际交往经验习得。如果能在爱情中提供稳定亲密无伤害的关系,那么曾经不安全依恋类型的人会慢慢变成安全型依恋的人,当然需要时间的磨合。给与痴迷型安慰、承诺、保证和关心;面对疏离型回避矛盾,需要把矛盾放一放,等合适时机再讨论;对恐惧型依恋的人,要耐心细致,持之以恒地给与关心、爱和承诺。当然,没有一个人必须成为另一个人的救赎,你可以选择离开去寻找适合你的依恋类型恋人。

(三)性别差异

畅销书《男人来自火星,女人来自金星》的作者认为,"男人和女人在生活的各个方面都不一样。他们不仅在交流方式上不同,而且在思考、感受、感知、应答、反应、示爱、需要以及欣赏等方方面面也全不一样。他们似乎来自不同的行星,说着不同的语言,汲取不同的营养"。

男性和女性看上去是两种完全不同的动物,比如男性阳刚而健壮,女性纤弱而柔美;男性粗犷,女性细腻;男性重大局,女性重细节;男性喜欢被依赖,女性喜欢被关心等差异,难怪谈恋爱中的男女会出现很多问题。

男性女性对语言交流的理解也不同,男性认为语言是用来传递信息、表述事实的,而女性认为语言是用来表达情感的。男性习惯从字面上理解女人的话,很难听到这些话背后的含义,从而作出错误的回应。

男女两性如此不同,要如何满足彼此需求?

1.了解对方

恋人间要尽可能地多了解对方,在交往过程中,通过观察、倾听、交谈等方式,了解对方的性格特点、兴趣爱好、价值观等,从而更好地了解对方的需求和心理状态。

2.换位思考

恋人间非常重要的一种能力,需要看到真实的对方,求同存异,更需要智慧和妥协。比如男生喜欢被依赖,被需要,女生需要示弱,对男生多多夸奖;女生喜欢被关注,男生要学会多说一些甜言蜜语,注重仪式感。爱情中是讲爱不讲理的地方,如果两个人心里有爱,要经常换位思考,站在对方的角度考虑问题,拿出愿意为对方改变的态度。

3.理解尊重

男女两性平等,是人格的平等,需要建立在尊重差异、平等对待的基础上。两性之间的差异并不是非黑即白、好与坏的问题。相反,它们具有各自的优点和缺点,只有通过平等的沟通和尊重,才能发挥各自的优势,弥补缺点。

三、为什么会吵架?

几乎所有恋人都会吵架。科学研究发现,不吵架的情侣分手更快,吵过架的反而关系更持久。吵架也是一种沟通,如果情侣不吵架,不沟通,就无法了解对方需求,无法解决两人间的问题,也会错失维持关系的契机。事实上,真实的、有建设性的沟通是健康亲密关系的重要组成部分。

(一)沟通困难的原因

1.期望过高

爱情中的沟通,彼此之间的期待比一般人之间的沟通要高太多,最直接的就是——你爱我,就应该知道我心里怎么想的,不需要我去表达,你必须无条件地满足我的需求,并按照我的想法来满足我,否则你就是不爱我。

2.沟通障碍

人与人之间的沟通一方面靠语言,另一方面靠非语言沟通——人的语音语调、面部表情、身体姿态等。非语言沟通非常微妙,解读起来依赖于恋人彼此熟悉了解的程度和沟通技巧,需要双方清晰地传递信息,同时也需要另外一个人具备"一个眼神秒懂"的能力。能做到这两点,需要恋爱双方非常默契,更需要持之以恒地对另外一方时刻的关注。

3.求新求异性

求新、求异是人的本性,恋人走过最初的新鲜期后,朝夕相对会把所有一切视作平常,毫无新意,恋爱时间长的恋人,早就没有那种刚恋爱时的努力互动的动力了。

(二)应对沟通困难

1.积极倾听

积极倾听,指在我们听别人说话或其他方式接收别人信息时,有两个任务要完成:一是认知方面要准确理解对方要表达的信息;二是在倾听的过程中要向对方传达关注和理解。

具体的方法,就是用自己的话重复对方的话。比如说:刚才你是想说……

首先,向对方传达了关注和理解——你说的,我在听,我有听到。比如停下你手中的事,歪着头,看着对方的眼睛。

其次,组织语言复述对方的话,也是给自己时间,想一想对方在说什么。

最后,给对方一个机会,让他自己去听他自己刚才说了什么,感受自己说的话在别人耳朵里被听到是什么样子的。人脱口而出的话,可能很尖酸刻薄,可能很含糊——他会有个反思"我怎么把话说成这样了?"也给说话人一个机会,去纠正听话人理解上的错误。

经过这样的一个积极倾听的过程,恋人双方发现自己理解的错误,从而避免基于错误的进一步冲突。

2.让对方宣泄情绪

情绪是无法压抑的,它的特点是蓄积,只会在忍耐中爆发。恋人间不是说理的地方,而是态度决定一切,不管对方有无道理,态度好一切就好。恋人应当扮演情绪的缓冲器,更多地关注对方的需要而不是关注对错。特别是对方觉得受了委屈,不要忙着去评价谁是谁非,而是要给与对方积极的认同,这种共情,会让他觉得你充分地了解了他(她),他宣泄掉情绪后,你再讲道理才有可能。

3.可以抱怨,但少批评

争吵中不可避免地充斥着不满与发泄,抱怨自己的委屈,批评对方的所作所为。女生喜欢用抱怨来表达爱情,抱怨也只能用爱的语言来安抚,理性在这个时候是多余的。批评可能会使争吵的级别上升,引起对方的好胜或者防御心态,最后两人越吵越激烈,却没有解决问题。

4.直接表达感受

社交规则与环境使我们很害怕直接去表达自己的情绪感受。情侣间争执的真正目的是表达,而非求同;不是你赢我输,而是各得所需。向恋人敞开你的感受与情绪,也耐心地倾听来自对方的情绪及背后的所需。爱情不是会议也不是商业合作,放下点评,只说此时此刻的感受。

恋人间的吵架并不可怕,重要的是我们通过积极倾听,学会吵架,帮对方宣泄情绪,寻找背后的需求,从而能更加稳固恋人的关系。

四、性的冲动如何驾驭?

性是人类最自然的欲望,它是我们想象力和创造力的源泉。性往往是一个不敢谈论,甚至有些害羞和尴尬的话题,但爱情是基于性而产生的。性是一把双刃剑,可以提升爱情,但如果把性变成了一种控制、一种交换,或随意的不负责任的行为,它也能葬送爱情。

大学生正处在一生中性动力最旺盛的时期,性生理发育快速但性心理尚未成熟,对性的需求与社会道德规范之间的矛盾,加上缺乏理智经验和一定的生活条件,所以性心理的冲突显得尤为突出。恋爱中碰到性,就像黄梅天碰到雨,这是最正常不过的事情,但最重要的是我们要记得撑起一把伞,保护我们走过雨天的泥泞。

(一)认识未婚同居的危害

研究表明,未婚同居并不能保证婚后的幸福生活,反而同居越久越容易分手。由于两性生理差异,女性是婚前性行为结果的承担者,比如怀孕了,早期流产虽然安全,但也可能会引起出血、感染等并发症,而更重要的是部分女性由于害怕被人发现,手术后往往得不到良好的休息和营养,易留下后遗症,影响生育,因此要充分认识未婚同居的危害,对婚前性行为慎重。

(二)避开可能引发性冲动的场合

不要喝酒。酒精对大脑神经系统的影响,会导致个体行为失控,出现不理智的性行为。不要在两个人单独在一起时看暧昧、色情的电影、电视、视频等,刺激性的画面往往会使人失去理智的控制。

(三)不要等到最后一刻才说"不"

如果你不想发生婚前性关系,你应该在与恋人日常交往过程中让他(她)知道你的人生规划、原则和底线。两人提前讨论,如果两个人在一起,当你们之中的某个人不能控制自己时,做些什么可以让你们停下来。比如换一个环境,两个人一起出去散散步,走到人多的地方或者安排其中一个人去买水等。

(四)遵循自愿、安全、私密原则

如果一定要发生性行为,请遵守自愿、安全、私密原则。自愿是前提,要学会对违背自身意愿的性行为坚决说"不",你是成年人,任何人都没有权利强迫你做你不想做的事情;安全是负责任的底线,安全是对自己和对方负责,因此要采取相应措施,学会自我保护,避免感染和传播疾病,避免违背意愿怀孕;不分对象、时间和地点的性行为,不是爱,只是欲望的发泄。

五、如何走出失恋?

"余生只愿与君度,深情不负共白头"是理想,但很遗憾,人谈一次恋爱就成功的概率是非常低的,你可能会因为各种原因失恋。

(一)为何会失恋

1.现代社会的快速流动性

从前车马很慢,书信很远,一生只够爱一个人。但现代社会是一个"快流动低情感"的时代,人口的快速流动很难有机会让恋人彼此知根知底。恋爱成本加大,生存压力、竞争压力、发展压力过大,大量时间被学习、工作挤压,毕业后的频繁变动,人们无暇顾及情感生活。

2.目的性和功利性太强

受拜金主义、享乐主义、极端个人主义等不良社会思潮的影响,形成一种庸俗化、功利性的婚恋观。现在人们对生活的定义比以前复杂,对爱情也附加更高的社会条件,比如房子、车子和彩礼等物质因素,因此爱情成了"奢侈品",一辈子只爱一个人甚至被认为是"科幻片"。

3.恋爱技巧欠缺

由于缺乏社交技巧或者恋爱经验,在恋爱中表现得过于拘谨或者不自信,无法有效地展示自己的魅力和吸引力,不知道如何与异性建立稳定的关系。比如常见的谈恋爱仅仅停留在吃饭、看电影、打游戏、吃爆米花、喝饮料等,这是对爱情物质和表面的理解,而真正好的爱情是经得起时间的考验,需要两人在风雨中同甘共苦,在挫折中惺惺相惜,不断创造出属于两人的生活。

4.对爱情赋予太高的意义

很多人期待爱情能解决自己人生中的很多问题,比如孤独、寂寞、焦虑,甚至就业、求学、发展等,期待自己面临难题时恋人能帮助自己,弥补自己。但事实是,爱情不能解决问题,反而可能制造问题。对彼此的期待越高,失望越大,最后感情出现裂缝,走向分手。

5."三观"不合

三观一致,并不是要求两人的兴趣、爱好、思维方式完全一样,而是彼此间能够求同存异,懂得理解、包容和欣赏。每个人都有自己的"三观",它受到个人家庭、成长经历、重大事件和社会环境多方面的影响,一旦形成,很难改变。在恋爱过程中,可能会因价值观差异、沟通不畅、未来的规划、学业和职业的选择不一致等而分手。

(二)化解失恋

失恋是大学生中比较常见的挫折之一。失恋会导致人们情绪低落,丧失自信,他们会自我封闭,回避社交场合,不愿意与他人交流,也可能形成创伤,会对感情产生恐惧感。失恋者会感到空虚、寂寞、无聊,甚至悲观厌世,还会出现睡眠不足、食欲不振或者暴饮暴食、疯狂购物等情况。这些不良情绪如果得不到及时排解，容易导致抑郁，严重者甚至会报复乃至自杀。

1.转变认知

恋爱时有多甜蜜，分手就有多痛苦。但失恋痛苦，有自己的思维责任。也就是你之所以感到痛苦与你的认知误区有关：承诺应该天长地久，永远不可打破；这辈子只有这个人是真爱，以后再也不会爱上别人；恋人是不会劈腿的；整个恋爱的过程就是欺骗；等等。

上述的认知都是错误的，现代社会充满了不确定性，爱情本身也存在不确定性，这也正是爱情的魅力所在。人和情感也会变的，两个人必然有初见时的喜悦与沉醉，但随着时间变化，两人也可能发现差异，就有可能分手。

2.调整态度

如何来判断一个爱情的好坏？是以时间长短吗？又或者以是否走入婚姻为条件？都不是。

对待爱情的态度，取决于如何看待爱情。如果把爱情理解成是茫茫人海，偶然的相遇，这个相爱中有彼此欣赏、彼此肯定、彼此协助、彼此启发的过程，这本身很温暖和珍贵，值得被珍惜。只要是真实的、存在过的，这些美好就不会在你心中消失，而是成为你生命的一部分。我们应该深深地感谢自己的前男友（女友），给予他（她）最善意的祝福。

人生是一个体验，生命是通过体验来完成的。誓言与结婚证不能决定爱的长短。好的爱情不需要占有，而是相互滋养，相互成长，相互成全，让彼此成为更好的人。《泰坦尼克号》里杰克最后决定把生的希望留给萝丝，并且希望她好好活下去，这就是好的爱情，虽然它只有短暂的几天。

村上春树说：爱情中最好的心态，大概是深情但不纠缠。好的爱情应该是高傲地昂起头，你来我很欢喜，你走我也不挽留，不为逃避孤独而将就，不为他的离去而遗憾。

3.改变行为

疯狂购物、暴饮暴食、借酒消愁、暴揍对方、很快开始新的恋情只会带来更大的麻烦，或许可以尝试下面的行为。

及时宣泄。可以找亲人或知心好友倾诉你心中的烦恼，把对方臭骂一顿，或者痛哭一场，这样有助于消除失恋带来的心理压力，恢复心理平衡。

学会转移。断掉与恋人的所有联系方式，舍弃与其相关的事物，避开两人经常去的地方，开始新生活，换个新发型、买一件新衣服、参加运动、和朋友吃饭、看电影、出门旅游、尝试一个感兴趣的项目，将自己的注意力分散在不同的事情上，你会感觉天高地阔。

自我安慰。吃不到的葡萄是酸的。"酸葡萄心理"是人的一种心理防卫机制，指的是当自己的需求无法得到满足时,会产生挫败感,为了让自己心理平衡,人们就会编造一些理由自我安慰,从而使自己解脱。失恋后,客观看到对方的缺点,并加以夸大,得出与他(她)在一起未必幸福的联想,逐渐从失恋的苦恼中摆脱出来。同时安慰自己"天涯何处无芳草""莫愁前路无知己"。

升华。把失恋转化为动力,把精力投入到学习中去,在忙碌中逐渐淡化伤痛。爱情不是人生的全部,失去了恋人,再失去自己的志向,那损失就更大了!

有时候,我们需要快刀斩乱麻,有时候需要漫长的告别。失恋也好,爱情中也好,遗憾在所难免,能在相爱时珍惜,转身时优雅,挥别时微笑,受伤时坚强,每一段爱情都是好的爱情。

六、如何在爱情中成长?

爱情这门课虽不在升学考试的科目之列,但它是人需要终身学习的必修课。这门课也不一定非得在大学期间研修,但是,对大学生来说,学习爱、了解爱的真谛、具有爱的能力、承担爱的责任,是人生幸福快乐的必备条件。爱的能力不是天生的,和人的其他能力一样,爱也需要学习,爱的能力需要培养。

(一)学会自爱

心理学家米尔认为每个人内心都有一个储爱槽,最初,"储爱槽"中是我们的父母亲朋灌注的爱;后面,我们要学会自己爱自己,不断地向"储爱槽"中灌注爱。只有这个"储爱槽"是丰盈的,才能去给予别人,如果是空的或不满,那么在爱别人时就会感到枯竭。

学会爱的第一步是爱自己,这种爱不是自私自利、顾影自怜,而是了解、关怀自己的需求,对自己完全喜欢、包容、接纳、肯定,当然爱自己也有不同的层次。

1.照顾自己的身体

照顾好自己的身体,自我承担身体的责任。合理饮食,适度运动,良好的睡眠,规律的生活,少生病,这样让你的身体保持好的状态和体型,你面对异性会更自信。

2.关照自己的需求

了解自己的需求,做最棒的自己。人生是旷野,而不是轨道。你要问自己,最想成为什么样的人,最想成就什么样的事业,最想要什么样的生活? 甚至可以假设,如果今天是自己人生中的最后一天,觉得拥有什么可以满足? 成为你想成为的人,做你想做的事,做对你有价值的事,不断丰富生命的体验。当自我价值累积到一定程度,你不需要来自他人的肯定就已经是内心丰盈、情绪稳定、自尊自信、魅力十足的人。

3.自我接纳

自我接纳，与自己和解。接纳不仅欣赏自己身上的优点，也意味着接纳自己的普通，甚至缺点，因为那些也是你的一部分。与自己和解意味着接受自己的过去和现实，不再因为过去的错误而折磨自己，释放内心的力量，迎接更充实、更有意义的生活。

投资自己，善待自己，是永远不会亏损的生意。做自己，你若盛开，蝴蝶自来，爱情最重要的是先爱自己。

(二)提升爱的能力

人人都需要爱，但不是人人都会爱。有爱、会爱，是具备爱的能力的表现。爱的能力表现在方方面面，主要有识别爱、迎接爱的能力，表达爱、拒绝爱的能力，承受爱的挫折的能力，发展爱的能力等。

1.识别爱和迎接爱的能力

当我们寻找恋人时，实际是在寻找与我们共享人生的盟友。这样的盟友不仅能满足物质需求，更重要的是在精神上共鸣，共同面对生活中的挑战和困境。因此，会爱的人不会被低成本的付出感动，比如一杯热水、一捧鲜花、一顿饭，而忽视了真正决定爱情质量和深度的因素。恋人身上的学识、谈吐、品质、视野、格局、情绪稳定才是优秀恋人应该具备的因素。学识、谈吐等因素决定了他将来开拓的世界有多大，品质、情绪稳定关系到面对人生风雨是否能保持理智和温暖。缺乏这种能力的人，爱往往与之擦肩而过，或者是遗憾，或者是错爱。所以，我们要能识别真爱，并抓住它。

2.表达爱和拒绝爱的能力

爱是一种了不起的能力，被爱是一种无法言喻的幸福。没表达出的爱是不存在的，因此要勇敢地表达爱。爱要表现出来，体现在行动上，要学会关心对方，照顾对方，包容对方，理解对方，不仅是物质上的，更需要的是心灵上的，关心对方的情绪变化，照顾对方的生活，包容对方的缺点，理解对方的苦衷，只有这样，爱情才会在风吹雨打里永不褪色。

对于自己不喜欢的爱呢？你要果断说"不"，因为爱情没办法将就。如果因为不忍伤害对方而没有拒绝，那么最终会伤己害人，甚至伤害比当时的拒绝更为严重。当然，要掌握恰当的拒绝方式。善良的拒绝是尊重对方人格、珍惜对方情感，以充满关切、尊重和机智的方式维护自己，也维护他人。

3.承受爱的挫折

爱情之酒甜如蜜，但爱情也不乏苦涩和忧郁、坎坷与挫折。对各种恋爱中的挫折，要学会去应对和调适，培养自己承受恋爱挫折的能力。

(三)承担爱的责任

责任是爱情之花永不衰败的肥沃土壤。对于真正的爱情来说,责任和义务是必不可少的。"我爱你",承诺了爱的责任和义务;当不能履行这种爱的责任和义务时,这份爱情也走到了末路。爱一个人,不只是"索取",享受对方的爱的给予,还应该彼此忠诚、相互扶持,让对方成为自己,这就是爱情的责任。

1.彼此忠诚

爱情与友谊不同,具有强烈的排他性。忠诚,讲究的是情感专一、坦诚以待。恋人之间真诚地分享自己的思想、情感,为了讨对方欢心,而委曲求全或口是心非地表达,往往埋下冲突的隐患。当然不欺骗不隐瞒,并不是说要将自己的点点滴滴都告知对方。即使是面对自己最亲密的人,每个人也应该有自己的隐私,完全公开,有时反而会产生伤害。

2.相互扶持

"人"本来就是相互支撑的,更何况两个相爱的人。在人的一生中,总要碰到许多困难、坎坷,爱情对于身处逆境的人来说,犹如夏日之甘霖、寒冬之阳光、爱情的美丽在于幸福快乐同享,更在于患难与共,生死相随。在漫漫人生旅途中,相互扶持还意味着包容、迁就、宽恕,唯有如此,方能"执子之手,与子偕老"。

3.让双方都成为自己

真正的爱,就是爱你如你所是,非如我所愿。爱一个人,是让他成为他,也让自己成为自己,尊重彼此独立性,不过分依赖或者控制对方。

爱情不只是一见倾心的萌动,也不是两情初悦的激情,爱情是两人势均力敌地帮助对方成长,又能在精神生活中彼此相依,才不会在漫长的时光中褪色,才能守住日夜相伴的幸福。

实操练习

一、案例分析

我和男友认识一年多,相恋半年。我们的学历都是大专,我读大三,他毕业两年多。他细心上进,生活节俭,不抽烟不喝酒,对我也很好。春节带男友回老家,父母反对我们谈恋爱,有两个理由:第一,我身高1.55米,男友只有1.63米,父母担心以后生的孩子个子不高;第二,父母希望男友能够在省城买房,但男友刚毕业两年多,收入有限,而且男友父母前几年在老家借钱建了房子,未来五年的收入必须拿回家帮父母还债,他父母更没办法为他提供经济支持。男友觉得我父母要求太高,给他压力,觉得我太重视物质。

请回答

他们的感情有没有必要再继续下去？请说明理由。

二、自测与思考

判断依恋类型，请阅读以下在恋爱关系中表现的描述，判断主人公更偏向于哪一种依恋类型。

A.安全型　　　　B.痴迷型　　　　C.恐惧型　　　　D.疏离型

1.小王和男朋友是高中同学，两人考入了同一个城市的两所大学，并确认了恋爱关系。两人平时在各自的学校学习，周末或假期时会相约见面或一起出去玩。当遇到意见不一致的时候，两人会发表各自的看法，然后找到一个更适合的解决方案。他们经常相互鼓励，并约好将来一起申请出国留学读研。　　　　　　　　　　　　　　　　　（　　）

2.小李刚刚谈了人生的第一次恋爱。女友总是抱怨他，从来不给自己打电话，短信也很少回。两人出去玩时，小李话也很少，女友主动和他牵手，他感觉很不舒服。（　　）

3.小赵学习努力，成绩优秀，在生活中独来独往。谈到对未来的规划，他希望将来开办一家公司，赚很多钱为偏远乡村的孩子改善教育质量。他没有考虑过和一个人恋爱、成家，他觉得大学生谈恋爱既浪费钱又浪费时间，不如把这些时间用来做一些更有意义的事。

（　　）

4.小张和男友相恋已半年有余，两人确定恋爱关系之后，小张经常给男友发短信或打电话。当男友没有及时回复，小张就非常难过，感觉自己被抛弃了。甚至有几次因为在一个小时之内没有接到男友的回复，她一气之下把男友的微信直接拉黑了。（　　）

三、请判断以下描述是否正确

1.恋爱是人的本能，无须学习，生来就会。　　　　　□对　　□错

2.大学生恋爱只是积累经验，不为婚嫁 。　　　　　□对　　□错

3.信息时代恋爱应该"速食"。　　　　　　　　　　□对　　□错

4.爱情功夫茶，要慢慢"品"。　　　　　　　　　　□对　　□错

5.失恋是人生的失败。　　　　　　　　　　　　　□对　　□错

6.失恋是新机会的开始。　　　　　　　　　　　　□对　　□错

7.不求天长地久，但求曾经拥有。　　　　　　　　□对　　□错

8.爱就要地老天荒，生死不渝。　　　　　　　　　□对　　□错

9.爱情是排他的、专一的。　　　　　　　　　　　□对　　□错

10.我们通常谈一次恋爱就能找到真爱。　　　　　　□对　　□错

小结提升

学习目标

- 知晓爱情的价值、吸引力、成分和特点。
- 了解大学生常见的爱情困惑,掌握相应的调试方法。
- 学会自爱,提升爱的能力,承担爱的责任。

学习要点

- 爱情满足了人的归属需要,有利于人身心健康,让自我确认和发展。
- 爱情中的吸引力可以从时空邻近性、长相吸引力、相互性、相似性、障碍、理想伴侣模型去解释。
- 爱情成分包含激情、亲密和承诺,组成七种不同的爱情类型。
- 爱情要求自主和互爱、专一和排他,爱情具有持久性和阶段性,讲究社会性和道德性,校园爱情纯粹而美好,与社会爱情不同。
- 单相思不是爱,爱是双边活动。
- 随着时间发展,因激情消失、依恋类型、性别差异等原因,会让爱情发生变化。
- 会沟通的恋人更长久,需要积极倾听,学会吵架。
- 性冲动难驾驭,认识婚前性行为危害,避开可能引发性冲动的场合,商量好规则,如果不可避免,一定要自愿安全无伤害。
- 调整认知,感恩前任,改变行为,走过失恋。
- 终身学习,在爱情中成长。我们既要学习自爱,又要增长爱的能力,同时要承担爱的责任。

第四篇　理性平和篇

随着互联网社会的高速发展,信息"大爆炸"时代对当代大学生的心态影响较大,加之处于大学阶段的同学们正处于成长与发展的关键时期,导致许多同学会出现迷茫、焦虑、不安等心态。大学生作为祖国与社会的未来,他们的社会心态是社会稳定和谐的重要因素,因此培养良好积极的社会心态对个人成长与社会发展都有着重要的意义。在这里,我们不妨来了解了解"理性平和"的具体含义与出处。

理性平和一般指人们对出现在身边的问题能够有着正确的判断和冷静的应对。这使我们可以准确地认识自我、他人与社会,并妥善处理好各项关系,同时能够准确地思考、分析与解决问题。

党的十八大报告指出:"加强和改进思想政治工作,注重人文关怀和心理疏导,培育自尊自信、理性平和、积极向上的社会心态。"党的十九大报告指出:"加强社会心理服务体系建设,培育自尊自信、理性平和、积极向上的社会心态。"2023年,教育部等十七部门联合印发了《全面加强和改进新时代学生心理健康工作专项行动计划(2023—2025年)》,计划要求全面贯彻党的教育方针,培育学生热爱生活、珍视生命、自尊自信、理性平和、乐观向上的心理品质和不懈奋斗、荣辱不惊、百折不挠的意志品质,促进学生思想道德素质、科学文化素质和身心健康素质协调发展。

可以看出,无论是国家层面的高度重视和顶层设计,还是个人层面的发展与进步,在新时代,培育理性平和的正向心态,有助于帮助我们更好地度过美好的大学生活,走向更精彩的明天。本篇将介绍高职学生如何进行情绪管理以及如何构建和谐人际关系,帮助高职学生更好地思考、分析、解决问题。

主题七 我的情绪我做主
——情绪管理

【案例分析】

拨开情绪迷雾，寻找美好出口

小 H，男，21 岁，光电与信息工程学院物联网专业学生。该生自入校起，表现就十分优秀，从军训负责人、班级班长到学生会负责人、辅导员班助，每一项工作都完成得非常出色。在老师、同学们的眼里，他是积极向上、踏实肯干的代表，深受老师与同学们的信任。临近毕业的 5 月份，小 H 专升本跨考法学专业失败，此后便陷入一种自我否定与自我怀疑的情绪中，既不找工作，也不与他人交流，天天宅在宿舍，状态非常萎靡。同学们都非常意外，一向正能量满满的小 H 怎么会出现这样的情况。

该生属于比较典型的高尊严感人群，遭遇负性事件后，陷入"一切都是那么糟糕""为什么别人可以，我不可以"的负面情绪中。这种负面情绪来得又快又猛，给小 H 的学习和生活带来了不小的影响。针对此类情况，学校老师迅速展开"拨开情绪迷雾，寻找美好出口"的帮扶活动。先是找到小 H 了解情况，并不断地给予鼓励与安慰，不断列举小 H 曾经的高成就事件，帮助小 H 找回自信。有了老师的鼓励，小 H 的情绪有所好转，开始愿意与他人交流，但工作未落实的他，还是难展笑颜。于是，老师开始给小 H 推荐合适的就业岗位，并指导小 H 制作简历，通过实战演练帮助小 H 提高面试技巧。最终，小 H 作为学校唯一代表，被推选为湖北省西部计划志愿者，现如今在恩施开展服务工作。他的个人签名也改为"用一年不长不短的时间，做一件终生难忘的事"。可以看出，他已经走出情绪的阴霾，开始了充满希望的全新旅程。

心理分析

情绪，作为人类内心世界的重要组成部分，不仅承载着我们的感受与体验，更在无形中塑造着我们的行为选择和生活质量。在这个案例中，负面情绪虽然来得急、来得猛，破坏性高，但它并不是无法打败的"洪水猛兽"，只要我们用正确的态度认识它、对待它、解决它，我们便能与情绪坦然相处。情绪的价值不仅在于它们本身的真实表达，更在于它们如何塑造我们的思维、决策和行动，使我们成为更加完整、真实的自己。

何谓情绪——全面认识情绪

(一)什么是情绪

情绪是人们对客观事物是否符合满足自己的需要而产生的一种体验。产生情绪的基础和源泉是需要。通常情况下，如果满足了人们的现实需要，人们就会相应产生快乐、高兴等积极的情绪体验。当人们的需要得不到满足时，就会产生烦躁、忧愁等消极的情绪体验。例如，我很希望专升本成功，通过努力，我考上了，感到非常开心；若没考上，我会难过。这都是自身的需要是否被满足而产生的情绪。

人的情绪复杂多样，很难有准确的分类。《礼记》中把人的情绪称为"七情"：喜、怒、哀、惧、爱、恶、欲。近代西方学者认为人的基本情绪分四类：喜、怒、哀、惧。

综合情绪的概念，情绪具有比较明显的几个特点：①情绪是主观意识经验，同样的一件事情，不同的人可能会有不同的情绪反应，是由个人主观看法所决定的；②情绪与需要有连带关系，当人的需要被满足，则可能会产生积极正向的情绪，相反，若人的需要未被满足，则可能会产生消极负面的情绪；③情绪状态不易自我控制，情绪往往具有较大的情景性，在特定的事件背景下，大多数人的情绪会来得比较急促，比较难控制；④情绪都有外在独特的表达，不同的人有着不同的情绪表达，如性格外放的人在情绪表达上会比较明显，正所谓"情绪都写在脸上"，性格内敛的人情绪就不那么容易被发现。

大多数人会有两种情绪：一个是外在情绪，这种情绪露于表面，大多数人都能发现，正所谓"喜形于色"就是这个道理；还有一个是内在情绪，这层情绪通常隐藏得非常深，除非有人能看清自己的内心世界。我们把后者称为基础情绪（心理学家们也把它们称为情感）。

情绪具有较大的情境性、激动性和暂时性，往往随着情境的改变和时间的推移而逐渐产生变化，如高兴时手舞足蹈，愤怒时暴跳如雷，这些情绪随着时间的推移慢慢都会归于平静。情感则常用来描述稳定的、深刻的情感，如对父母的感恩之情、祖国的热爱之情、兄弟姊妹的手足之情等。

情绪和情感这一对关系彼此依存，不可分离。在情绪的基础上形成了稳定的情感，当情绪积累到一定程度的时候就形成了稳定的情感。稳定的情感往往会通过情绪传达出来，比如我们在看到新中国发展史时，会忍不住热泪盈眶，这就是通过外在的情绪表达隐藏的情感。情绪同时也离不开情感，情绪的变化反映情感的深度，在情绪中蕴涵着情感。

(二)情绪的构成

情绪是一种多维度、多形态和多功能的复合体，是一个十分复杂的心理过程。情绪与人的需要密切相关。情绪由三部分构成:情绪的生理变化、情绪的内心体验、情绪的外在表现。只有三者同时活动、同时存在,才能构成一个完整的情绪体验过程,只有其中一种成分或两种成分时,不会产生一个真正的情绪过程。

1.主观体验——对情绪的自我感受

主观体验是指个体对不同情绪状态的自我感受。同样的一件事情,放在不同的人身上会产生不同的情绪。因此,每一种情绪都会有着不同的体验,也代表着人们不同的感受,构成了情绪在心理方面的体现。

情绪总是与需要联系在一起的,需要是情绪产生的重要基础。当需要被满足,我们就会有愉快的体验;反之,就会有悲伤、愤怒的体验。每个人在生活中都会有愤怒、悲哀、恐惧、爱、喜悦等情绪体验。

2.外部表现——面部表情、姿态表情、语调表情

情绪具有明显的外部表现形式,通常称为表情。包括面部表情、身段表情和言语表情。面部表情是指通过微笑、哭泣、冷脸来表现各种情绪状态。面部表情是人们情绪状态最直接的体现,人们可通过一个人的面部表情变化,了解一个人的情绪状态。例如,当自己所参加的球队获胜时,人们会不由自主地喜笑颜开;当遇到困难和挫折时,会愁容满面。姿态表情是指面部表情以外,身体其他部分所表达的情绪状态,分为身体表情和手势。身体表情是个体表达情绪的重要方式。个体表达情绪时,手势也会经常用到,常与语言一起使用。语调表情是个体通过语言的语音、语调等表现出来的情绪状态。语调表情有时又被称为"副语言"。通过语音的高低、强弱、抑扬顿挫等,表达说话者的情绪。当然,由于人类情绪和情感具有社会性,人们会刻意地控制自己的外部表现,有时甚至会掩盖或隐藏自己的真情实感。常言说,"出门看天色,进门看脸色",实际就是观察情绪的外在表现。

3.生理唤醒——情绪产生的生理反应

在不同的情绪状态下,人生理上的心律、血压、呼吸乃至内分泌、消化系统等,都会发生相应的变化。例如,人在焦虑状态下,会感到呼吸急促、心跳加快;人在恐惧状态下,会出现身体战栗、瞳孔放大;而人在愤怒状态下,则会出现汗腺的分泌增加、面红耳赤等生理特征。这些变化都是受人的自主神经支配,不受人的意识所控制的。因此,情绪状态下的这些变化,具有极大的不随意性和不可控制性。例如,当我们遇到考试失利、情感挫折、学习上的压力时,不可避免地会出现一些情绪上的反应,即使你努力去控制,情绪也会出现。

(三)情绪的功能

情绪通常被误认为是不好的,就像我们有时候会说"不要太情绪化""别闹情绪好不好",有人认为要克制情绪,而且觉得不能公开表露情绪,否则就是脆弱、丢脸或不成熟。其

实这些都是将情绪与坏的意义相联结,让许多人误认为有情绪是不好的。事实上,我们经常容易忽略情绪的正面意义,通过情绪,我们可以更贴近自己并更了解自己的需求。情绪本身只是个信息,透露个人目前的身心状态信息,反映个人的某种特殊需求,并无好坏之分,它就有如天生的警示灯,可以使我们正确地应对外在情境。通常而言,情绪有以下功能:

1.信号功能

情绪的信号功能表现在个体将自己的愿望、要求、观点、态度通过情感表达的方式传递给别人以影响他们,如点头微笑、轻抚肩膀表示赞许;摇头皱眉、摆手表示否定;面色严峻表示不满或者问题严重等。情绪的信号功能在人际交往中有着重要的意义。在人际交往中,人们除了借助言语进行交流之外,还通过情绪的流露来传递自己的思想和意图。比如听朋友叙述不幸遭遇时,会一同落泪或表现出悲伤的情绪,传达自己同情和理解的情绪情感。情绪的这种功能是通过表情来实现的。在特定场合,当人们之间的想法、态度、观念,靠言语无法充分传达的时候,人们就可以通过表情来传递自己的想法、信息、思想与愿望。有时甚至不能言传,只能意会,这时表情就起到了信息交流的作用。比如学生上课不注意听讲,老师的一个眼神或者一个手势都会起到提示、警醒的作用。甚至有的时候,表情还可以突破场地和场合的限制,发挥独特的沟通作用。如马路两侧的熟人打招呼听不到时就可以通过招手和微笑来示意。

2.组织功能

斯若夫(Sroufe)提出情绪作为脑内的一个检测系统,对其他心理活动具有组织的作用。这种作用表现为积极情绪的协调作用和消极情绪的破坏、瓦解作用。这种组织功能还体现在人们的行为上。当人们处于一种积极、开心、乐观的情绪状态时,往往会注意到身边其他的美好事物,越是如此,越能收获生活的美好与快乐。相反,当人处于消极、抑郁的情绪状态时,更容易因为一件小事,而无限放大自己的负面情绪,从而继续产生悲观、失望的情绪,如此反复,状态越来越差,严重时还会影响到自己的正常生活。

3.动机功能

情绪具有激励作用,指情绪对人的活动起发动、促进和调控的作用。适度的情绪兴奋,可以使身心处于活动的最佳状态,进而推动人们有效地完成任务。有时我们会努力去做某件事,只因为这件事能够给我们带来愉快与喜悦。甚至有时适度的紧张和焦虑可以成为我们的行为动力,使人积极思考,解决问题。情绪对内驱力有放大信号的作用,成为驱使人们行为的强大动力。如在火灾现场,想到其严重的后果会感到害怕,于是就产生了强大的驱动力量,使自己赶紧逃离现场。

4.健康功能

作为心理因素的重要组成环节,情绪同身体健康密不可分的关系早已得到人们的关注与认可。情绪调节的好坏与身心健康之间有着直接的关联。

情绪对健康的影响作用是众所周知的。积极的情绪有助于身心健康,消极的情绪会引起人的各种疾病。我国古代医书《内经》中就有"怒伤肝,喜伤心,思伤脾,忧伤肺,恐伤肾"的记载。调查数据表明,有许多心因性疾病与人的情绪失调有关,例如头痛、高血压、乏力等。一项长达30年的调查研究发现,情绪与健康有着极大的关联,年轻时性情压抑、焦虑和愤怒的人患结核病、心脏病和癌症的比例是性情沉稳的人的4倍。

曾经有人说:"一个小丑进城,胜过一打医生。"这句话非常形象地说明了情绪对人身体健康的影响。法国化学家法拉第患了神经衰弱症,发病时不能工作,不能休息,痛苦不堪。他虽遍访名医,但治疗效果不佳,病情越来越重。当他一筹莫展之时,一位朋友对他说:"一个小丑进城,胜过一打医生。"于是,他一有时间就去马戏团看小丑表演。自此,法拉第的病情奇迹般地一天天好转。不知什么时候,他发现病完全好了。

因此,我们应该理性地看待情绪,情绪本身是人人都有的心理现象,不能用好和坏去评判情绪。有很多人误认为情绪是不好的,其中的原因除了是社会化过程的结果之外,也许从小在家就被教导"不可以生气""不可以哭""再哭就打你""男孩子有什么好怕的"等。还有的也是观察学习所致,例如看到别人因为表现情绪被家人、师长惩罚或遭到同学嘲笑的情形,或者看到他人生气或恐惧表现出失控的行为。因此,不由自主地就觉得情绪是不好的,只能表现快乐,其他的情绪都是不能被接受的。其实我们常将情绪与情绪表达混为一谈,所以才对情绪有所畏惧。真正有问题的不是情绪本身,而是情绪表达出了问题。

问题解决

一、出现情绪问题,是我太"脆皮"了吗?

(一)高职学生的情绪特征

1.情绪的丰富性与差异性

高职学生的情绪是丰富的。从生理发展分段的角度出发,高职学生处于青少年时期,情感丰富且强度不一,青少年时期的情绪感知与情绪表达都较为强烈,例如悲伤、难过、失望、绝望等情绪往往来得快且急促。从自我意识发展的角度出发,高职学生处于自我意识逐渐完善的阶段,这个阶段的他们往往会表现出比较强烈的自我尊重与自我体验的发展需要,更容易产生自负、自卑等情绪体验。从人际交往的角度出发,高职学生的人际交往范围较之以前有所扩大,有同学、室友、老师等不同身份角色的人,交往形式也更加多样化。部分高职学生还开始体验一种更为深刻的情感——恋爱。对于青少年阶段的高职学生而言，恋爱活动往往也伴随着更为深刻的情感体验。因此，在情绪体验上，高职学生的情绪呈现出丰富多彩的特征。

高职学生的情感不仅具有丰富性的鲜明特点，还具有一定的差异性。不同年级、不同性别的学生，情绪体验差异性较大。比如，大一的高职学生刚进入大学生活，对一切充满了好奇，进入全新的大学环境，会希望迅速融入和适应新的环境，加之大一新生会有着各种各样、丰富多彩的社团活动与教育体验活动，使得大一新生往往应接不暇，甚至开始会衍生出"每天不知道在忙什么"的迷茫和无助。但从整体出发，大一的新生在克服最初的适应问题后，整体会呈现出较为积极乐观的情绪体验。进入大二，已经逐渐适应了校园生活的高职学生，情绪表现较为稳定。这时高职学生会将精力放在个人未来发展的考虑上，独立性和主动性都有了较大程度的发展，大二期间的"考证热"就是一个典型的现象。与此同时，有的学生会在进入二年级后开启一段恋爱，这期间情绪情感的反应也会比较强烈。到了三年级，高职学生开始面临未来的抉择，大部分同学在此阶段会关注自己未来的抉择，对就业、升学、征兵等个人选择有着更为深层次的考虑，情绪比较多样化，可能会充斥着焦虑、不安、喜悦、兴奋等多种情绪。

2.情绪的稳定性与波动性

随着年龄的增长，高职学生的认知水平不断提高，对外部世界的改变会逐渐趋于冷静与理智，对自己的情绪已有了一定的控制能力，情绪亦趋于稳定。在此阶段，"遇事沉着冷静""冲动是魔鬼"等想法会占到主导地位。但高职学生情绪情感的稳定性是相对的。尽管他们在对事物的认识上表现出了理智性的态度，但由于自我认知、生涯发展及心理发展还未成熟，在面对特殊情境及行动时，他们的情绪起伏仍然较大。有时甚至一个善意的陌生人微笑、一首久违的老歌、一段感人的短视频，都有可能导致情绪发生变化。情绪的反应摇摆不定、跌宕起伏。高职学生情绪的稳定性与波动性是并存的，这也正是青年人情绪特点的重要体现。

3.高职学生情绪的冲动性与爆发性

心理学家霍尔认为青年期处于"蒙昧时代"向"文明时代"演化的过渡期，其特点是动摇的、起伏的，他把这一时期称为"狂风暴雨"时期。尽管高职学生随着年龄的增长与阅历的丰富，开始能够逐渐控制住自己的情绪，但他们的心智仍处于不断发展的过程中，年轻气盛、心绪敏感。在特定的情境下，情绪非常容易被激发，且犹如急风骤雨一般不顾后果，带有很大的冲动性。

高职学生的情绪反应往往与自身的认知也有着极大的关联。对于符合自己观点和想法的事件时会给出强烈的肯定情绪，对于不符合自己观念和想法的时间则会迅速给出否定情绪。情绪来得快,平息得也快。

大学生情绪的冲动性常与爆发性相连。由于高职学生处于成长的特殊时期,一旦出现某种强烈的外部刺激,情绪反应往往来得非常急促,甚至会突然爆发,以至于有时候一个平日活泼开朗的高职学生会出现失去理智的行为,甚至产生破坏性的后果。比如自己关心的球队踢输了一场比赛,他们就有可能情绪爆发,摔砸东西,与其他同学产生口角之争,甚至打架。

4.高职学生情绪的外显性与内隐性

高职学生对外界刺激反应迅速、敏感,喜、怒、哀、乐常形于色,情绪表达比起成年人更加外露和直接;但比起中小学生,高职学生又会隐藏或抑制自己的真实情绪,表现出内隐、含蓄的特点。一般而言,高职学生的很多情绪是一眼就能看出的,如参加活动获得了一等奖或者考试得了第一名,马上就能喜形于色。

不过,由于高职学生思维逐渐独立、自尊心得到一定发展,他们的情绪表达开始逐渐隐藏。尤其是在一些特定场合之下,有部分高职学生会隐藏自己的情绪体验,表现出内隐的特点。比如对于恋爱发展、择业选择等具体问题时,他们往往会隐藏自己的真实答案。这种内隐性一方面体现了高职学生心智的不断成熟,同时也体现了高职学生内心有着更为深刻的情绪体验。

(二)高职学生产生情绪困扰的原因

1.学业压力与就业压力

高职学生专业课学习基本上集中在前两年,课程多、任务重,加上考试压力和成绩评价的影响,使得部分学生在学业上承受较大的压力。此外,由于高校的课程设置和教学方法与高中不同,很多学生需要适应新的学习方式,但是一些学生难以适应这种变化,导致学习成绩不理想,从而也有可能引发学业压力。

随着社会竞争的加剧与经济发展的转型,高职学生在毕业后面临着激烈的就业竞争。面对未来的职业选择和就业前景的不确定性,迷茫情绪加重。不少高职学生担心自己无法找到满意的工作,又或者担心找到的工作不能满足自己和家人的经济需求,这些不安和焦虑也会引发高职学生的情绪困扰。

2.人际关系困扰

高考结束后,高职学生会进入一个全新的高校生活环境。高校是一个充满各项人际交往活动的地方,学生们需要适应新的人际关系,如师生交往、生生交往、恋爱交往等。在高校里如何经营人际关系是每一个高职学生必须面对的问题,他们可能面临来自他人的挑战与冲突,以及交往不畅所带来的孤独感,从而导致心理压力出现,出现情绪困扰。

3.社会观念与期望

社会期望高职学生具备良好的专业技能,有能力适应复杂多变的职业环境。但随着经济的发展,市场竞争日益激烈,雇主更加注重员工的实际能力。因此,高职学生需要通过实习、实践等方式提升自己的就业竞争力,积累实际操作经验。同时,社会还期望高校毕业生具备较好的综合素质和创新能力。除了专业技能,还应具备一定的团队合作能力、沟通能力以及创新思维。这种来自社会的期望和观念会让高职学生感到一定的心理负担,这种心理负担也会导致他们产生抑郁和焦虑的情绪困扰。

4.个人原因与家庭原因

在大学就读期间,许多高职学生需要适应新的环境,面对分离和孤独。对某些学生来说,他们需要处理家庭问题,如家庭冲突、亲密关系问题等。而在现代社会中,因为城市化进程加快,很多学生在家庭地位、人际关系等方面的压力增加,也会导致心理困扰的出现。甚至有些学生在家庭存在亲子关系紧张、家庭暴力等问题,这些问题都会对学生产生不良影响,导致不良情绪的出现。

事实上,高职学生产生情绪困扰的原因是多方面的。高职学生本身存在的情绪特征有冲动性、爆发性、波动性的一面,这类特征容易引发一定的情绪问题。同时,高职学生的价值观念、心理认知等各方面还处于不断发展和完善的过程中,在面对新的学习环境、新的学习方式、理想与现实的冲突、人际关系与恋爱问题等多方问题时,由于认知的偏差、心智的不成熟都会引发一定的情绪问题。产生情绪问题也并不是一件难以解决的难题,采用合适、恰当的方法都能帮助我们解决情绪困扰。

(三)高职学生应对情绪困扰的一般办法

1.接受情绪

在了解完情绪的概念、特点、功能后,我们需要明白的一点就是情绪的产生是非常正常的,无论是正向的情绪还是负向的情绪,我们每个人都会经历。不要抑制或否定自己的情绪,而是接受它们的存在,并理解它们是你内心的一部分。

2.倾诉和寻求支持

与信任的人分享你的情绪和困扰,可以帮助你减轻负担,获得情感上的支持。朋友、家人或专业的心理咨询师都可以成为你倾诉的对象。

3.自我关怀

在面对情绪困扰时,要学会关爱自己。给自己一些时间和空间来放松和恢复,做一些让自己感到愉悦的事情,如阅读、听音乐、散步等。

4.保持健康的生活方式

保持健康的生活方式对处理情绪困扰至关重要。充足的睡眠、健康的饮食和适度的运动可以提高身体和心理的抵抗力,帮助你更好地应对情绪困扰。

5.寻找喜悦和乐趣

寻找一些让你感到快乐和满足的活动,如兴趣爱好、运动、艺术创作等。这些活动可以分散注意力,改善心情,帮助你更好地处理情绪困扰。

6.寻求专业帮助

如果你发现自己无法有效处理情绪困扰,或者情绪持续时间较长且影响到日常生活,不要犹豫,去寻求专业心理咨询师的帮助。他们可以提供专业的指导和支持,帮助你走出困境。

二、"深夜网抑云",我们可以怎么做?

(一)高职学生常见的情绪困扰

高职学生的情绪问题,一般是指某一情绪发生的频度和强度过大时,引起情绪之间、情绪与认知及人格适应性的冲突,并加重负性情绪的反应。情绪问题一方面会导致高职学生出现个人状态不佳、自制力降低、学习效率减弱、自我效能感降低等问题,严重时甚至还会导致心理障碍与心理疾病。另一方面,情绪问题又会降低高职学生的免疫功能,导致消化、泌尿、心血管等各种疾病。因此,我们应该正确认识高职学生容易出现的情绪困扰。一般而言,高职学生有以下常见情绪问题:

1.冲动

冲动情绪是指我们的个人行为完全被情绪所支配,而对于事物的正确认知被弱化。高职学生正处于青年时期,很容易产生冲动的情绪。比如说,当我们在生活中遭受了不公待遇,随之感受到愤怒,进而有了"拍桌子"的冲动,尽管在我们的认知水平里,"拍桌子"解决不了问题,但是在情绪的支配下,当下来不及作出判断。这种冲动能使当事人当前的需求得到满足,获得一种补偿感,但事后通常会后悔。

2.嫉妒

嫉妒是指他人在某些方面胜过自己引起的不快甚至是痛苦的情绪体验。高职学生的主要活动区域集中在校园环境中,接触人群多且多为同龄人,同学之间会在学习成绩、家庭背景、身高长相等方面进行比较,由此会引发嫉妒心理,成为高职学生成长发展中的绊脚石。高职学生正处于成长发展的关键时期,对于心智尚未成熟的部分高职学生来说,同龄人之间的竞争与比较所引发的嫉妒情绪难以调适,当发现自己在某些方面不如其他同学时,会产生不愉快、焦虑、怨恨等情绪体验,同时伴随着一定的屈辱感、羞耻感、自卑感、负罪感等。

3. 自卑

自卑是由于个体对自己的能力和评价过低而产生的一种消极的心理现象,其中伴随着害羞、焦虑、内疚等消极的情绪体验。自卑心理是如何产生的呢?一部分人的自卑感源于某方面的缺陷,如身体残疾、智力缺陷等。但存在高职学生中的自卑心理大多来源于消极的自我概念。自我概念是指一个人对自己的认知和评价,积极的自我评价有:"我一定可以做到某件事情""我是一个不怕挑战的人"等。但自卑的人通常会通过"我担心会……""我感觉我没有能力做到……"这些对话来否定自己,进行否定的自我暗示。这种带有贬低性的倾向往往容易导致一个失败的结果,而失败的结果又反过来继续强化消极的自我暗示,进一步加深自卑心理。一个人的自卑心理会对一个人的人际交往活动、生活、工作等各方面产生不良的影响,阻碍其真实能力的发挥与自我价值的实现。

4. 焦虑

焦虑是十分常见的现象,是一种类似担忧的反应或是自尊心受到潜在威胁时产生担忧的反应倾向,是紧张、害怕、担忧等混合的情绪体验。焦虑是高职学生常见的情绪状态,在高职学生面对重要考试、就业选择、重大比赛等重大事件时,通常都会产生这种体验。

焦虑对高职学生的影响是双重的,既可以促进高职学生成长成才,也可能起阻碍作用。实验证明,中等焦虑能使学生保持适度的紧张状态,注意力高度集中,促进学习。但过度焦虑会对学生带来不良的影响。

5. 抑郁

抑郁是人类心理失调最常出现的问题之一,也是每个人在其生命历程中都会或多或少感受到的一种不良情绪。在情绪上往往比较低落,闷闷不乐、郁郁寡欢,做什么事情都提不起兴趣;在认识上自我评价不高;在学习上缺少信心及主动性,成绩下降;在身体上出现疲惫感、食欲减退、体重下降及记忆力差、失眠、多梦等;个别出现躁狂发作,严重者可出现幻觉、妄想等精神病性症状,甚至出现轻生念头。

高职学生处于人生发展的关键时期,抑郁心境及抑郁症都极大地影响着他们的身心健康,破坏着他们的学习成绩及社交能力。关注高职学生抑郁、心理健康,让高职学生接受积极的心理健康教育,引导他们正确面对所遭遇的心理抑郁危机具有非常重要的现实意义。

6. 冷漠

冷漠是指人对外界刺激缺乏相应的情感反应,对生活中的悲欢离合都无动于衷。冷漠的产生与个体的成长经历、成长环境和个性特征有关。一些家庭教育或家庭条件不良的同学有可能产生冷漠。比如有些学生自我学习动力不足,缺乏理想追求,感觉生活无聊或者自认为怎么努力都无法改变生活现状,于是导致"空心病"进而感到绝望。这种类型的学生往往独来独往,不愿意参加集体活动,也不关心身边发生的大小事。

7.压抑

大学时期是情感最丰富强烈的时期,同时也是一个充满压力和冲突的时期。情绪的压抑也是高职学生中常见的情绪问题。相当多的学生常常感到自己的情感不能得到尽情倾诉。这种感觉有些是由自己意识到的原因引起的,而有些则是自己也不知道的,只觉得自己有一种不满、烦恼、空虚、寂寞、孤独、苦闷、疑惑的感觉。社会经济发展处于转型的阵痛期,社会竞争压力加剧,加之信息化时代下,高职学生比较容易获取大量信息,但对于信息进行加工"取其精华"的能力又存在不足,因此容易造成心理认同上的偏差,产生压抑情绪。

(二)应对情况困扰的有效方法——情绪ABC理论

1.基本理论

情绪 ABC 理论认为激发事件 A(activating event)只是引发情绪和行为后果 C(consequence)的间接原因,而引起 C 的直接原因则是个体对激发事件 A 的认知和评价而产生的信念 B(belief)。[①]

即人的消极情绪和行为障碍结果(C),不是由于某一激发事件(A)直接引发的,而是由于经受这一事件的个体对它不正确的认知和评价所产生的错误信念(B)所直接引起的,错误信念也称为非理性信念。这个理论认为激发事件(A)只是引发情绪和行为后果(C)的间接原因。而引起 C 的直接原因,则是个体对激发事件 A 的认知和评价而产生的信念 B。即人的消极情绪和行为障碍结果(C),不是由于某一激发事件(A)直接引发的,而是由于经受这一事件的个体对它不正确的认知和评价所产生的错误信念(B)所直接引起。(图7.1)

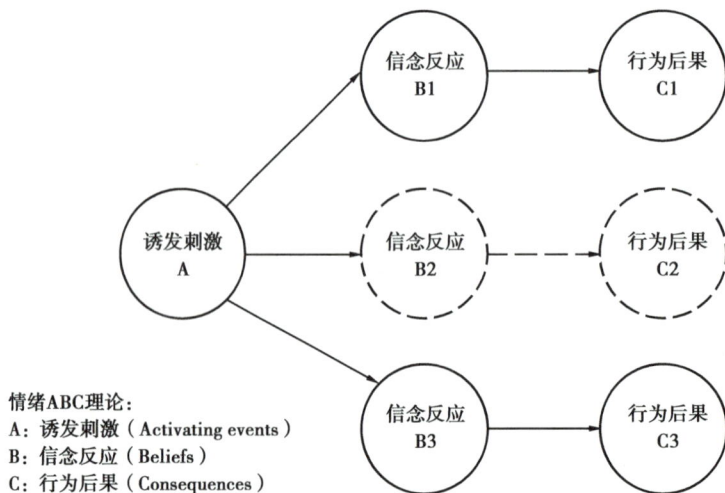

图7.1　情绪ABC理论模型

①陈晓楠.合理情绪疗法在高校大学生情绪管理中的应用[J].智库时代,2019(22):227-228.

当发生了一起事件,比如说梅雨天一直下雨,天气潮湿(A),当你秉持"鞋子都得打湿了,还得撑伞真麻烦"的想法(B),那么就会产生"沮丧,不想去上课"的结果(C)。当你秉持"幸好这会儿在下雨,不然六月份的天气多热呀,下点雨还比较凉爽"(B),那么就会产生"心情平静,安心去上课"的结果(C)。当你秉持"刚刚恋上自己的男神,去上课就可以见到他啦"(B),那么就会产生"心情愉悦,盼着去上课"的结果(C)。所以,真正影响你情绪的并不是发生的事件,而是你心里怎么去看待这件事情的想法。

2.情绪ABC理论在调节情绪中的运用

情绪ABC理论在实际操作过程中,主要分为三步:第一步,进行诊断。首先,我们需要明确目前情绪中的ABC,一般认为,人的不合理信念(B)主要有三个特征:绝对化要求、过分概括化和糟糕至极。第二步,感受领悟。我们需要明确存在的情绪困扰是由于自身所存在的不合理信念所导致的,对于这一点,我们是可以进行合理改变的。第三步,合理调整。通过调整想法来帮助自己摒弃不合理信念,从而调整情绪。

现以高职学生常见的情绪困扰诱发事件为例详细说明,A即激发事件,如:

(1)高考成绩不理想,来到自己不满意的大学。

(2)期末考试挂科。

(3)与老师起争执。

(4)失恋。

在上述四件事情中,高职学生会容易产生以下一些不合理信念,即B:

(1)"上了职校,以后一定前途渺茫""一定要有双一流高校的本科文凭才有前途""没有好的学历我这辈子都毁了"。

(2)"期末考试挂科,别人会说我不行""连期末考试都挂科,我真的太差劲了"。这类想法属于比较典型的过分概括化的观念,这是一种以偏概全不合理思维方式的表现,常凭借某一件事或某几件事来评价自身或他人的整体价值。

(3)"我和老师顶嘴了,我以后没有好日子过了""老师一定会为难我的!"这类想法是将一件普通的小事联想到糟糕至极的结果,甚至是一场灭顶之灾。这属于糟糕至极的不合理信念。

(4)"我那么爱他/她,他/她也应该像我爱他/她那样爱我""分手了,我的一切都没了"。这类想法属于绝对化要求的不合理信念,有的同学往往以自己的主观意愿为出发点,当某些事物的发生与自己对事物的绝对化要求相悖时,自身就会感到难以接受和适应,从而产生情绪困扰。

想要利用情绪ABC理论去调整自己的情绪,那么我们需要做的就是与自己存在的不合理信念进行辩论从而建立新的合理信念。通过对不合理信念进行一步步推理,最后引出谬误观点,我们就能意识到自己先前所依持的信念是不合理的,一些负面情绪相应地也能得到缓解。通过表7.1,我们能更好地理解该理论的应用过程。

表7.1　情绪ABC理论的应用示例

事件(A)	想法(B)	伴随的情绪(C)	新想法(B2)	伴随的新情绪(C2)
高考成绩不理想,来到自己不满意的大学	没有好的学历,我这辈子都毁了	失望、愤怒、忧伤	文凭并不能代表一切,新生活、新学校、新起点,努力进步	平静、平和
期末考试挂科	连期末考试都挂科,我真的太差劲了	心情不好,压力很大	说明我的方法有问题,我应该在学习方法上改进	找出问题所在,改进学习方法
与老师起争执	我和老师顶嘴了,我以后没有好日子过了	担心、紧张、害怕	我应该跟老师再好好沟通一下,将误会解释清楚	积极主动寻求解决办法
失恋	分手了,我的一切都没了	伤心、难过、抑郁	恋爱只是生命的一部分,不代表全部	调整自己,总结经验
奖学金落选	一定有黑幕,我就知道自己评不上	愤怒、生气	我得搞清楚落选的原因是什么,继续加油,争取下次再来	搞清楚缘由,找出不足所在,并不断改进自己
与室友吵架	室友根本就不懂得尊重和理解,他/她太差劲了	生气、难过、失望	不管别人怎么样,我不应该失了分寸,得理性平和地解决问题	采用平等沟通的方式解决问题,生气解决不了问题
未来何去何从	我一个专科学历,到底以后能干吗呢	迷茫、焦虑、烦躁	想办法问问老师与学长、学姐,看看如何进行职业规划	积极寻找发展的道路和方向,再有针对性地努力

三、情绪可以管理吗?

学习自我情绪管理是高职学生心理健康的表现之一。对于高职学生而言,利用思政课的学习、合理运用相关理论与实操心理知识、校园文化活动的氛围熏陶、朋辈的关心辅导等都可以进行合理的情绪管理,这对高职学生职业发展、人际关系、社交场合等各方面都有着有利影响。

比如说,在学习方面,当高职学生遇到学习困难、职业资格证书考取抉择等问题时,保持情绪稳定以及积极向上的乐观心态都能对学习效果起到助力作用。当然,适当的情绪焦虑也能在某些程度上促进学习效果。在生活方面,在与老师、同学的交往过程中,多与人为善,放松心态,遇到困难积极向老师及好友求助,会使自己的生活更加轻松。大学时期是进行人格培养、价值塑造的关键时期,高职学生在自我成长的过程中保持积极乐观的心态,面对挫折时能够积极地进行自我调节,消除或者减轻在遭遇压力和挫折时所产生的消极情绪,可以帮助我们在未来人生发展道路中合理面对挫折与困难,进行积极的情绪管理与情绪调节,帮助我们更好地实现人生目标,拥有更美好的生活。下面将为大家介绍进行合理情绪管理的方法,以更好地帮助大家。

(一)情绪智力及其培养

情绪智力理论概念是由美国心理学家P.萨洛维(P.Salo-vey)和J.梅耶(J.Mayer)以认知心理学、情绪心理学及教育学为基础提出的。[①]

情绪智力(Emotional Quotient,EQ)又称为情感智商,是一个人发掘情感潜能,运用情感能力影响生活各个层面和人生未来的关键品质,是一个人重要的生存能力。总体来说,人的情商可概括为五大能力。

(1)认识自己情绪的能力:及时觉察自己的情绪并了解产生的原因。

(2)管理自己情绪的能力:能够让自己在强烈的负性情绪中冷静下来并控制刺激情绪的源头。

(3)激励自己的能力:及时调整自己的情绪,按照自己的目标,增强意志力与创造力。

(4)识别他人情绪的能力:根据他人的不同情绪,做出适当的回应。

(5)人际关系处理的能力:这是指管理他人情绪的艺术。一个人的人缘、人际和谐程度都和这项能力有关。

个体在对情绪的认识基础上可以进行有效的控制,良好的情绪智力不仅能够使个体拥有更多积极的情绪体验,更能激发个体营造使人产生积极情绪体验的社会环境、获得群体信任并适应社会生活。因此,对高职学生情绪智力的开发和积极引导对他们良好个性的形成和身心健康发展至关重要。

情绪智力是可以进行培养的。培养方式大多使用做讲座、看视频、角色扮演、写日记等方式进行,也有将沙盘疗法与情绪智力培养相结合,取得了很好的效果。以角色扮演为例,参与者身处提前设置好的虚拟环境中,根据特定的故事情境将不同的人物角色演绎出来,在演绎的过程中,体验角色的心理状态和处事方式,通过这种沉浸式体验式学习来学习共情、理解他人。

对于高职学生而言,我们还可以通过积极参与心理辅导、开展社团活动、参加社会实践锻炼等多种方法促进情绪智力的提高,在参加活动中充分识别自己的情绪特点,拓宽自己的思维广度,增强思维的灵活性,提高与人交往合作的能力。

(二)学习自我情绪管理

高职学生在学习自我情绪管理时,要做到以下几点:

① 孙敏,刘宇华,王宝英.大学生情绪智力与生涯适应力的关系:成就动机的中介作用[J].科教导刊,2023(30):156-158.

1.感知情绪

通过表情、动作、语调去感受他人的情绪变化,同时还要感觉到自己的情绪变化。当消极情绪出现时,我们可以先反问一下自己"我为什么觉得烦闷""我为什么这么消极""我为什么觉得一切了无生机",通过反问先找出自己的问题,再去寻求方法解决问题。因为只有自己才是最了解自己的,寻求合理的方法帮助自己,保持积极乐观的情绪能够帮助我们更好地面对生活中的挫折与困难。在学会感知自我情绪、分析情绪源头后,就会发现,自己可以简单地控制自己的情绪,而这一过程,也是帮助我们提高自己心理健康水平的一个过程。

2.表达情绪

在人际交往过程中,我们需要在恰当的场合、合适的时机表达自己的情绪,通过外在情绪的表现,让别人了解自己的情绪状态。在交往过程中,可以增强相互的了解并改善彼此的关系。正确的情绪表达可以帮助你获得良好的人际交往,而错误的情绪表达,可能会带来更多的误解和防备。所以,学会表达自己的情绪,让他人了解到自己想要传达出的态度是十分重要的。

3.调节情绪

当学习生活压力过大时,可以选择合适的方式去调节情绪、减轻压力,而非默默承受,憋在心里。建议通过ABC情绪理论、肢体、语言等方式,发泄心中的消极情绪,实现压力的转移。例如听音乐、向朋友倾诉、歌唱喜欢的歌曲、找个空旷的地方大声喊叫,都可以帮助舒缓心中的压力,选择一种适合自己的方式去释放压力。

(三)利用学校心理健康系统资源、朋辈进行心理辅导

一般而言,各大高职院校都会有自己的心理健康工作系统,表现形式多为成立心理健康中心。心理健康中心负责全校"心理健康教育"课程编排、全校师生的心理健康普查及心理咨询,开展全校的专题讲座与报告,编印心理健康教育资料等,功能齐全,资源丰富。高职学生可以利用学校此类资源合理进行情绪抒发,提高情绪管理能力。尤其是在长期情绪低落的情况下,在自我调节收效甚微的情况下,及时寻求学校心理健康中心专业老师的帮助,能够帮助大家更好地解决目前所遇到的情绪困惑。

朋辈心理辅导指的是在大学生遇到心理问题时,通过年龄相当的非专业心理工作者对其给予心理开导、安慰和支持,提供一种具有心理辅导功能的帮助。朋辈心理辅导的主体是与学生相同年龄阶段的个体,他们具备相近的价值观念、经验、生活方式,这些相同点能够帮助高职学生放下心理防线,积极通过他人帮助对情绪进行有效调节,更加有效地解决情绪问题,合理进行情绪调节。

拓展阅读

开学一星期了,小超已经适应了大学生活。他习惯早起健身,进入大学也不例外。清晨的好天气,是他一天好心情的来源。

伴随着熹微的晨光,小超起床了。舍友们都还在睡觉,他小心翼翼地收拾完床铺,拿起杯子准备放到书包里,却发现盖子没拧紧,水溅得到处都是,慌乱之下,小超把水杯摔在了地上,动静大得不得了……

小超有些怔住了,他随即捡起杯子,连忙把地面收拾干净。此时,舍友王杰掀开帘子,睡眼惺忪地望着他。小超满脸歉疚,他知道王杰刚刚来到陌生的环境,晚上有些睡不好,这几天都靠上午补眠,而自己却那么莽撞,把他吵醒了……

小超正想着怎么和王杰道歉,但王杰先一步开口了:"没事没事,别放在心上,反正我一般也是这个时候醒的!"王杰看出小超仍然很愧疚,便起身拍了拍小超的肩膀,用轻松的语气说道:"这样吧,你中午帮我带个饭? 就一笔勾销了!"小超这才松了口气,绽开了笑容,说道:"好,你想吃什么我帮你带。"

一见如故、彼此投缘的朋友固然难得,但能在相处中发现对方的宝藏之处,也十分可贵。也许你的舍友和你不在一个频道上,但朝夕相处下,也会慢慢诞生一段美好的友谊。人际交往的过程中,合理恰当地控制住情绪,向他人表达出善意,同样也能收获他人的友好反馈。

实操练习

一、案例分析

有一个年轻人失恋了,一直摆脱不了失恋的打击,情绪低落,已经影响到了他的正常生活,他没办法专心工作,因为无法集中精力,头脑中想到的就是前女友的薄情寡义。他认为自己在感情上付出了,却没有收到回报,自己很傻很不幸。于是,他找到了心理医生。心理医生告诉他,其实他的处境并没有那么糟,只是他把自己想象得太糟糕了。在给他做了放松训练、减少了他的紧张情绪之后,心理医生给他举了个例子。

医生说:"假如有一天,你到公园的长凳上休息,把你最心爱的一本书放在长凳上,这时候走来一个人,径直走过来,坐在椅子上,把你的书压坏了。这时,你会怎么想?"年轻人回答:"我一定很气愤,他怎么可以这样随便损坏别人的东西呢? 太没有礼貌了!""那我现在告诉你,他是个盲人,你又会怎么想呢?"心理医生接着耐心地继续问。"原来是个盲人。他肯定不知道长凳上放有东西。"年轻人摸摸头,想了一下,接着说:"谢天谢地,好在只是放了一本书,要是油漆或是什么尖锐的东西,他就惨了!""那你还会对他愤怒吗?"心理医生问。"当然不会,他是不小心才压坏的嘛,盲人也很不容易的。我甚至有些同情他了。"

心理医生会心一笑:同样的一件事情——他压坏了你的书,但是前后你的情绪反应却截然不同。你知道为什么吗? 对事情不同的看法,能引起自身不同的情绪。很显然,让我们难过和痛苦的,不是事件本身,而是对事情的不正确的解释和评价。简而言之:情境不可控,但观点可以改变;情绪随观点的改变而改变。

请使用情绪ABC理论分析此案例。

二、自测与思考

《凯斯勒心理困扰量表》。以下是一些询问你情绪的问题。回答每一个问题时,请选择最能描述这种情绪出现频率的选项:全部时间(5分)、大部分时间(4分)、一部分时间(3分)、偶尔(2分)、无(1分)。

1.过去一个月,你有多少时候感到无法解释的精疲力尽?(单选)

(1)全部时间

(2)大部分时间

(3)一部分时间

(4)偶尔

(5)无

2.过去一个月,你有多少时候感到紧张?(单选)

(1)全部时间

(2)大部分时间

(3)一部分时间

(4)偶尔

(5)无

3.过去一个月,你有多少时候感到太紧张以至于什么都不能让你平静下来?(单选)

(1)全部时间

(2)大部分时间

(3)一部分时间

(4)偶尔

(5)无

4.过去一个月,你有多少时候感到绝望?(单选)

(1)全部时间

(2)大部分时间

(3)一部分时间

(4)偶尔

(5)无

5.过去一个月,你有多少时候感到不安或烦躁?(单选)

(1)全部时间

(2)大部分时间

（3）一部分时间

（4）偶尔

（5）无

6.过去一个月,你有多少时候感到太过不安以至于静坐不能?(单选)

（1）全部时间

（2）大部分时间

（3）一部分时间

（4）偶尔

（5）无

7.过去一个月,你有多少时候感到沮丧?(单选)

（1）全部时间

（2）大部分时间

（3）一部分时间

（4）偶尔

（5）无

8.过去一个月,你有多少时候感到太沮丧以至于什么都不能让你愉快起来?(单选)

（1）全部时间

（2）大部分时间

（3）一部分时间

（4）偶尔

（5）无

9.过去一个月,你有多少时候感到做每一件事情都很费劲?(单选)

（1）全部时间

（2）大部分时间

（3）一部分时间

（4）偶尔

（5）无

10.过去一个月,你有多少时候感到自己无价值?(单选)

（1）全部时间

（2）大部分时间

（3）一部分时间

（4）偶尔

（5）无

测评结果说明:

19或以下	你的心理状态好像还不错
20~24	你可能有轻度的情绪困扰
25~29	你可能有中等程度的情绪困扰
30或以上	你可能有严重的情绪困扰

注意事项:凯斯勒心理困扰量表(K10)只是一个筛查工具,其目的是让我们概略了解自己的情绪状况,评估结果仅供参考,并不能视为或等同由医护专业人员所诊断的精神疾患。

三、请判断以下描述是否正确

情绪管理跟压力管理是相同的。 □对 □错

大自然对情绪的调节非常重要。 □对 □错

产生不良情绪一定是有心理问题。 □对 □错

在ABC理论中,最关键的部分是A。 □对 □错

保证充足的睡眠和合理的运动对情绪调节作用不大。 □对 □错

情绪智商的第一步是识别情绪。 □对 □错

呼吸、心跳、血压及大脑皮层激活的变化属于情绪的生理唤醒。 □对 □错

某种情绪体验可能是由人们的错误认知归因导致的。 □对 □错

人与人之间的尴尬情绪具有交流的功能。 □对 □错

小结提升

学习目标

· 掌握情绪的概念、构成、功能。做到正确认识情绪。

· 了解高职学生情绪特征及常见情绪问题、行为表现。

· 掌握并学会使用情绪ABC理论。

· 提高管理情绪能力,正确认识和处理学习、生活及工作中的情绪困扰,保持乐观心态。

学习要点

- 情绪是人对客观事物是否符合满足自己的需要而产生的一种体验,产生情绪的基础和源泉是需要。
- 情绪是主观意识经验;情绪与需要有连带关系;情绪状态不易自我控制;情绪都有外在独特的表达。
- 情绪具有一定的信号、组织、动机、健康功能。
- 情绪有其独特的价值和意义,没有好坏之分。情绪是一种提示,提醒我们关注情绪背后的需要。
- 高职学生常见的情绪困扰有:冲动、嫉妒、自卑、焦虑、抑郁、冷漠、压抑。
- 情绪ABC理论可以调节长期存在的情绪困扰,通过发现、挑战、替换困扰情绪背后的不合理信念,来建立积极情绪。

主题八　做个受欢迎的人
——人际交往

【案例分析】

校园里的"独行侠"

　　皓宇总是独来独往,同学们对他的印象大都停留在"那个总是独自行走的人"上,他就像大学校园中的"独行侠",似乎对校园生活中的团体活动和社交圈子并不感兴趣。上课独自一人坐在教室的一角,课堂讨论中也鲜有发言,课后作业能不做就不做;在宿舍里,不愿与同学交流,不是坐在电脑前打游戏,就是躺在床上玩手机游戏。

　　在最近的一次主题班会活动中,他再次缺席了,班长联系不上他,便将此事告诉了辅导员,辅导员担心皓宇的安全,便和班长一起到宿舍去找他,发现他独自一人在宿舍打游戏。辅导员问他为什么不参加班级活动,他沉默不语。

　　后来,辅导员也找皓宇谈过几次话。每次面对面谈话,皓宇话语很少,露出不自然的笑容,说到一些具体问题时总是在叹气。辅导员与皓宇的父亲联系,他的父亲道出了皓宇问题产生的根源:

　　皓宇的父母在他很小的时候就外出打工,聚少离多。皓宇上大学后,每个月与父母联系一次,也仅限于要生活费。父母亲对皓宇的关心更多体现在物质要求的满足上,缺乏对他的精神关爱。皓宇在初中时就迷上了手机游戏,并从此一发不可收拾,沉迷其中,成绩直线下滑,产生了厌学情绪,上大学是家里的意思,他本人并不想读书。因为长期与爷爷奶奶一起生活,隔代的差距让皓宇越发寡言少语,他觉得"说了理解不了,倒不如不说",久而之,皓宇越来越不喜欢袒露心声,对家人如此,对外人的沟通交流更缺乏信任。

　　慢慢地,皓宇成为行走在大学校园里的"独行侠"。

分析

校园里的"独行侠"通常指的是那些更倾向于独自行动,较少参与集体活动和社交的学生。皓宇的情况其实并不罕见,很多大学生在面对新的环境和人群时,都会感到不适和焦虑,背后往往有多重原因,如成长经历、个人性格、兴趣爱好、社交焦虑等。有些人可能因此选择逃避,宁愿独处也不愿面对人际交往的压力。对于当代大学生而言,长期的独处可能导致他们错过建立人际关系的机会,从而社交能力下降,影响个人的心理健康和未来的社会适应能力。

一、交往传递的信息——人际交往

"'交往'一词源自拉丁语'Communis',原意是指通常的、共同的,英文中的'Communication'就是从拉丁语'Communis'一词演变而来,其内涵不仅有交往之意,还有信息、交流、交通、传播等多种意蕴。《辞海》解释'交往'就是'交际往来',从心理学的角度来看,'交往'就是指人与人之间的心理接触、直接沟通,并通过交往使交往双方达成一定的认知。"[1]

"人际交往是指个体通过一定的语言、文字或肢体动作、表情等表达手段将某种信息传递给其他个体的过程。"[2]通过人际交往形成的人际关系是社会关系的重要组成部分,包括亲属关系、朋友关系、同学关系、师生关系、雇佣关系等。

"人际交往能力则定义为个体在与他人进行交往时,表现出一定的技巧,在互动中与人交往的社交能力、人际感受能力和自我表达的能力,影响其人际交往效果、确保其人际交往顺利开展的能力特质。"[3]

二、交往促进个人成长——人际交往的重要性

【案例分析】

我该如何"破冰"?

新学期即将开学,小谭却陷入了苦恼,面对即将到来的大二,她有些胆怯。

"上大学一年了,我和宿舍的其他几个女孩子总是因为一些鸡毛蒜皮的小事争吵,一想到又要回到那个气氛尴尬又紧张的宿舍,我就犯愁,还失眠,但是我也不敢和辅导员说要换宿舍,害怕被人说我矫情。"

"刚进大学的时候,我对大学的生活充满向往,很想马上去结识新朋友,但是,却发现自己根本不知道怎么去跟一个陌生人接触和交往。中学的时候,生活里只有学习,身边的朋友好像是自然而然就存在的。可现在不一样了,班级里有的同学不常联系,很多同学的名

①杨定明.儒家文化视域下当代大学生人际交往涵化研究[D].长沙:湖南师范大学,2019.

②丁晓丹,郭金玲."90"后大学生人际交往心理调查研究[J].科教导刊(上旬刊),2012(19):120-121.

③李恩亮.高职学生手机网络成瘾与认知情绪调节策略、人际交往能力的关系研究[D].福州:福建师范大学,2020.

字我都不知道,人和名字也对不上号,即使有机会坐在一起也不知道该交流些什么,有时候也想参与同学们的话题,但总是担心自己表达不清会引起别人的误解或嘲笑。"

开学后,小谭向学校的心理咨询师寻求帮助,面对如何与同学相处的话题,她有一肚子的困惑要讲。

分析

大学校园里,像小谭这样因不善表达,又渴望友谊,在内心和现实表现出巨大反差的同学并不在少数。大学生"不会交朋友"已经成为一个引起广泛关注的问题,这不仅关系到大学生个人的成长和发展,也影响到他们未来的社会适应能力和职业发展。

我国心理学家丁瓒指出:人类的心理适应,最主要的就是对于人际关系的适应,所有人类的心理病态,主要是由于人际关系的失调而来。[①]

大学阶段是个体自我意识迅速发展、个性心理品质逐步成熟的关键时期,也是大学生人际交往能力发展的重要时期。师生之间、同学之间、室友之间、个人与集体之间等错综复杂的社会交往,共同构成了大学生人际交往的网络系统。

人际交往是个体成长发展的基本需求,"大学生的人际交往存在着交往需求迫切、交往以同龄人为主、交往动机复杂化、自主性增强和追求爱情的愿望强烈等鲜明特征"[②],对大学生身心健康、自我完善、成长成才具有重要的现实意义。

(一)人际交往是维护大学生身心健康的重要途径

人际交往能够提供情感支持,帮助大学生处理日常生活中的压力、焦虑、挫折和孤独感;积极的人际交往关系能够增强大学生的自我价值感,让他们感到被接纳、被认可,从而提高自尊和自信;通过与不同背景的人交往,大学生可以学会理解他人的感受和需求,理解和管理自己的情绪,培养同理心,提高情感智慧。

(二)人际交往是促进大学生成长成才的必要手段

大学生可以通过人际交往传递信息、交流经验,从而增长见识,开阔视野;通过人际交往,深刻认识自己,了解自己的优点和不足,从而进行自我调整和改进,不断完善自我;在大学期间建立的社交网络可能为未来的职业发展提供机会,还可以帮助大学生更好地适应社会生活,为未来的职业生涯做好准备。

因此,认识人际交往的重要价值,培养良好的人际交往能力,不仅是衡量大学生个性品质和社会生活能力的重要标志,更是实现个性全面发展和获得人生幸福的需要。

---

①张宇晴.和谐视角下的大学生人际关系探析:从孔子"仁爱"思想探源[J].陕西教育(高教版),2013(9):75-76.
②王丽坤.大学生心理健康教育[M].武汉:武汉理工大学出版社,2009:75.

三、交往向网络世界延伸——互联网时代的人际交往

2023年8月,中国互联网络信息中心(CNNIC)在北京发布第52次《中国互联网络发展状况统计报告》(简称《报告》)。《报告》显示,截至2023年6月,我国网民规模达10.79亿人,较2022年12月增长1109万人,互联网普及率达76.4%,其中,10~39岁网民群体占网民总数的28.4%。可以说,当前网络人际交往已经成为人们的重要生活习惯和交往方式。

习近平总书记曾经深刻指出:"谁赢得了互联网,谁就赢得了青年。""当代大学生是伴随全媒体时代互联网成长起来的一代新人,网络人际交往已经成为其重要的生存、生活、交往方式。当前的大学生人际交往可以分为'网络人际交往'和'现实人际交往'两种形态,其中网络人际交往是随着互联网的发展和进步而出现的新样态,是大学生人际交往在网络世界的延伸,是大学生基于自我认识和自我实现的需要。"[①]

在"互联网+"时代,大学生人际交往的现状呈现出以下特征。

(一)人际交往网络依赖化

目前,互联网突破了课堂、高校、求知的传统教育边界,对学生的影响越来越大,年轻人几乎无人不网、无日不网、无处不网。一些大学生由于对网络缺乏自控能力而沉溺于虚拟的网络交际,在互联网上寻求精神的寄托,迷失在"现实角色"中。长期"躲"在屏幕之后的大学生,降低了现实中与人交往的机会,导致人际关系疏远,容易出现人际交往障碍。

(二)人际交往"宅化"

大学生的成长生活环境具有单一性,造成他们在社会、生活和学习中缺乏人际交往的实践环境,表现出难以与人融洽相处,尤其缺乏与长辈必要的交流和沟通;越来越依赖网络上的虚拟好友的认同感,喜欢生活在自己所感兴趣的小圈子里,导致了"宅化"的快速流行。这种情况容易形成孤僻、焦虑、情感淡漠等负面情绪。

(三)人际交往中存在"恐惧"心理

中学时期的学校教育一般注重学业成绩的提高,而忽视学生在健康心理、综合素质、适应能力等方面的培养,更缺乏人际交往技能和技巧的培训。当进入大学后,大学生所处生活和学习环境发生了变化,很多大学生感到迷茫,不知道自己该做什么、自己喜欢什么和怎么选择今后的生活,表现为对社会生活环境的不自信和恐惧心理、对与他人交往能力和对

①商应美,张姝,张丽等.全媒体视域下大学生网络人际交往的调查:基于2019—2020年数据分析[J].广东青年研究,2021,35(2):76-88.

他人的信任度深感缺乏。[1]

问题解决

一、人际关系中为何常常冲突不断?

【案例分析】

王磊和李强是大学室友,均为"00后"大学生,来自同一班级,但是性格迥异。王磊是一个内向且喜欢安静的人,而李强外向活泼,喜欢社交和聚会。

李强经常在宿舍不戴耳机打游戏或大声与他人视频,还经常邀请朋友回宿舍聚会,音乐和笑声常常持续到深夜,严重影响了王磊的学习和休息。王磊多次向李强提出自己的不满,但李强认为这是正常的社交活动,王磊过于敏感,没有给予足够的重视。

王磊注重个人卫生,经常主动打扫和整理宿舍的公共区域,李强则较为随意,不注意卫生,经常乱扔垃圾,脏衣服堆积不洗,不参与宿舍卫生打扫,这让王磊感到不满和无奈。

由于性格和生活习惯的差异,两人在宿舍生活中逐渐产生了矛盾,经常发生争吵。在争吵中,两人都表达了对彼此的不满和失望,他们觉得对方无法理解自己,也不愿意为对方做出改变。这次争吵后,两人的关系变得非常紧张,几乎不再交流。

分析

宿舍是大学生生活、学习、交流的主要场所,在大学生活中占据着极其重要的地位,对大学生的身心成长发挥着至关重要的作用,和谐温馨的宿舍环境可以使大学生活充满阳光和快乐。而如今,高校大学生宿舍矛盾已经成为大学生校园生活中最常见的问题,同一宿舍的成员可能来自五湖四海,有着不同的性格特征、生活习惯和价值观,因此,成员之间难免会产生摩擦。王磊和李强就是因为性格特征和生活习惯存在不同而产生了不愉快,久而久之可能会由小摩擦演变为大矛盾,严重影响宿舍的和谐。

(一)人际冲突的概念

人际冲突是一种人与人之间对立的状态,表现为两个或两个以上的相互关联的主体之间的紧张、不和谐、敌视,甚至争斗关系。

(二)产生人际冲突的原因

无论是在家庭、学校、工作场所还是其他社交场合中,人际冲突时时发生,客观存在,不可避免,是生活的常态。产生原因多种多样,涉及个人、环境、沟通、情感和文化等多个方

---

[1]朱红艳.大学生人际交往非良性状态的致因分析及改善策略[J].学校党建与思想教育,2014(5):69-71.

面。正确地认识和解决人际冲突,可以使我们提高解决冲突的能力,从而获得更好的人际关系体验。

1.沟通不畅

沟通是人际交往的重要组成部分,沟通不畅是人际冲突最常见的原因,信息传递不准确、表达方式不当、缺乏倾听等都可能导致冲突的产生。

2.个人差异

每个人都有自己独特的个性特征、价值观、兴趣爱好和生活经历,这些差异可能导致人们看待问题和处理事务的方式不同,从而产生冲突。

3.情绪管理

情绪管理对于人际交往至关重要。如果某一方无法有效地管理自己的情绪,可能会导致冲突升级。例如,愤怒、失望、嫉妒等情绪可能会使人做出冲动的行为。

4.文化差异

不同地域、民族和国家之间的文化背景和价值观存在差异,如果没有足够地了解和尊重他人的文化,就容易造成误解和冲突。

二、人际关系不好是我的问题吗?

(一)化解与朋友间的矛盾

【案例分析】

李华和吴昊是大学同班同学,两人都是班干部,经常参与班级组织的各种活动。起初,他们关系融洽,互相欣赏对方的才能和性格。然而,随着时间的推移,他们之间的关系开始出现裂痕。

在日常的学习和生活中,李华和吴昊都希望成为班级里的佼佼者,希望获得学校的年度优秀表彰,于是,他们开始在学业、社交和各类文体活动等方面展开竞争,都希望超越对方。这种竞争心理导致他们之间的友谊变得微妙,有时甚至出现了相互攀比和排挤的情况。

有一次,班级要组织一次主题团会活动,李华和吴昊作为班干部,负责共同组织此次活动。在活动筹备过程中,两人因为分工问题产生了分歧,李华认为吴昊过于独断专行,而吴昊则认为李华不负责任。双方都没有及时沟通和解释自己的想法,导致误解加深,两人的关系逐渐紧张。

在李华和吴昊关系紧张的时候,班里的另一位同学王浩开始主动接近他们,试图缓和两人之间的关系。然而,王浩在处理这个问题时并没有保持中立,而是偏袒了其中一方,导致另一方感到更加不满和失望。这种第三方介入不仅没有解决问题,反而加剧了矛盾。

分析

李华和吴昊都是在班级中非常优秀的学生,都要求进步,曾经是很要好的朋友,但他们之间的友谊却因为竞争而变得复杂起来。大学生朋友之间的竞争是不可避免的,良性竞争可以促使双方共同进步,但过度的竞争往往会导致友谊的破裂。在竞争中,我们应该保持理性、尊重他人、注重合作,共同创造一个和谐、积极的学习环境。同时,我们也要学会处理竞争带来的矛盾和冲突,通过沟通和理解来化解分歧,维护良好的人际关系。

长久的友情如同一棵参天大树,需要精心呵护。朋友之间、同学之间产生矛盾是大学生人际关系中常常遇到的问题。当我们与朋友、同学之间发生矛盾时,我们应该如何化解矛盾,维护珍贵的友情呢?

1.尊重对方,控制情绪

在冲突发生后,首先,要尊重对方的观点和感受,即使不同意对方的观点,也要尊重对方的人格和权利,这是至关重要的一点;其次,要客观地反思自己的行为和言论是否有不当之处,学会控制自己的情绪,避免使用攻击性的语言或行为,保持冷静,以免在冲突中情绪失控,造成矛盾升级。

2.坦诚沟通,学会倾听

坦诚沟通是解决问题的第一步,尝试与对方坦诚地表达你的感受、立场和需求,选择清晰、准确的语言来表达自己的观点和意图,保持诚实和真诚,不掩饰或回避问题,而是勇于面对和解决问题。倾听不仅是听对方说话,更是理解对方的观点、感受和需求,学会用同理心去倾听,尝试理解对方的立场,找到共同点或共同目标,有助于建立联系并减少紧张感,为解决问题奠定基础。

3.换位思考,求同存异

换位思考是一种重要的沟通技巧,学会站在他人的角度,设身处地地思考和理解对方的观点、感受和需求,可以帮助我们更加客观地看待问题,更好地理解他人,减少误解和冲突。当与对方产生不同意见和观点时,积极寻求双方的共同点,尊重彼此的差异,这有助于建立相互理解和同情的基础,促进冲突的解决。

4.学会妥协

学会妥协是解决冲突的重要技巧,更是智慧。妥协意味着双方需要在彼此尊重和相互理解的基础之上,放弃一些自己的需求和利益,以达到一个双方都可以接受的结果,避免冲突进一步升级。

但是,妥协并不意味着放弃自己的原则和底线。在妥协时,我们需要明确自己的价值观和利益诉求,并在坚持这些原则的前提下进行适度的让步。妥协的目的在于维护关系的和谐与稳定,而不是无原则地退让。

5.寻求支持

寻求支持是一种非常有效的应对人际冲突的策略。如果直接沟通没有解决问题,可以考虑寻求一个中立的第三方,比如朋友、家人、辅导员或专业人士的支持。一方面,可以缓解焦虑、沮丧或愤怒带来的情绪压力,得到情感上的支持和安慰;另一方面,可以从第三方获得更加客观、有建设性的解决问题的建议和方法,帮助你走出人际冲突带来的困惑和无助。

一段成熟健康的友谊可以为大学生提供一个安全的情感空间,获得情感支持,帮助大学生们应对学习和生活中的挑战和压力,促进自我认同和自我成长。

(二)结束一段"有毒"的关系

【案例分析】

丽君是一名大一新生,她充满活力和热情,希望能够在大学里结交新朋友并建立深厚的友谊。然而,她很快发现自己陷入一段不健康的人际关系中。

她的室友兼好友婉言是一个善于社交、受人欢迎的女孩。丽君非常羡慕婉言的人缘和社交能力,因此常常试图模仿她。婉言也经常邀请丽君一起参加各种社交活动,丽君很高兴能够和婉言一起出去玩。

然而,随着时间的推移,丽君开始意识到这段关系并不健康。婉言经常贬低丽君的穿着、言行和社交能力,并嘲笑她的不足之处。丽君感到自卑、焦虑和抑郁,但她觉得这是婉言对她的"真实评价",只能默默忍受。此外,婉言还经常利用丽君来达到自己的目的。比如,她会让丽君帮她完成一些作业或任务,然后在别人面前炫耀自己的成果。丽君虽然不愿意,但担心拒绝后婉言会疏远她,所以总是迁就她。

久而久之,丽君的心理压力越来越大,因为害怕和缺乏自信,她不敢反抗或寻求帮助,学业上无法集中精力,成绩一落千丈,也逐渐失去了与同学交往的勇气和信心,变得越来越孤僻。

分析

朋友之间的交往应该是平等的、相互尊重的,不健康的人际关系对大学生心理健康有负面影响。在这个案例中,对大学生活充满热情和向往的丽君,由于缺乏社交技巧和经验,无法识别并应对婉言的不健康交往行为。室友婉言的贬低和嘲笑让丽君感到受伤和困惑,逐渐对朋友间的友谊产生了不信任感,进而影响了她的自我认同和社交能力,心理健康和学业成绩都受到了严重损害。

人际交往中存在一些不健康的人际关系,这些关系可能对个体的心理健康和幸福感产生负面影响。比如长期接收负能量的传递,导致自我感觉压力巨大、焦虑和无助;过度依赖对方或受到对方的过度控制,导致自我价值感降低,对自己的能力产生怀疑;长期受到"语言暴力",自己的情感被忽视或贬低,导致自我的边界受到挑战或者侵犯,对自己的情感和需求感到困惑和怀疑等。

这些"有毒"的人际关系在大学生活中并不罕见,给大学生带来深重的情感负担。如何成熟地、有效地结束一段不健康的人际关系,也是大学生需要掌握的一项重要技能。你是否也因为一段不健康的关系深陷抑郁、烦恼、沮丧、焦虑的情绪"旋涡"?

1.勇敢面对,识别问题

结束一段不健康的人际关系需要勇气和决心,首先要客观认真地进行自我反思,诚实理智地面对自己的情绪和感受,明确识别这段关系中的不健康行为模式,评估这段关系对你的日常生活、情绪情感和个人发展等方面带来的不良影响。

2.建立边界,减少接触

了解自己的情感需求和价值观,明确告诉对方自己的边界,保护自己的情绪情感和心理空间免受进一步的伤害。同时,逐步减少与对方通话、短信或社交媒体上的互动,避免不必要的联系,逐渐适应没有对方的生活,并减少依赖。

3.进行一次真诚的沟通

如果可能,尝试与对方进行一次真诚的谈话,坦诚地告诉对方你的感受和决定,让对方明白你的立场,这样对双方都是一种尊重和释放。在谈话中也需要考虑到对方的情绪和反应,避免使用伤害对方的言行,让对方感到被尊重和理解。你可能会发现,真诚的沟通能够帮助彼此澄清误解、解决分歧、修复友谊。

4.寻求支持与帮助

结束一段关系可能会让大学生感觉到痛苦焦虑或者孤独不安,可以向内寻找力量,学会自我关爱,允许自己感受这些情绪,并用健康的方式来表达和处理它们;也可以向外寻求同学、朋友、家人或专业人士的支持,向他们倾诉自己的情绪和感受,帮助自己更好地应对这段关系的结束。

5.学会原谅并放下

原谅是为了自己的内心和平,放下有助于向前迈进。结束一段不健康的人际关系后,大学生应该将注意力转移到个人成长和未来发展上,可以参加各类活动或者体育运动,开始新的生活,结交新的朋友,建立更健康的人际关系,让自己变得坚强和自信,勇敢地面对未来的机遇和挑战。

三、与家人之间的"代沟"该如何跨越？

"放假刚回家几天，又跑出去找同学玩！"

"你怎么总这样？都多大了，这么简单的事情还是做不好！"

"怎么又感冒了？说过多少次，叫你多穿点你不听！"

类似的"唠叨"在大学生和父母之间经常出现，父母说我们叛逆、不懂事，而我们则反击他们思想"老土"，管得太多。当代大学生在成长过程中，和父母间好像总有着或大或小的"无法调和"，这种代际之间在思想观念、价值观念、行为方式、生活态度和兴趣爱好等方面产生的冲突和矛盾此起彼伏，难以平静。

（一）亲子关系的概念和特点

心理学家朱智贤教授认为，亲子关系是父母与其亲生子女、养子女或继子女之间的相互关系。它是家庭中最基本、最重要的一种关系，也是个体一生中持续时间最长的第一种人际关系。在法律层面上，亲子关系指父母与子女间的权利和义务的总和。在心理学上，亲子关系则更多地关注父母与子女间的情感和心理互动，以及这种关系如何影响孩子的成长和心理发展。

亲子关系有着不同于夫妻关系和其他人际关系的特点[①]。

1.不可选择性

亲子关系是家庭中由血缘继承相连接的人际关系。从子代出生乃至从母体孕育生命开始，父母与子女的关系就存在了，具有血缘关系的父母是不可以选择的。

2.永久性

亲子关系与生俱来，任何外力也无法改变，并受到一定的法律确认和保护。亲子关系不像夫妻之间的关系那样可以通过法律而解除，即使夫妻离异，不抚养孩子的一方依然不能解除与孩子的关系。

3.亲密性

亲子之间有着天然的骨肉联系，包含着生命延传的深刻内容。亲子关系是人生最初建立起来的人与人之间的关系，是发展其他社会关系的起点和基础。

4.权利义务的特殊性

父母对子女的抚养教育，子女对父母的赡养照料，是两代人之间相等的社会权利和义务。与其他任何社会关系所不同的是，亲子之间的权利义务关系，不仅有相应的道德要求，同时还受法律的约束。

---

①李燕.亲子关系的教育哲学分析[D].苏州：苏州大学，2005.

（二）亲子关系对大学生心理健康的影响

【案例分析】

李梅是一名大三的学生，她来自一个传统而严格的家庭。从小到大，她的父母对她的学业和生活都有很高的期望，要求她事事做到最好。李梅非常努力，但她也感到压力很大，渴望能够有更多的自由和空间。

进入大学后，李梅开始接触到不同的思想和价值观，逐渐产生了自己的独立思考和选择。她希望在学业之余参加一些社团活动，拓宽自己的视野和兴趣爱好。然而，她的父母却认为这些活动会分散她的注意力，影响学业和前途。

在一次家庭聚会上，李梅向父母表达了自己想要参加某个社团的想法，并希望得到他们的支持和理解。然而，父母却强烈反对，认为这是浪费时间的行为，并提醒她要以学业为重。李梅感到很失望和愤怒，认为父母不理解自己，不尊重自己的选择。

双方的情绪都很激动，场面一度非常尴尬。李梅决定坚持自己的选择，参加社团并努力证明自己的价值。同时，她也感到与父母的关系变得更加紧张和疏远。

分析

对于大学生而言，进入大学往往意味着他们开始追求更多的独立和自主，渴望在学业、生活、人际关系等方面做出自己的选择，展现自己的个性，也希望父母能够给予更多的信任和支持。然而，父母往往习惯了子女在成长过程中的依赖，他们可能担心子女在独立面对生活时会遇到困难和挫折，试图通过各种方式对子女进行保护和指导。李梅和她父母的关系展示了大学生亲子矛盾的一个典型场景，在面临人生选择和追求梦想的过程中，李梅的父母给予她很高的期望，希望能按照他们的建议去选择，而在李梅看来，来自父母的束缚和干涉让亲子之间的关系越来越紧张。

研究表明，亲子关系对大学生心理健康有着显著的正向影响，这些影响涉及大学生的心理健康、人格形成和社会适应能力等多个方面。

1.亲子关系影响大学生的心理健康

父母的支持、理解和鼓励能够增强大学生对自我的认同感，让他们感到被尊重、接纳和重视，形成积极的自我概念，帮助大学生形成健康的心理状态。相反，如果亲子关系紧张或冷漠，大学生可能会产生自我怀疑和自卑情绪，或者出现焦虑、抑郁等心理问题。

2.亲子关系影响大学生的人格形成

父母的行为、价值观和生活方式会对大学生的人格产生深远影响。如果父母能够传递积极的认同信息，鼓励大学生追求自己的梦想，尊重他们的选择，那么大学生更容易形成积极、健康的人格特质。相反，如果父母对子女的期望过高，强加自己的意愿或严格限制子女的选择,可能会导致大学生在人格形成过程中感到困惑和压力。

3.亲子关系影响大学生的社会适应能力和人际交往能力

通过与父母的互动和沟通,大学生能够学习到社会规则、人际交往技巧以及处理问题的策略,从而提升他们的社会适应能力。良好的亲子关系有助于大学生建立积极的人际关系,增强他们的合作意识和团队精神,帮助大学生更好地融入社会。

(三)大学生如何应对亲子矛盾

【案例分析】

周浩正在读大三,正面临毕业或升学的人生选择,这天他找到辅导员,诉说他的焦虑和困惑。

毕业在即,周浩一边实习一边备考专升本考试,工作和学业的重担让他的压力很大。虽然每天都很忙,但是他妈妈每天都在微信上给他发五六十条信息,还要视频一次,如果不回复,他心里就非常愧疚。他在情绪情感上跟妈妈很亲密,很依赖妈妈,所以对于妈妈发送的这么多条信息,他觉得自己有责任要回,要顾及妈妈的感受,不能伤害妈妈。

但事实是,妈妈的关心已经影响到周浩的情绪和正常的工作学习了,他不知道该怎么办,不知道怎么跟妈妈提这件事情,这让他很困扰。

分析

从人的生命周期看,即将大学毕业的周浩已经进入成年早期,这个时期的大学生独立性和自我意识迅速发展,开始追求更多的自主权和决策权,希望摆脱父母的控制和干预。周浩正面临着从自己的原生家庭中走出,迈向更加独立和自主的个体化发展;而处于成年中晚期的母亲,长期陪伴孩子成长,可能已经习惯了与孩子共享生活的点点滴滴,随着周浩逐渐成年并迈向独立,她需要逐渐适应孩子不再像过去那样依赖自己,甚至可能离家独立生活的现实。正是亲子之间这种复杂情感联结,导致周浩陷入深深的困扰。

"20世纪初,心理学家斯坦利·霍尔(Stanley Hall)就提出,随着青少年的生物成熟,与父母的冲突、割断与父母的情感联系,就具有生物适应性的积极意义,是个体发展过程中的正常现象。"[①]

随着大学生自我意识的觉醒和独立性的增强,许多大学生可能会体验到一种对父母"既想逃离,又无法逃离"的复杂情感。一方面,大学生有了相对独立的思考能力,对父母不再言听计从,希望在学业、生活和社交方面拥有更多的自主权和选择权;同时,在接触到不同的价值观和思想观念后,为了寻求同龄人的认同和接纳,他们可能希望与父母保持距离。

---

①俞国良,周雪梅.青春期亲子冲突及其相关因素[J].北京师范大学学报(社会科学版),2003(6):33-39.

另一方面,大学生虽然上大学在空间上远离了父母,但在经济上仍然依赖于父母的支持,同时,在面对困难、压力或挫折时,父母依旧是他们情感上的避风港。

如果你也因此深陷困扰,不如尝试通过以下几种方式来调整与父母的相处方式,建立起与父母之间更加和谐的新关系。

1.真诚、尊重和信任是前提

真诚、尊重和信任是解决问题的必备态度,是建立良好亲子关系的重要前提。在此基础上,当亲子之间关于某个问题观点出现不一致时,只有在相互尊重、信任的基础之上才有可能进行有效的沟通,从而尽快寻找到适合的解决方法。

2.调整对父母的认知和期待

如果我们对父母的爱是苛责地建立在完美主义标准上,自然会对父母产生诸多不良感受和情绪,例如失望、怨愤、厌恶。但是,如果我们认识到父母也有他们内在自我成长的局限性,那么再来看待父母的某些行为时,一种理解的感受就会油然而生,对待父母也会情绪平和,更为接纳。

3.学习良好沟通的技巧

亲子沟通与一般人际沟通相似,积极倾听、换位思考、及时反馈等都适用于亲子关系。与父母的沟通要建立在尊重的基础上,学会控制自己的情绪,清晰地表达自己的想法。

4.寻找解决问题的多种途径

当父母与我们因某些事情而意见不一致时,作为大学生的我们,应该勇于承担增进关系的更多责任,寻找问题解决的多种方案。例如,在周围环境中寻找资源,向社会支持系统寻求帮助;善用网络资源,推荐一些适合父母阅读的亲子关系读物,帮助父母参与改变,也许对建立良好的亲子关系有意想不到的效果。

四、如何做个受欢迎的人?

一位少年去拜访年长的智者。

少年问:我怎样才能变成一个自己愉快,也能带给别人快乐的人呢?

智者送给他四句话:"把自己当成别人,把别人当成自己,把别人当成别人,把自己当成自己。"

少年:这四句话之间有许多自相矛盾之处,我怎样才能把它们统一起来?

智者:很简单,用一生的时间去体会。

这四句醒世之言,既是生存与成功的奥秘,也是与人相处的准则。

发展良好的人际关系是大学生身体与心理健康的基础,然而,由于缺乏人际交往的技巧,不少大学生在人际关系方面感到很有压力。

（一）把握人际交往的原则

1.平等尊重原则是基础

古人云："欲人之爱己也，必先爱人；爱人者，人恒爱之；敬人者，人恒敬之。"平等尊重是建立健康人际关系的基础，无论地位、财富、能力等方面的差异如何，每个人都应被平等对待，尊重其人格和权利、感受和需求。平等的交往能够消除偏见和歧视，尊重他人能够增进彼此之间的理解和信任。

2.诚实守信原则是基石

马克思说过："真诚、十分理智的友谊是人生的无价之宝。"诚实守信是建立健康人际关系的基石。在与他人的交往过程中，应该信守承诺，言行一致，不虚伪、不做作，不轻易背信弃义，信用能够建立起他人的信任，为关系的长期发展奠定基础。

3.宽容谦让原则是助力

宽容谦让是中华民族的传统美德，能够化解矛盾，增进理解，使人际关系更加融洽。俗话说，"金无足赤，人无完人""严以律己，宽以待人"，在人际交往中，保持开放的心态，要能够接受不同的观点，善于站在对方的角度去理解对方，设身处地地体会对方的情绪情感。

4.互惠互利原则是动力

人际交往是一种双向的互动过程，双方都应该从中获得益处。在人际交往中，互惠互利原则体现为一种平等、合作和共享的精神，交往的双方应该通过充分的沟通与合作，共同解决问题和面对挑战，实现双赢，以此促进双方建立稳固、和谐的相处关系，促进个人的发展。

（二）人际交往中常见的心理效应

人际交往是我们日常生活中不可或缺的一部分，无论是面对朋友争吵、亲子矛盾还是社交压力，有效地掌握心理学知识能够为我们提供宝贵的洞察和应对的策略，帮助我们更好地理解和从容地应对人际关系中的种种挑战，保持良好的心态和情绪状态。

1.首因效应

首因效应由美国心理学家洛钦斯首先提出，指交往双方形成的第一次印象对今后交往关系的影响，即"先入为主"带来的效果。

"心理学研究发现，两个陌生人第一次见面时，45秒钟内就能产生'第一印象'，它主要是获得了对方的性别、年龄、长相、姿态、身材、衣着打扮等方面的信息，以此来判断对方的内在素养和个性特征。虽然这些'第一印象'并非总是正确的，但却是最深刻、牢固的，且决定着双方未来的交往。在现实生活中，'首因效应'产生的'第一印象'往往会影响我们对他人的评价和看法。"①

例如,一个人在初次见面时给你留下了"仪表整洁""举止有礼"的良好印象,那么你就会愿意和他接近,较快地互相了解,还会影响你对他以后一系列行为和表现的解释。反之,对于一个初次见面就让你"反感"的人,即使是由于各种原因不可避免地要与之接触,你与他的交往也许会不太顺畅,有的甚至会产生矛盾。

启示:

(1)美国著名的人际关系学大师戴尔·卡耐基在管理学著作《如何赢得朋友及影响他人》中,总结了给他人留下良好印象的六个方法,即:真诚地关心别人;微笑;记住对方的名字;做一个倾听者,鼓励别人谈论自己;谈论别人感兴趣的事情;诚心诚意地让对方感到他很重要。

(2)在交友、招聘、求职等社交活动中,第一次见面时,要给对方良好的"第一印象",准时守信、仪表整洁、举止得体、谈吐有度,良好的开始就是成功的一半。

(3)首因效应也具有先入性、不稳定性和误导性,要学会透过现象看本质,不要被对方的"第一印象"所迷惑,"以貌取人"往往会带来不可弥补的错误。

2.近因效应

近因效应由心理学家 A.卢琴斯在 1957 年根据实验首次提出,指最新出现的刺激物促使印象形成的心理效果。实验证明,在有两个或两个以上意义不同的刺激物依次出现的场合,印象形成的决定因素是后来新出现的刺激物。例如,当你描述一个人时,先讲他的优点,接着"但是",再讲他的缺点,那么后面的"缺点"对印象形成产生的效果就是近因效应。

心理学的研究表明,在人际交往的初期,彼此还处于比较生疏的阶段,首因效应的影响重要;而到交往的后期,在彼此已经非常了解的阶段,近因效应的影响比较大。

启示:

(1)善待每一次交往,有好的开始,也要重视结尾,如果和对方产生矛盾或者冲突,要学会积极沟通,及时化解。

(2)朋友之间相处,不要因一时之气而发生人际冲突,忘记对方之前的好。待人接物、为人处世要全面客观,不要只看一时一事,避免因近因效应导致的认知偏差。

3.晕轮效应

晕轮效应又称"光环效应",最早由美国著名心理学家爱德华·桑代克在 20 世纪 20 年代提出。"他认为,人对事物和人的认知和判断往往从局部出发,然后扩散而得出整体印象。就像'晕轮'一样,这些认知和判断常常都是以偏概全的。"② 晕轮效应本质上是一种认知上

①马燕.浅析"首因效应"[J].科教文汇(上旬刊),2009(31):62-63.
②侯林林.组织人力资源管理中的"晕轮效应"分析[D].济南:山东大学,2010.

的偏差。

在日常生活中，"晕轮效应"往往在悄悄地影响着我们对别人的认知和评价,常使人出现"以偏概全""爱屋及乌"的成见或偏见,影响理性人际关系的确立。比如有的老年人对青年人的衣着打扮、生活习惯看不顺眼,就认为他们一定没出息;有的人对异性产生了好感,就很难发现对方的缺点;自己喜欢的某一偶像代言某款产品,粉丝们潜移默化地完成了对产品的价值认同,刺激了粉丝的购买欲望,让该产品在粉丝心中有良好的印象。

启示:

(1)警惕"第一印象"陷阱,保持开放的心态,尽可能多地收集对方的信息,做出理性的分析和判断,避免受到个人偏见和情绪的影响。

(2)避免"刻板印象",重视深入了解,要想真正了解一个人,需要花费时间和精力去深入了解对方的性格、价值观、经历等方面,只有这样,我们才能形成更全面、更准确的印象。

4.投射效应

投射效应是一种严重的认知心理偏差,"认为自己具有某种特性,他人也一定会有与自己相同的特性,将自己的感情、意志、特性等投射到他人身上并强加于人"[①]。 也就是"以己之心,度人之腹"之意。

比如一个心地善良的人会以为别人都是善良的;一个经常算计别人的人就会觉得别人也在算计他;比如你性格活泼开朗,便默认你喜欢的他也一样开朗大方;你善解人意,便默认你喜欢的他一样善解人意。在日常的人际交往活动中,这种"强加于人"的心理选择,具体有三种表现:

(1)相同投射:与陌生人交往时,由于彼此不了解,相同投射效应很容易发生,通常在不知不觉中从自我出发作出判断。这种投射的发生在于忽视自己与对方的差别,在意识中没有把自我和对象区别开来,而是混为一谈。

(2)情感投射:以自我的爱憎指引交往,对自己喜欢的人越看越喜欢;对自己不喜欢的人则越看越讨厌。这种现象在爱情中表现得尤为明显,如人们常说的"情人眼里出西施"。

(3)愿望投射:把自己的主观愿望强加给对方的投射现象。比如我对你很友善,也会认为对方也要对我友善;比如喜欢自我陶醉的人,在社交中经常会把人家的客气话当成真心的赞美。

启示:

(1)人的心理特征各不相同,不能随意"投射"给任何人。交往中要时刻保持理性,克服潜意识和惯性思维,让事物的发展规律还原它本来的面目,"己所不欲"时"勿施于人","己所欲之"时也要学会"慎施于人"。

---

① 瞿佳昌,邹成锡.论投射效应对人际关系的影响[J].新西部(下旬.理论版),2011(13):181,177.

（2）产生投射效应是主观意识在作祟，可以通过换位思考，站在对方的立场上，理解对方的需要和情感，用辩证法来看人看己，更容易达成共识，消除投射效应带来的不良影响。

（三）提高有效沟通的能力

大学生人际交往过程中，与他人的有效沟通至关重要。它不仅能够帮助大学生更好地与他人合作、解决问题，还能够提升个人魅力，对大学生学业发展、人际关系以及未来职业生涯都具有重要意义。

1.明确沟通目标

在沟通之前，首先要明确沟通的目的和期望达到的目标，是分享信息、表达观点、寻求帮助还是提出建议等，这有助于在沟通过程中保持方向，避免偏离主题，确保信息能够准确、高效地传递。

2.学会倾听与理解

倾听是有效沟通的关键。在沟通过程中应全神贯注地倾听对方的观点和意见，理解对方的立场和需求，避免打断对方，给予对方充分的时间来表达自己的想法。同时，也可以通过提问和确认的方式，适时给予对方反馈，确保自己准确理解对方的意思，还可以让对方感受到自己的关注和重视。

3.清晰的表达

使用简洁明了、清晰准确的语言来表达自己的观点和想法，避免使用模糊或者含糊不清的表达方式，有助于减少歧义和误解。此外，要注意自己的语速和语调，保持平和、友善的态度，清晰的表达有助于对方更好地理解自己的观点，提高沟通效率。

4.注重非语言沟通

非语言沟通指人们通过眼神、姿态、表情、动作等非语言途径来交流信息。在人际的交往过程中，肢体语言传递的信息达70%以上。例如，可以通过微笑、点头等动作来表示认同和理解，增强沟通效果。同时，注意自己的仪态和气质，展现自信、友善的形象。

5.尊重与包容

尊重是沟通的基础。在沟通中应尊重他人的观点和感受，即使与自己的看法不同，也要保持开放和包容的态度，积极寻求共同点，以友善和理性的态度进行回应，避免使用攻击性或贬低性的语言，这样不仅能够建立和谐的沟通氛围，还能够增强彼此之间的信任和理解。

6.不断学习与实践

沟通是一门艺术，需要不断地学习和实践。大学生可以通过参加沟通技巧培训、阅读相关书籍等方式，学习更多的沟通技巧和方法，提升自己的沟通能力。同时，在日常学习和生活中多与同学、老师和家人进行沟通，积累沟通经验，逐渐提高自己的沟通水平。

实操练习

一、心理自测

《社交回避及苦恼量表(SAD)》。请你根据自己的实际情况,填"是"和"否"。

1.即使在不熟悉的社交场合里我仍然感到轻松。　　　　　　　　　　　　（　　）

2.我尽量避免迫使我参加交际应酬的情形。　　　　　　　　　　　　　　（　　）

3.我同陌生人在一起时很容易放松。　　　　　　　　　　　　　　　　　（　　）

4.我并不特别想去回避人们。　　　　　　　　　　　　　　　　　　　　（　　）

5.我通常发现社交场合令人心烦意乱。　　　　　　　　　　　　　　　　（　　）

6.在社交场合我通常感觉平静及舒适。　　　　　　　　　　　　　　　　（　　）

7.在同异性交谈时,我通常感觉放松。　　　　　　　　　　　　　　　　（　　）

8.我尽量避免与人家讲话,除非特别熟。　　　　　　　　　　　　　　　（　　）

9.如果有同新人相会的机会,我会抓住的。　　　　　　　　　　　　　　（　　）

10.在非正式的聚会上如有异性参加,我通常觉得焦虑和紧张。　　　　　　（　　）

11.我通常与人们在一起时感到焦虑,除非与他们特别熟。　　　　　　　　（　　）

12.我与一群人在一起时通常感到放松。　　　　　　　　　　　　　　　　（　　）

13.我经常想离开人群。　　　　　　　　　　　　　　　　　　　　　　　（　　）

14.在置身于不认识的人群中时,我通常感到不自在。　　　　　　　　　　（　　）

15.在初次遇见某些人时,我通常是放松的。　　　　　　　　　　　　　　（　　）

16.被介绍给别人使得我感到紧张和焦虑。　　　　　　　　　　　　　　　（　　）

17.尽管满房间都是生人,我可能还是会进去的。　　　　　　　　　　　　（　　）

18.我会避免走上前去加入到一大群人中间。　　　　　　　　　　　　　　（　　）

19.当上司想同我谈话时,我很高兴与他谈话。　　　　　　　　　　　　　（　　）

20.当与一群人在一起时,我通常感觉忐忑不安。　　　　　　　　　　　　（　　）

21.我喜欢躲开人群。　　　　　　　　　　　　　　　　　　　　　　　　（　　）

22.在晚上或社交聚会上与人们交谈对我不成问题。　　　　　　　　　　　（　　）

23.在一大群人中间,我极少能感到自在。　　　　　　　　　　　　　　　（　　）

24.我经常想出一些借口以回避社交活动。　　　　　　　　　　　　　　　（　　）

25.我有时充当为人们相互介绍的角色。　　　　　　　　　　　　　　　　（　　）

26.我尽量避开正式的社交场合。　　　　　　　　　　　　　　　　　　　（　　）

27.我通常参加我所能参加的各种社会交往。不管是什么社交活动,我一般是能去就去。　　　　　　　　　　　　　　　　　　　　　　　　　　　　　（　　）

28.我发现同他人在一起时放松很容易。 （ ）

该量表含有28个条目，包括2个分量表：

（1）社交回避分量表：2、4、8、9、13、17、18、19、21、22、24、25、26、27共14个条目，反映社会交往时的行为表现，主要表现在倾向于一个人独处，不喜欢或者不愿意与其他人进行交流。

（2）社交苦恼分量表：1、3、5、6、7、10、11、12、14、15、16、20、23、28共14个条目，反映在亲自参加社会交往时的情感反应，感到痛苦烦恼，非常不舒服。

每个分量表含有14个条目。评分采用"是—否"的方式，其中有14题为正向计分，14题为反向计分，控制了趋同效应的影响。其中，2、5、8、10、11、13、14、16、18、20、21、23、24、26回答"是"得1分；而1、3、4、6、7、9、12、15、17、19、22、25、27、28回答"否"得1分。

自测结果与分析：

_____

_____

_____

《大学生人际关系行为诊断量表》。这是一份大学生人际关系行为困扰的诊断量表，共28小题，请你根据自己的实际情况，填"是"和"否"。计分标准：选择"是"1分；选择"否"0分。

1.关于自己的烦恼有口难开。 （ ）

2.和生人见面感觉不自然。 （ ）

3.过分地羡慕和嫉妒别人。 （ ）

4.与异性交往太少。 （ ）

5.对连续不断的会谈感到困难。 （ ）

6.在社交场合，感到紧张。 （ ）

7.时常伤害别人。 （ ）

8.与异性来往感觉不自然。 （ ）

9.与一大群朋友在一起，常感到孤寂或失落。 （ ）

10.极易受窘。 （ ）

11.与别人不能和睦相处。 （ ）

12.不知道与异性如何适可而止。 （ ）

13.当不熟悉的人对自己倾诉他（她）的生平遭遇以求同情时，自己常感到不自在。

（ ）

14.担心别人对自己有什么坏印象。 （ ）

15.总是尽力使别人赏识自己。 （ ）

16.暗自思慕异性。 （　　）

17.时常避免表达自己的感受。 （　　）

18.对自己的仪表（容貌）缺乏信心。 （　　）

19.讨厌某人或被某人所讨厌。 （　　）

20.瞧不起异性。 （　　）

21.不能专注地倾听。 （　　）

22.自己的烦恼无人可申诉。 （　　）

23.受别人排斥，感到冷漠。 （　　）

24.被异性瞧不起。 （　　）

25.不能广泛地听取各种意见和看法。 （　　）

26.自己常因受伤害而暗自伤心。 （　　）

27.常被别人谈论、愚弄。 （　　）

28.与异性交往不知如何更好地相处。 （　　）

结果解析：

如果你的总分在0～8分，那么，说明你在与朋友相处上的困扰较少。你善于交谈，性格比较开朗、主动，会关心别人。

如果你的总分在9～14分，那么，你与朋友相处存在一定程度的困扰，和朋友的关系时好时坏，经常处在一种起伏之中。

如果你的总分在15～28分，表明你同朋友相处的困扰比较严重，分数超过20分，则表明你的人际关系行为困扰程度很严重，而且在心理上出现较为明显的障碍。

自测结果与分析：

_____

_____

_____

二、画出你的"朋友圈"

通过绘画的方式，画出你的"朋友圈"，描述自己朋友圈的现状，并进行自我探索，具体的过程如下：

1.准备一张白纸，在上面画一个圈来表示你自己，并标记上"我"。

2.闭上眼睛想想你的朋友们，他们分别是谁，是什么样子的。

3.在白纸上接着画圈来表示你的朋友，每一个圈就代表一个朋友，并用自己能识别的方式分别标记。

4.将"我"和朋友们用线段连接起来，用线段的长短表示自己与这位朋友关系的远近。

5.回忆与不同朋友的交往中,让你印象深刻的故事,思考你与他们的交往方式有什么不同,有哪些地方可以改进。

小结提升

学习目标

- 了解人际交往的概念,认识到人际交往对大学生自身成长发展的重要性。
- 理解人际冲突概念及其客观存在的原因,掌握化解人际冲突的方法。
- 掌握人际交往的原则并能在生活中灵活运用。
- 掌握人际交往中常见的心理效应及其应用,提升有效沟通的能力。

学习要点

- 人际交往是维护大学生身心健康的重要途径,也是促进大学生成长成才的必要手段。
- 人际冲突是客观存在的,是生活的常态,沟通不畅、个人差异、情绪管理和文化差异等都可能引发人际冲突。
- 处理和朋友之间的矛盾时,要尊重对方,控制情绪;坦诚沟通,学会倾听;换位思考,求同存异;学会妥协,寻求支持。
- 处理与家人之间的矛盾时,以真诚、尊重和信任为前提,调整对家人的认知和期待,学习良好沟通的技巧,主动寻找解决问题的多种途径。
- 人际交往中,平等尊重原则是基础,诚实守信原则是基石,宽容谦让原则是助力,互惠互利原则是动力。
- 首因效应、近因效应、量轮效应、投射效应等是普通人际交往中常见的心理效应,会影响我们的人际交往。
- 通过明确沟通目标学会倾听、清楚表达,注意身体语言、表达尊重等方式,在不断学习与实践中提高有效沟通的能力。

第五篇　乐观向上篇

　　乐观是一种积极的生活态度,它使人看到问题的积极面,相信未来会更好。向上则是指不断追求进步,努力提升自己的能力和素质。本篇通过大学生学习心理和生涯规划及能力发展两个主题的讲解,培养学生的积极学习心态,激发他们的内生动力,主动开展职业探索和自我探索,了解国家发展战略、就业形势与政策,引导他们制定符合自己兴趣和能力的生涯规划,更好适应社会的发展和变化,实现个人价值和社会价值的统一。

主题九　探索学习的奥秘
——学习心理

【案例分析】

《人民日报》点赞航天科技集团五院五二九厂高级技师卢锋
——车铣镗钻 严苛加工（工匠绝活）

　　工作17年来，卢锋承担了神舟、天宫、嫦娥、北斗等20多个型号的大型舱体、结构部件及高精度组合加工驻岗工作，实现了产品"零缺陷"，获得全国技术能手称号。

　　站在高达7米的大型高速五轴车铣加工中心操作台里，卢锋的目光紧紧盯着电脑屏幕上的一行行程序代码，侧耳倾听切削的声响，不时来到加工台边，俯身查看切屑的形态……

　　"如果钻头切削时发出尖锐的声音，或者产生的切屑不对称，就说明加工状态不正常，必须立即排查原因。"卢锋说，"生产航天产品不能有一丝马虎，任何一个细小的偏差都可能导致无法挽回的损失。只有做到加工过程零失误，才能保证产品零缺陷。"

　　"当一名技术能手"，这是卢锋很早就定下的目标。他出生在湖北十堰，父亲开了一家机械修理铺。耳濡目染下，卢锋从小就爱摆弄机器零件，渐渐对机械产生了浓厚的兴趣。2002年，尽管高考分数比一本线高出22分，卢锋还是毫不犹豫地报考了武汉职业技术学院机电工程学院。在校3年，他一有时间就跑到实训车间练手艺，东湖、黄鹤楼等知名景点都没空去逛一逛。

　　功夫不负有心人。2004年，卢锋在首届全国数控技能大赛中获得一等奖。因为这次比赛，第二年8月他被特招进了航天科技集团五院529厂，成为"王连友技能大师工作室"的一员；他的师傅正是"中华技能大奖""全国五一劳动奖章"获得者王连友。

　　"卢锋总是问问题最多的那一个"，王连友说，除了干好自己手头的工作，卢锋每每看到其他加工重要产品的设备，就利用午休时间向当班的师傅请教，学习新的加工技术。多年积累，卢锋把车铣镗钻等工种干了个遍，所有产品种类都能上手。

　　529厂承担了许多重要航天产品的工作任务。"我们的产品有3个典型特点：产品价值高、加工难度高、质量风险高，制造工艺极为严苛。"卢锋说。每一次测量前必须做量具校验，图纸上标示的数据要从正向去测量、反向去推算。每次切削加工前，至少要由3个人提出不同方案，反复讨论后优中选优。所有加工方案都要经过自检和互检，再三确认没有问题之后，才能进行加工。

"太空探索永无止境。航天产品也随着任务的需求不同，其结构、材料不断发生变化，基本每一次都是挑战。"在天宫一号舱段的预研阶段，卢锋不断地进行切削试验，力求找到一个最优的加工方案。有时吃饭时琢磨出一个切削参数，他赶紧扔下饭碗去做试验……

最终，他确定了一个理想的参数，用对称切削替代传统的顺序切削，使一节舱段连接框的加工时间由传统加工的27天缩短至9天，实现了大型框类零件的高速高效加工，同时解决了大量切削热易导致产品变形的问题，产品的表面光洁度也提升了一个量级。

新一代载人飞船试验船大底中有一个部件为钛合金材料球形镂空骨架结构，产品整体刚性差，加工难度极大。卢锋灵活运用组合夹具辅助支撑，增加局部强度，改变传统加工方法，用铣削代替车削，即从刀具不动产品转动变为刀具转动产品不动，有效避免车削方式下空刀及车刀片损伤缺点，也使加工周期从80小时减少到10小时，同时提高了产品的精度。

"没有最好，只有更好，团队强才是真的强。"卢锋这些年总共写了二三十本工作记录，除了产品的状态、加工方案、参数等，还标出每一个生产过程的风险点以及后续改进之处。他乐于分享自己的工作经验，先后培养了12名徒弟，其中1名高级技师、4名技师，均已成长为生产骨干。

"三、二、一，点火！"随着指挥员一声令下，火箭托举着卫星稳稳地飞向太空！这是卢锋在西昌观看卫星发射时目睹的场景……当亲眼见证自己加工的产品遨游太空，他内心无比激动，"能从事航天事业，把个人兴趣与祖国需要结合在一起，我感到特别自豪！"他说。

（来源：《人民日报》）

分析

卢锋从一位普通的高职学生成长为被《人民日报》点赞的青年工匠，背后是孜孜不倦的学习劲头和精益求精的人生态度。他将"个人梦"与"航天梦"结合在一起，树立了远大的理想和目标，指引学习和奋斗的方向；他将兴趣与专业结合在一起，在学习和工作中寻找乐趣和成就感，获得了源源不断的动力；他将学习和大赛结合在一起，对学习高标准、严要求，不断精进技能；他将职业生涯和大学规划结合在一起，做好了人生规划和时间管理，把有限的时间投入到有价值的学习当中，获得一项又一项荣誉；他将自我成长和社会奉献结合在一起，兢兢业业、一丝不苟，带领团队突破一个又一个难关。他的故事告诉我们，每一个人都是自己学习的主人，不管我们身处何种境遇，只要树立明确的职业理想和学习目标、开展积极的生涯规划和时间管理、持续不断地刻苦钻研和精益求精，就一定能书写灿烂的人生篇章。

一、领会学习的本质——学习的内涵与特点

(一)学习的内涵

孔子曰:"学而时习之,不亦说乎?"这是学习一词最早出现在人们的视野。古今中外,教育学家、心理学家、哲学家基于不同的研究对学习进行了不同的解释,但长期以来未能形成统一的定义。目前,一般从狭义和广义上理解学习的概念。

从广义上来说,学习是人和动物共有的心理现象,是指个体在生活过程中通过练习获得的行为经验的过程。

从狭义上来说,学习指的就是学生的学习。这是人类学习的一种特殊形式,具体表现为学生在教师的指导下,有目的、有计划、有组织、有系统地进行学习。学生学习的内容包括知识和技能的获得、智力和能力的发展、思想品德和行为习惯的培养。

(二)高职高专学生的学习特点

1.在学习内容上

(1)广泛性。与中学阶段相比,高职院校开设的课程明显增多,除了基础课、专业课,还开设多种多样的选修课,以及实习实训、社会实践、专题报告等课程,这就要求大学生根据自己的需要和能力,有选择地进行学习。

(2)专业性。高职院校的学习活动具有明确的专业性和职业性,一般情况下,高职院校的大一年级侧重基础职业素质与能力的培养,大二、三年级则侧重专业技能与岗位能力培养。所以,这就要求学生有明确的专业概念,了解自己所学专业的知识结构和能力结构,围绕专业方向打好基础。

(3)发展性。随着科学技术的迅猛发展,人类知识不断更新,仅仅单纯地掌握本专业的知识和理论已不能适应社会的需要,高职高专学生还要了解和学习自己所在专业的最新成果和发展趋势,积极地去探索、去思考,大胆去创新。

2.在学习过程中

(1)自主性。高职高专学生学习的主动性随着年级的增高而逐渐增强,该阶段的课堂学习时间相对中学阶段大大减少。与此同时,自主安排的时间较多,学生作为自主学习的主体,需要根据自己的兴趣、能力和需求,合理设置学习计划并独立完成学习过程。

(2)阶段性。如果说高职院校低年级学生的学习态度尚有较多的盲目性和被动性的话,高年级学生则在学习态度上表现出更多的主动性和规划性,他们有更远大的理想、更清晰的目标、更具体的计划、更强大的执行力。

3.在学习方式上

（1）多样性。大学学习的方式呈现多样性的特点。课堂学习是大学生开展学习活动的主要途径，但不是唯一途径，高职高专学生学习包括理论学习、技能训练、跟岗实习等。

（2）实践性。高职院校更加强调理论学习与技能实践相结合，大学生在课余时间可以广泛发现并利用实习实训、课程设计、学科论文、学术讲座、科研活动、社会实践等多种渠道开展学习活动，也可以借助网络、文献资料来探求、积累学科知识以外的知识和经验。

二、做学习的主人——学习的发生机制

你是否还记得幼儿园如何学会第一首歌、第一支舞？你是否还记得小学如何背诵课文和乘法口诀？你是否记得中学如何完成一张张密密麻麻的考试卷子？学习无时无刻出现在我们的生活当中，我们总是在思考如何学得更好，总是在追求所谓成功的结果，却忽略了学习是如何发生的。我们需要追溯学习理论流派本源，掌握学习的发生机制，了解如何针对学习内容选择合适的学习方法。

（一）行为主义学习理论

考试前我们通过大量刷题来巩固知识；当我们的名次进步，家长就会给予精神肯定或者物质奖励，以强化学习行为；我们学习名人名言，用他们的精神和事迹指引我们前进的方向……这些都是属于行为主义学习理论下的学习方式。

该理论认为，个体行为是个体适应外部环境的反应系统，即"刺激—反应"的联结。简单来说，学习过程被解释为被动地接受外界刺激的过程，学习者的任务则是被动接受外界刺激，这种学习方式在基础记忆、技能练习、行为矫正等方面有明显作用。但它把学习者当作灌输的对象，外部刺激的接受器，前人知识与经验的存储器，忽视了学习者是有主观能动性的，有创造性思维的活生生的人，有着自身的缺陷。

拓展阅读

关于行为主义学习理论的实验

1.经典行为主义——巴甫洛夫的狗

经典条件作用学习理论的构建者伊万·彼得罗维奇·巴甫洛夫创历史之先河，第一次系统地提出了条件反射理论。他用狗做了这样一个实验：实验中，一开始狗只有在看到食物的时候才会产生唾液，而听到响铃并不会产生唾液。然后，在每次给狗送食物时都摇铃，经过一段时间的训练，狗便产生了条件反射，也就是只要铃声响起，即使没有食物，狗也会分泌唾

液。本来是毫不相关的铃声和狗,就这样建立了联结,产生了条件反射。他认为当人们被给予一定的外观刺激时,就会产生内在神经或心理反射。他进一步指出:"在人身上可建立很多级条件反射。"

2.操作行为主义——斯金纳的小白鼠

美国行为主义心理学家B.F.斯金纳(B.F.Skinner)做了有名的迷箱实验:将小白鼠放进一个设有杠杆与外面食物相连接的密箱中,小白鼠在密箱内可以自由活动,每次碰到杠杆就会有食物掉落,小白鼠就可以吃到掉落的食物。因此,操作行为主义认为,学习实质上是一种反应概率上的变化,而强化是增强反应概率的手段,小白鼠按压杠杆就是一种行为概率的变化。

3.社会认知行为主义——班杜拉的小朋友

阿尔伯特·班杜拉(Albert Bandura)在实验中,把儿童分为三组,首先让儿童看到电影中的成年男子的攻击行为。在影片结束后,第一组儿童看到成人榜样被表扬,第二组儿童看到成人榜样受批评,第三组儿童看到成人榜样的行为既不受奖也不受罚。然后,他把三组儿童都带到一间游戏室,里面有成人榜样攻击过的对象。结果发现,榜样受奖组儿童的攻击行为最多,榜样受罚组儿童的攻击行为最少,控制组居中。这说明,儿童是通过观察和模仿来开展社会学习的,环境对行为塑造有着重要的影响。

(二)认知主义学习理论

学习新课之前我们会看书本目录,画知识点思维导图,对章节知识内容进行概括等,这些都是认知主义学习理论下的学习方式。

与行为主义学习理论相对,认知学习理论否定刺激(S)与反应(R)的联系是直接的、机械的,而是学习者主动对相关刺激进行解释。他们认为,学习是学习者主动对外界刺激进行有选择的加工产生的,可以帮助我们引发高水平的思维活动。在这种观点下,学习者依然是对外部刺激的对象,相比于行为主义理论,他们只是注意到了人的主观能动性,但还是没有揭示学习过程的心理结构。

拓展阅读

苛勒的黑猩猩

萨尔顿是一只雄性猩猩,它整个上午什么都没吃,已经饿极了。饲养员带着它来到一个房间,天花板上吊着一串香蕉,但是它够不到。萨尔顿对着香蕉又蹿又跳,一直发出不满的吼声。在离香蕉不远的地上,它发现一根较短的棍子和一只很大的箱子,它拿起棍子试图把香蕉打下来,可是还是够不到。萨尔顿变得越来越愤怒,突然,它直奔箱子,把它放在香蕉的下面,爬上去,轻轻一跃就够到了香蕉。

几天之后进行第二次实验,这次香蕉被挂得更高,而且不再有棍子,但是这次屋内放有两个箱子,一个比另一个稍大一点。萨尔顿自以为知道该怎么做,它把大箱子搬到香蕉下面,爬上去,准备跳起来,但是香蕉挂得太高了,根本够不到。接下来,萨尔顿急得抱着小箱子满屋子乱转,愤怒地吼叫着,还踢着墙壁。显然,它并没有想到把两个箱子叠起来,只是拿着箱子出气。这时,它突然停止吼叫,将稍小的箱子放在大箱子上面,然后爬上去,成功地够到了香蕉。

在后来的很多年里,苛勒做了一系列的实验对黑猩猩的智力进行研究。在这期间,他设立了许多不同的难题让猩猩解决,猩猩似乎总能时不时地突然在节骨眼儿上想出解决问题的方法。而这种学习方式被苛勒解读为"顿悟"。

(三)建构主义学习理论

小组讨论、合作学习、辩论赛等都是常用的建构主义理论下的学习方式。

它强调学生的巨大潜能,认为教学要把学生现有的知识经验作为新知识的生长点,引导原有的知识经验中生长出新的知识经验。知识不是通过教师的传授获得的,而是学习者在一定的情境,即社会文化背景下,借助其他人(包括教师和学习伙伴)的帮助,利用必要的学习资料,通过意义构建的方式获得的。但建构主义过于强调个性和主观性,忽视了知识的客观性和系统性。

拓展阅读

鱼牛的故事

从前,有一条鱼和一只青蛙,一起在一口井里生活了很长时间。有一天,青蛙跳出了井,来到了岸上,它东看看,西看看,觉得一切都是那样的新鲜。这时,它看到前方不远处有一头牛,就仔细地观察了一番。回到井里后,它向鱼描述自己在岸上看到的事物,介绍得最具体的就是牛了:它的身体很大,头上长着两个犄角,吃青草为生,身上有着黑白相间的斑点,长着四只粗壮的腿,还有大大的乳房。鱼边听边把牛的样子画了下来,但它画的仍然和鱼的模样一样,一个大大的鱼身子,身上有着黑白相间的斑点,长着四只粗壮的腿,头上长着两个犄角,还有大大的乳房,嘴里吃着青草。

为什么会出现鱼牛这样一个画面呢?因为,青蛙描述的牛是基于青蛙实际看到的,而鱼理解的牛是基于鱼自己的身体想象的,因此学习是基于原有知识经验生长出来的,学习的关键还是在于自我建构。

从上述理论学习我们可以看到,每一种学习理论在不同的学习目标和环境中发挥着不同的作用,没有绝对好和绝对不好的学习方法,要辩证看待它们的优缺点,要学会针对自身的特点、不同的学习内容、不同的学习资源选择合适的学习方法。

问题解决

一、我不喜欢现在的专业,该怎么学习?

有的同学所读专业不符合自己的志愿、有的同学在报考专业时没有充分的了解,还有的同学在学习过程中发现自己对专业兴趣不大,导致学习起来非常痛苦,又无法转专业,苦恼该如何提高兴趣、继续学习。这实质上是对专业学习的学习动机不足所带来的心理困扰,我们需要从学习动机的内涵、影响因素和激发策略上寻找答案。

(一)学习动机的内涵

学习动机是指引发并维持学习活动的倾向,是直接推动人们学习的动力[①]。学习动机反映着学习者的某种需要,它决定了学习的方向,决定了学习的进程,是影响学习效果的重要因素之一。

专业学习动机不足的表现有对学习提不起兴趣、不肯用功、主动性不强、对学习抵触和消极、注意力不集中、作业拖拖拉拉、敷衍了事等,动机不足可能会导致厌学、挂科等不良后果。

(二)学习动机的影响因素

1.影响学习动机的外部因素

(1)社会因素。人们会不自觉地受到社会环境的影响和制约,社会环境对学生的影响复杂且持久,包括社会价值观、知识观、学习观、就业观等,比如受"读书无用论"思想影响,则会对专业就业前景感到悲观,从而降低自己的学习动机。

(2)学校因素。学校的专业课程设置是否合理、教学方法是否科学、学习氛围是否浓厚、校园环境是否优美、班级氛围是否融洽、师生关系是否和谐、学习活动是否有意义都对学生的身心发展有着潜移默化的作用,都在不同程度上影响着学习动机的强弱。

(3)家庭因素。家庭对学生学习动力的影响是复杂而深刻的,比如家长对专业的认知会在很大程度上影响学生专业的认知和态度,从而影响学生专业学习的积极性和主动性。此外,家庭提供的学习条件、家庭和谐、家庭氛围、经济基础等,也对大学生的学习动机产生巨大影响。

(4)互联网影响。在科学技术高速发展的大背景下,信息技术已经渗透到社会的各个方面,"互联网+教育"已经成为互联网科技与教育领域相结合的一种新的教育形式,大学生

[①]张宏如,沈烈敏.学习动机、元认知对学业成就的影响[J].心理科学,2005,28(1):114-116.

学习方式和途径的越来越多样化。一方面学生可以更加便捷地获得大量学习资源,有助于个性化学习和深度学习,另一方面可能导致部分同学学习注意力比较分散,易受网络海量信息和网络游戏等因素干扰,导致学习困难和动力不足。

2.影响学习动机的内部因素

(1)学习目标合理程度。学习目标与个人的职业生涯规划关系密切,但部分同学在大学期间无法对自己进行准确定位,尤其是大一新生,对专业的发展趋势不了解、就业岗位认知不清晰、个人理想信念模糊、职业发展紧迫感不足等导致缺乏规划和学习动机不足,将在很大程度上影响学习目标设置的合理程度。

(2)学习兴趣浓厚程度。专业学习动力的最大缺失就是没有学习兴趣,不管是孩子学习还是成人的学习,学习兴趣都很重要。比如,部分学生所学专业,起初并不是自己的选择,而是家人从好找工作、挣钱多的设想给予选定的,较少考虑自己的兴趣。他们平时与专业教师、高年级学生交流少,对专业前景多是一知半解,学习缺乏热情。更有少数学生认为,所学专业与自己就业方向没有必然关系,只要读过大学或者拿到毕业证就行了。

(3)学习策略科学程度。学习策略就是学习者为了提高学习的效果和效率,有目的有意识地制订的有关学习过程的复杂的方案①。也就是学习者所制订的学习计划,采用的学习路径、方法和技巧等。例如,专业学习策略使用不当,导致学习成绩不理想,降低了自信心和成就感,因此就会对专业学习动机产生消极影响。

(4)职业价值观的正确与否。一些学生以功利主义、实用主义的价值观狭隘地理解就业,认为上了大学就是为找份理想工作、坐办公室、拿高薪,而看到专业对口的岗位是基层技术岗位,便在专业学习上打了退堂鼓。在学习动机内容中,社会利益、国家利益的成分考虑较少,学习动机的自我性、功利性突出,社会性欠缺,学习行为上表现为突出的急功近利倾向,青睐能掌握速效发财的"技巧"、轻松成才的"秘诀"或"策略"等。

(三)如何激发和保持学习动机

1.从人生理想中寻求目标

激发学习内部动机,应该从兴趣和理想着手,找到自己愿意为之奋斗的方向,才能获得源源不断的动力。随着新一轮科技革命和国家产业结构升级,高素质技能人才也成为支撑社会经济转型升级的关键资源。我们应该把专业学习定位于相关领域行业、产业发展之中,确立自己的职业目标和人生理想。

确立人生理想的同时,我们还需要针对不同的阶段设置不同的目标。目标不仅要明确,而且要设置合理。轻易即可达到的目标将丧失其激励作用;目标定得过高,束之高阁,

①刘儒德.论学习策略的实质[J].心理科学,1997,20(2):179-181.

也只能是纸上谈兵,同样达不到确定学习目标的目的,要从客观实际出发,把目标建立在切实可行的基础之上。

(1)设置合理目标:

①分析实际。分析实际时我们需要考虑以下几个因素:a.本专业的总体培养要求;b.各专业课的基本要求及特点;c.自己现有的知识基础;d.可利用的时间和精力。

②确定目标。明确自己的实际情况后,再设置目标。评价目标是否合理的一种方法是看目标是否设置在虚线之间,即目标位于自己的真实水平上下。例如,如果自己的真实水平是80分,理想水平与保险水平分别为90分与70分,那么可以将目标设置为75~85分。

(2)分层设立目标。有的同学认为考上大学就是最终目标了,从此以后就可高枕无忧,因而不思进取,更不用说用功学习了。他只知道完成当下的目标,至于下一阶段的目标到底是什么,他还没有明确的认识。在别的同学为了找到好工作或继续深造而努力拼搏的同时,他的学习积极性每况愈下。

长期向着一个目标前进并不是件容易的事。很多同学总是对将来怎么样信誓旦旦,但是一到具体怎么做的问题,就会泄气三分。我们确定目标之后该怎么做呢?

首先要做的是将目标分层。将目标分为远期、中期和短期三个层次,如学年目标、本学期目标、每日目标等。设置三个层次的目标,按照目标行事,并定期对其进行评估。

将大目标分割成多个中目标,中目标再分割成许多个小目标。简单的目标的实现当然容易,当每个小目标实现了,那中目标自然也能实现,而中目标都实现了,大目标也就不那么难了。大目标的实现是基于小目标的积累,每个时间段的任务做好了,总目标也自然会实现。

2.学会正确归因

美国心理学家维纳提出的归因理论(表9.1),认为人们对自己的行为及其结果的归因是复杂而多维的,并且自我的归因将影响到今后类似行为的动机。

表9.1　维纳三维度六因素归因理论

归因种类	归因维度					
	归因来源		稳定性		可控性	
	内部	外部	稳定	不稳定	可控	不可控
能力	√		√			√
努力	√			√	√	
工作难度		√	√			√
运气		√		√		√
身心状况	√			√		√
其他		√		√		√

他认为人们在解释自己或他人的行为结果的原因时往往考虑以下六个方面:能力(或天资);努力程度;任务难度(工作难度);运气(机会);身心状况;其他(如别人的反应)。维纳对这些成败的原因从三个维度上进行了归类:

(1)归因来源,即把成败归于自身内部原因还是外部原因。内部原因包括能力、努力、身心状况;外部原因包括任务难度、运气和别人的反应。

(2)稳定性,即原因是稳定的还是不稳定的。能力和任务难度是较稳定的原因,而努力、运气、身心状况和别人的反应则是不稳定的。

(3)可控性,即原因是否可以由自己控制。努力是可以由自己控制的,而能力、任务难度、运气、身心状况和别人的反应均非个人所能控制。

当我们把专业学习失败归为能力低时,可能使我们丧失学习的动力;而当我们把专业学习失败归为不够努力时,则有利于我们提高学习动机。相反,如果我们把专业学习成功的原因归为努力时,有利于提高学习动力;而当我们把专业学习成功归结为运气时,则可能降低学习动机。

积极的归因是:把专业学习成功归因于自己的努力、端正的态度和正确的学习方法;把专业学习失败归因于自己努力不够、学习方法不正确,而不是缺乏能力,也不是社会和教师因素。

为此,我们在专业学习中,要获得"努力就能成功"的体验,它能帮助我们发现自己的能力,树立自信。

3.树立新的学习观念

(1)自主学习观——从"要我学"到"我要学"。当我们被动地接受教师布置一个又一个学习任务时,我们会感觉应接不暇,而且疲于应付。但若是我们主动规划自己的学习,做好学习规划和时间管理,那么结果可能就是,心满意足地完成学习任务甚至是超额和高质量地完成了。这就需要我们转变学习的观念,从"要我学"转变为"我要学",也就是树立自主学习的理念。

自主学习的理念是相对于传统教育的被动学习而提出的,在传统教育中,教师是主体,学生是客体,学生被看成单纯地接受知识的"容器",学生的自主性被抑制了。而自主学习观要求以学生为主体,以学生为中心,强调学习是学生主动探求知识,完善自身的过程。

(2)快乐学习观——从"苦学"到"乐学"。"书山有路勤为径,学海无涯苦作舟""头悬梁,锥刺股",传统观念一直强调学习要靠下苦功夫。这样的观念确实能起到激励人的作用,但是如果一味只是强调"苦",而不能让人在学习中体验到"乐",学习者就会把学习当作一件苦差事,把学习与快乐对立起来,以至于学习成为一种负担,是一种被迫的行为了,因此许多人从苦学走向了厌学,这样的状况下如何谈终身学习、自主学习。

当我们换个角度看学习的苦乐,如孔子所言"学而时习之,不亦说乎",如果能在学习中得到愉快的享受时,学习就会成为一件吸引人的事。

现代的学习观强调自主学习、创新学习,学习是一个自主和创新的过程,这就说明现代学习在本质上应该是快乐的。学习者以一种自由的精神、自觉的态度、积极主动的姿态投入学习,在学习中得到成功的体验,享受到自主探索的乐趣,即使花很多的时间和精力,这样的学习也不再是辛苦的负担,而是一种人生的享受。

要做到快乐学习,我们首先要培养对专业学习的兴趣,浓厚的兴趣会使我们产生积极的学习态度,推动我们兴致勃勃地去进行学习。将直接兴趣和间接兴趣结合起来,让"兴趣"转化为"志趣",从而全身心地投入学习,达到快乐高效的学习。

(3)终身学习观——从"学历社会"到"学习社会"。传统社会中,人们往往认为人的一生可以分成两个阶段,前一阶段接受教育,后一阶段将所学用之于社会。终身学习观终结了这种传统的学习观,它强调学习应该始终贯穿人的一生,人通过不断的学习获得一生所需的知识、价值和技能,最大限度地发挥人的潜能,以应对未来快速多变的社会环境。在终身学习观的视野里,学习完全带入人们的生活、工作,始终与人的一生相随,因此"活到老,学到老"不再是一句泛泛的劝学之言,而是成为一种生活方式。

大学生的学习不能局限于课堂知识的学习,而应该突破时间和空间的限制,树立终身学习的观念,获得终身学习的能力,才能在激流涌荡的信息社会保持清醒的头脑,自立于世。

二、我就是学不好,该怎么办?

为什么学习总是让我感觉到是一件很难的事情?为什么我已经按照学习安排完成学习任务了还是成绩不理想?为什么我的学习效率总是不高……实质上,这是学习策略不当所造成的。

(一)学习策略的概念

学习策略就是学习者为了提高学习的效果和效率、有目的有意识地制订的有关学习过程的复杂的方案。[①]

大学的自主性、专业性的学习特点,加之大学里课程门类多、课时多,教师讲课又不拘泥于一本教材,这就要求当代大学生具有较强的独立思考能力、解决问题能力、与人合作能力等。刚进入大学的学生仍然习惯于中学阶段的学习策略和方法,对不同学科、不同任务所采用的学习方法趋同,多表现为重复地诵读和机械地练习等较低水平的复述策略,而这

[①]刘儒德.论学习策略的实质[J].心理科学,1997,20(2):179-181.

样的策略难以将所学知识进行整合,因此学习效果不好,成绩不佳。

有调查分析了新形势下大学生学习心理问题,发现9.2%的学生"有计划,有时执行",20.3%的学生"有计划,难以执行",16.3%的学生"没有计划";52%的学生课余投入最多精力的是与学习无关的事情;55.1%的学生"有时预习",17.9%的学生"极少预习",5.6%的学生"从不预习";51.0%的学生"有时做课堂笔记",5.8%的学生"等复习一齐抄",4.1%的学生"从不做";在创新学习水平自我评价上,认为"一般"者占52.2%,认为"差"者占10.2%。

学生学习策略不当有很多表现。有些是缺乏计划,也就是对学习毫无计划性,或者虽然有计划,但因拖延症严重而未能实现。有些是投机取巧,也就是平时不学习,期末考试前临阵磨枪、死记硬背,收效甚微。更多的是不得要领,主要是在平时的课程学习中,倾向于沿用中学的学习方法,找不到课程的重点与难点,甚至听不懂老师所讲的内容。还有不求甚解型,仅仅满足于课本或者课程学习,不去进行更多的课外阅读或者实践学习。

(二)选择合适的学习策略

学习策略主要包括三种,即认知策略、元认知策略、资源管理策略,学习者可以基于自身不同的学习特点、承担的不同的学习任务和掌握的不同的学习资源,选择不同的学习策略,这三种策略的有机结合能帮助我们适应自己的学习需要,以达到学习效果最优化的目的。

1.认知策略

认知策略是指学习者用来组织和加工学习材料的策略,包括复述策略、精细加工策略和组织策略。复述策略包含抄写、背诵、默写等;精加工策略包含口述、总结、做笔记、想象、类比等;组织策略包含列提纲、画思维导图等。

2.元认知策略

元认知策略是指学习者安排学习时间、选择有效的学习计划、解决问题、监控自己的学习状况等方面的策略,它包括计划策略、监控策略(注意策略)和调节策略。计划策略包含制订学习目标、浏览学习内容等;监视策略包含监控自己的注意力、检查自己对学习内容的掌握程度等;调节策略包含调整阅读速度、调整学习方法、运用应试策略等。

3.资源管理策略

资源管理策略的主要作用对象不是学习材料本身,而是完成学习任务所需要分配的时间、争取的资源、优化的环境、付出的努力等。如时间管理策略包含如设立学习进度表等;学习环境管理策略包含寻找安静的或固定的学习场所等;努力管理策略包含调整心境、自我强化、坚持不懈等;寻求支持策略包含寻求老师或同学的帮助、参与小组学习、获得个别指导等。

【案例分析】

小林是某高职院校的学生,在开学考试中高分通过,令身边的同学羡慕不已。然而只有小林自己知道,在备考的过程中付出了多少心血。以背单词为例,小林认为记忆单词是英语学习的地基,地基打不好,房子也建不起来。重点还是在于重复,我们总是希望一次性把所有单词背下来,或者觉得前几天背的单词过几天就忘了背了也没用,这都是误区。而她记单词的方法是:

(1)制订计划:每天定一个目标,背30个单词,选择图书馆或者空教室在规定天数内把需要记忆的单词背完。

(2)单词分类:每天背的单词书中30个单词,会有一部分是完全记得的,一部分是好像记得又好像不记得的,有的是完全没见过的。这三类分别用不同符号或者不同颜色的笔标记出来,除了完全记得的,其他的单词全部抄在一个本子上,本子上就全部是模糊记得或者是完全不记得的单词。

(3)记忆:把本子上的单词用联想记忆或者其他记忆方法先背一遍,再看第二遍哪些认识,哪些不认识(做好标记)。继续过第三遍、第四遍,直到都比较熟悉。如同"扫雷"一样,把不认识的全部扫成认识的。

(4)复习:第二天在背新的30个单词前,先把前一天背过的单词过一遍,记不记得都没有关系,不要着急,过一下就行,每天在睡前也巩固一遍。

(5)循环:从头开始,可以加大量,因为大部分都记下来了,就可以一天对100个单词进行复习。一本单词书,这样循环两三次就全部背下来了。

心理分析

小林在单词记忆中充分使用了认知策略、元认知策略和资源管理策略,她制订了周密的学习计划,监督自己按照既定的学习计划完成单词记忆任务,这是典型的元认知策略;她采用复数、做笔记、联想等方式记忆,是充分运用认知策略的表现;她选择安静的学习地点,如图书馆或者教室进行学习,也是资源管理策略运用得当。

(三)优化学习策略的记忆

1.记忆的概念

为什么上课时老师讲的知识点都听懂了,但是测验的时候头脑一片空白? 为什么期末考试临时抱佛脚复习的知识很快就遗忘了? 为什么一到实训操作环节,之前学习的步骤顺序都不记得了,得看看旁边同学的操作……这实际上是对记忆的原理和规律把握不到位,没有找到合适的记忆方法和策略所导致的。高职院校的学习内容既有理论又有实践,但都离不开对知识点和技能点的记忆和把握,不管未来是专升本还是就业,掌握记忆规律和策略对于提升学习效果有重要意义。

《辞海》中对"记忆"的定义是:"人脑对经验过的事物的识记、保持、再现或再认。"识记是指运用一定的信息加工手段对知识点进行识别和记忆的过程;保持是将识记的内容进行巩固和强化的过程,使识记的内容能否长期储存在脑海中;再现或再认是指在特定情景下检索和提取知识的过程。因此,可以将"记忆"理解为人们对客观事物进行信息编码、储存和提取的过程。

2.常用的记忆策略

(1)关联记忆。记忆并不是一个单一的大脑活动,关联记忆能让我们更好地理解所学的知识并储存于大脑中方便提取。一方面,将新学的知识跟原有的知识相结合,建立知识的逻辑体系,比如画思维导图、列图表等。另一方面,创设情景,将知识与现实生活中的情境和事物相联系,当我们需要提取新知识的时候只需要联想到关联的情景和事物便会唤醒记忆。

(2)循环记忆。德国实验心理学家艾宾浩斯(Ebbinghaus)提出著名的艾宾浩斯遗忘曲线。艾宾浩斯遗忘曲线表明,记忆的遗忘是不均衡的,遗忘在记忆完成后即刻产生,遗忘的速度是先快后慢。这意味着,在记忆之初,遗忘的速度非常快,随着时间的推移,遗忘的速度就开始减慢,遗忘的速度与时间成反比。

因此,在记忆过程中要制订周密的复习计划,尤其是一开始就注重强化,学习内容就会掌握得比较牢固。为强化记忆、防止遗忘,需要进行重复循环记忆。有研究推荐在学习后的10~15分钟,进行第一次复习,接着实施"1的法则",在1小时、1天、1周、1个月、1季这5个时间点,重新检视记忆的状态,能保障记忆效果。

(3)多感官参与。对知识信息进行加工处理的过程,需要多感官的参与,可以运用听、说、读、写、看等方式结合的方法来强化记忆,比单纯的默看或者默读效果要好。比如,高职院校的专业课程有许多是实操类的课程,我们可以用"理解—操作—记忆—操作"的规律循环往复记忆,不能割裂开理论和实践来记忆;比如对于理论课程,我们可以采用听、说、读、写等方式多感官参与记忆。

(4)理解记忆。记忆是建立在理解的基础之上的,靠死记硬背的知识不仅容易忘记,还会成为无法运用的"死知识"。因此,只有真正理解的知识才能内化,才会记得牢记得久,成为能用起来的"活知识"。还可以运用"费曼学习法"进行记忆,费曼学习法指的是将所学习的内容讲述给其他人听,通过给他人讲解知识点来巩固自身的学习,这种方法理解更深刻,记忆也就更深刻。

(5)科学规划。记忆和遗忘都有自身的规律,需要科学地规划记忆方案,才能使记忆达到最佳效果。在空间选择上,尽量选择较为安静和学习氛围浓厚的场所,以避免干扰。在时间上,制订长期和短期的目标和计划,循序渐进推进记忆。此外,一般上午8—10时、下午3—4时、晚上7—10时为最佳记忆时间,可以充分利用以上三个时间段进行记忆。在策略选择上,针对不同的知识和技能点选择不同的记忆策略,如人物记忆可以采用联想记忆法、数字记忆可以采用拆分记忆法、物理原理可以采用推导记忆法、技能操作可以采用实践记忆法等。

三、一谈到学习我就心慌,该怎么应对?

(一)学习焦虑的表现

有些同学学习能力并不差,学习也不吃力,成绩也不错,但就是觉得"紧张得透不过气来"。这些同学往往是学习压力过大,精神高度紧张,在面对繁杂的学习内容时不知所措,思维紊乱,注意力不能集中,记忆减退,导致学习效率下降。

还有些同学害怕别人的否定评价,课堂上害怕提问,一听老师提问就紧张,趋向回避、退缩,对考试有恐惧心理,也有些同学上了考场就紧张,拿到考卷就"脑子里一片空白",出冷汗、回忆困难等。

焦虑是一种适应性情绪,是个体在面对危险时进行的一种身心准备[①]。学习焦虑是一种普遍的心理现象,适度的焦虑是有利于学习的,如更加集中注意力、抵制干扰、效率更高等。但焦虑过度则会引发一系列的不良反应。学习焦虑过度的突出表现是考试焦虑,即在临考前或临考时产生紧张与恐惧的情绪状态,也是存在于大学生当中的最普遍的学习心理障碍之一。

【案例分析】

期末考试的考场外,突然出现了两名医护人员,打破了走廊的寂静。不一会儿,医护人员将学生小琛从教室里搀扶出来。原来是小琛在考场里出现了头晕、心慌、呼吸困难的情况,只能提前结束考试。测血糖、量血压、听诊,各项检查下来,小琛的身体并没有什么异样,休息了一会儿之后,慢慢平复了一些。小琛说,因为考试压力太大,考前的晚上几乎一夜没睡,就怕考砸、挂科,考试当天又吃不下东西,和紧张情绪夹杂在一起,所以才出现了考场里的那种情况,没想到最后还是耽误了考试。

分析

小琛越是担心考砸,情绪就越焦虑,影响了正常的睡眠和饮食,进而产生了躯体化的头晕、心慌、呼吸困难等表现,最终反而无法继续完成考试,这是典型的考试焦虑过度的表现。轻度的焦虑一般表现为轻微的紧张、担心、害怕,持续时间短,不会影响身心健康,不需要特殊处理;中度焦虑持续时间较长,在轻度焦虑表现上程度有所加深,需要自我调节;重度焦虑则会出现明显的身心反应,比如失眠、腹泻、呼吸困难、健忘、手抖、大脑空白、记忆减退等,在很大程度上影响身心健康和学业质量,需要进行专门的心理咨询或治疗。

[①]金光华,董好叶.大学生自我效能感、考试焦虑与学习成绩的相关研究[J].教育与职业,2007(24):103-105.

还有研究显示,考试焦虑对学习成绩的影响与学生的年级有关。大学一、二年级的学生学习成绩受考试焦虑影响比较大,这可能是由于低年级学生的学习成绩受学习方法、学习态度、自学能力、环境等影响较大,情绪波动大。

(二)如何应对学习焦虑

(1)认真复习,认识自己的优势,正确评价自己。80%的人的考试焦虑是由复习准备不充分引起的,牢固掌握知识是克服考试焦虑的根本方法,考试前认真复习,查漏补缺,不断使自己的实力与期望值相接近,胸有成竹,那么考试来临之际也不会慌乱了。

(2)改变认知,进行积极的自我暗示。当考试来临之际,我们要学会客观地评价自己,不可妄自菲薄,在自身实际水平的基础上,不断地进行积极的暗示,放下思想的包袱,树立自信心,笑迎考试,发挥出正常水平,甚至超常发挥。

(3)调整作息时间,拥有充足的睡眠。充足的睡眠不仅可以消除疲劳,使思维反应更为敏捷,还能促进人体的新陈代谢,使人能够注意力集中,提高记忆效率,富有想象力。因此,正如一句古话所说的那样,"磨刀不误砍柴工",要想得到事半功倍的效果,蛮干是不行的,高强度的疲劳战也是得不到好效果的。

(4)进行适当的放松训练,调整心态。众所周知,焦虑和放松是不会同时存在的,若一个人的神经长期处于绷紧的状态,那么想要不焦虑是不可能的。因此,经常进行自我放松训练,如听听歌,看看小品,散散步等,不仅能够消除人的紧张状态,更能起到克服考试焦虑,使人身心得到休息与恢复。

(5)合理宣泄,进行自我恢复。一个人若是长期处于高度紧张的状态,情绪得不到宣泄和调整,经过一定时间的积累,焦虑的症状也会随之而来。因此,学会情绪宣泄,如向家人好友倾诉、放声大哭或大笑、写日记、跑跑步等,都能够在一定程度上缓解压力,保持心理平衡,防止考试焦虑。

(6)积极地进行心理咨询,克服心理障碍。当考试焦虑达到一定程度,而不能够进行自我恢复的时候,我们就有必要进行一些相关的咨询了,在专业人士的指导下,我们也就能够更好地认识自己,克服心理障碍。

拓展阅读

学习焦虑之升学

在高职院校学生的未来发展规划中有不少学生选择了升学,然而很多同学对升学有着不确定感和紧张焦虑,大大降低了备考的效率和效果。要克服升学焦虑的最好方法就是做好充足的准备、合理的规划、压力的缓解和科学的策略。

1.选择学校和专业

在确立了升学的选择之后,首要的事情就是选择学校和专业。对内我们需要分析自己的专业倾向、兴趣爱好、职业规划、学习情况等,对外我们需要分析报考学校的地理位置、专业排名、考试科目、录取人数、历年录取分数等,综合选定学校和专业。

2.制订计划和执行

一般专升本需要提前半年到一年开始准备,那么我们就需要做好这段时间的学习计划,尤其是每一门考试科目的学习计划。在计划执行的过程中,我们会遇到各种各样的"诱惑",比如一同备考的同学弃考了、隔三差五的聚会等,都需要我们有强大的意志力去克服,使我们的行动按照既定的目标和计划执行。

3.调整心态和放松

升学考试焦虑会带来一系列精神和身体上的问题,比如失眠、食欲不振、心烦意乱、心悸心慌等,这就需要我们采取一些措施让自己平静下来。比如,与亲朋好友倾诉压力和烦恼、适当的规律运动、听喜欢的音乐、吃一顿喜欢的食物、深呼吸等,这些都可以帮助我们缓解考试压力。同时,我们还需要调整认知,如果我们的关注点聚焦在考试考砸了怎么办上面,我们的焦虑只会越来越严重。而如何把注意力放在想象自己会成功上,自己能够通过考试上,就可以增强专升本的自信心,或者哪怕考不上,努力了就不后悔上,也就不那么焦虑了。

4.掌握方法和策略

比如通识科目英语阅读的准备,可以采用如下方法:

(1)定计划:坚持每天2篇阅读。

(2)做阅读题:2篇阅读按照时间要求做完,不能拖沓,计算好一篇阅读可以分配的时间。

(3)核对答案:核对答案不是简单地看对了几题、错了几题。这只是第一步。

(4)分析阅读:

①翻译:一般阅读题答案都有翻译,把整篇阅读的翻译一句一句学一遍,分析阅读文章的句子、结构、类型等。

②题型:一般有细节题(事件、人物、指代等)、标题(拟标题)、推断题(接下来将说哪些内容)、判断题(给出四个选项判断对错)等,学会分析归类就能找到答题规律。

③复盘:把阅读中的生单词、语法用法还有规律性的要点记下来。

(5)积累:在第二天做阅读之前花10分钟把前一天的两篇阅读读一下,知识点再复习一遍。

长此以往,阅读水平能力都会大大提高。有一定的题量积累固然重要,但会动脑筋思考方法更关键。

四、我想在学校参加各类技能比赛,该如何学?

有研究对2022年全国高职院校毕业生就业调查的分析发现,技能竞赛参与能够显著提高毕业生的就业落实率和获得高薪、对口、优岗、稳定工作的可能性,且技能竞赛获奖带来的就业质量改善效果更大。技能竞赛培养的能力可迁移到未来的技术技能型岗位中,同时竞赛也提供了学习的驱动力。在技能竞赛中,学生边做边学,专业知识学习带来及时的实践反馈,学习周期相对较短,符合高职学生的学习特点。技能竞赛的培养模式能够提供当下学习的反馈和意义感,这是驱动职业教育学生学习的核心动力,有助于形成个体的核心就业能力[①]。其他类型的竞赛对我们的学习动机和学习效果同样具有积极影响,那我们应该如何规划竞赛呢?

(一)做好赛项选择

高职院校竞赛主要分为技能竞赛类、创新创业类、语言文化类、科技创新类,我们可以根据自己的兴趣爱好、专业背景、能力特长等选择合适的赛项。具体如下:

技能竞赛类:如世界技能大赛、中国技能大赛等。该类型比赛主要是围绕各种技能进行,如烹饪、美容美发、汽车维修、电子技术等。通过参加技能竞赛,学生可以全面提升自己的专业技能和实践能力,增强专业素养和创新意识。

创新创业类:如"挑战杯"大学生创业计划竞赛、全国大学生广告艺术大赛等。该类型比赛主要是培养学生的创新意识和创业精神,促进科技和市场的结合,推动青年创业,提高创业成功率。

语言文化类:如全国高职院校英语竞赛、全国高职院校汉字文化知识竞赛等。该类型比赛主要是提升学生的语言文化素养,培养学生的语言表达能力和国际视野,推动高职教育国际化进程。

科技创新类:如全国高职院校智能车竞赛、全国高职院校机器人竞赛等。该类型比赛主要是激发学生的科技热情,提高学生的科技创新能力和实践能力,推动高等教育教学改革和科技创新。

(二)做好心理建设

在参加竞赛前、竞赛中和竞赛后都需要我们建立良好的心态,才能应对竞赛带来的压力和挑战。比如竞赛前,我们需要做好持久战的心理准备,并树立攻坚克难的信心和勇气;竞赛中,我们需要克服焦虑心理,保持镇定,学会调控压力;竞赛后,我们需要调整得失心,坦然面对竞赛结果。

(三)做好时间管理

在参加竞赛的过程中,我们既要进行专业课程学习又要备赛,摆在我们面前现实的问

[①] 杨钋,杨钰鑫,姜琳丽,等.技能竞赛对高职毕业生高质量就业的影响.[J].北京大学教育评论,2023,21(3):69-97.

题是时间不够用。著名的管理学家科维提出了时间管理理论,可以帮助我们更好地进行时间管理和规划。他认为可以按照任务重要和紧急两个不同的维度把事情分为四类,如图9.1所示。

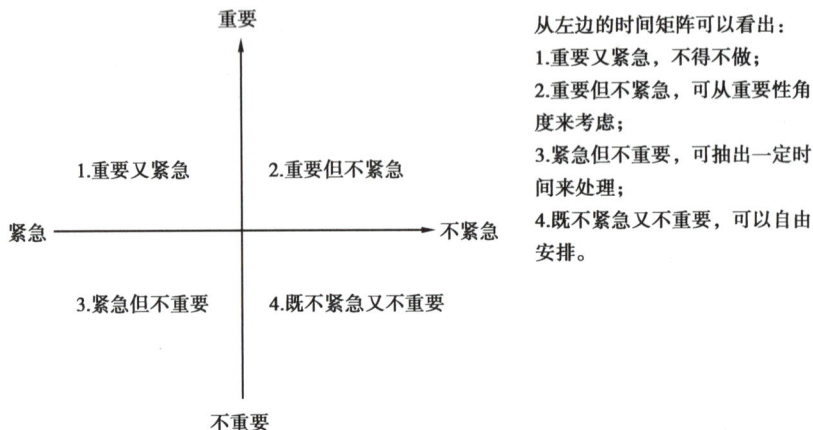

重要

1.重要又紧急　　2.重要但不紧急

紧急 ——————————————— 不紧急

3.紧急但不重要　　4.既不紧急又不重要

不重要

从左边的时间矩阵可以看出:
1.重要又紧急,不得不做;
2.重要但不紧急,可从重要性角度来考虑;
3.紧急但不重要,可抽出一定时间来处理;
4.既不紧急又不重要,可以自由安排。

图9.1　时间管理理论

根据上述原理,将每天的事情按"四象限"矩阵形式列出,看看自己是否明确事情的轻重缓急。重要的是需要考虑为什么会落入这个象限,是急迫感使然,还是出于重要性的考虑? 如果是前者,那么当重要性消失后你便会滑落到第三象限;如果是后者,当急迫感消失后你会移到第二象限。知道了方法,那我们怎样来划分标准呢?

优先做的事:重要又紧急的学习任务;

可延缓的事:重要但不紧急的学习任务;

可不做的事:紧急但不重要和既不紧急又不重要的事。

进一步明确各象限中的任务。我们生活中很难将所有的事情都清楚地划分成四个象限。每个象限之间是连续的,有些部分互相重叠。在众多的事情中必定有一件是我们必须最先完成的,也就是说第一象限里还有第一象限,而第二象限里同样还有第一象限。因此,我们还需明确各象限中学习任务的轻重缓急,并逐项完成它们。

(四)做好平台使用

在备赛和参赛的过程中,我们要充分创造和利用资源来获取竞赛优势。如指导老师的宝贵经验、曾经获奖的学长学姐的竞赛历程、学校实训室和数字化资源平台(如国家职业教育智慧教育平台)的利用等,这些都可以为我们的竞赛准备添砖加瓦,赋能个人职业成长。

实操练习

一、目标设置训练

请每人在纸上写出你大学几年所要完成的5件大事,然后按如下要求做:

如果现在有特殊事件发生,你必须在5件大事中抹掉两项,体验一下你现在的心情如何?

现在又有特殊事件发生了,请你再抹掉1件,心情如何?

还要抹掉1件,心情又如何?

现在只剩下1件,这是你5年内最想干的,对你来说也是最重的1件大事,这就是你当前为之奋斗的目标。

二、水杯实验

向透明水杯中依次装入大石块、小石子、细沙子和水,观察水杯满了没。

(1)实验揭示了什么道理?

(2)不先向水杯中装入大些的石块,而是提前向杯中装入细沙子或水,那么大石块将再也无法放进去。这有什么寓意呢?

(3)在作业纸上填写大石块、小石子、细沙子和水,分别象征着自己学习生活中的哪些事情?然后与同学交流分享。

总结与分享:_____

_____

_____

_____

三、练习

(1)请把下列学习现象与学习理论相连。

A.通过小组讨论碰撞思想火花　　　　B.行为主义学习

C.英语单词要背很多遍才能记住　　　D.认知主义学习

E.象棋高手很快破解残局　　　　　　F.建构主义学习

(2)影响学习动机的内在因素包括(　　)。

A.学习动机不当　　　　　　　　　　B.学习兴趣不浓厚

C.学习策略不当　　　　　　　　　　D.学习目的不明确

(3)影响学习动机的外部因素包括(　　)。

A.学习兴趣　　　　　　　　　　　　B.父母期望

C.教师的教学风格　　　　　　　　　D.学习任务的难易程度

（4）期末考试过后，小南说："这题出得也太难了，又考砸了！"根据维纳的归因理论，小南是把考试失败归因于（　　）。

A.外部、不稳定、不可控因素

B.外部、稳定、不可控因素

C.内部、不稳定、不可控因素

D.内部、稳定、不可控因素

（5）积极的归因是把学习成功归因为（　　）。

A.自己的努力　　　　　　　　B.学习态度端正

C.正确使用学习方法　　　　　D.自己运气好

（6）制订学习计划属于哪种学习策略？（　　）

A.认知策略　　　　　　　　　B.元认知策略

C.资源管理策略　　　　　　　D.调控策略

（7）遗忘的速度是（　　）。

A.先慢后快　　　　　　　　　B.先快后慢

C.匀速下降　　　　　　　　　D.时快时慢

小结提升

学习目标

- 明确知晓学习的内涵，能区分不同的学习理论。
- 能评估自己在学习动机、学习策略等方面存在的问题，分析产生问题的原因，合理选择相应学习策略。
- 能主动应对学习上的困难，掌握提升学习效果的方法，并实际应用于学习过程。
- 明确自己是学习的主人，树立终身学习和精益求精的学习理念和精神。
- 能将个人价值与社会价值结合在一起，树立远大的理想和目标。

学习要点

- 从广义上来说，学习是人和动物共有的心理现象，是指个体在生活过程中通过练习获得的行为经验的过程；从狭义上来说，学习指的就是学生的学习，是学生在教师的指导下，有目的、有计划、有组织、有系统地进行学习。
- 行为主义学习理论、认知主义学习理论、建构主义学习理论是具有代表性的学习理论流派。

- 高职高专学生的学习特点表现为:在学习内容上,具有广泛性、专业性、发展性;学习过程中,具有自主性、阶段性;学习方式上,具有多样性、实践性。
- 学习动机是指引发并维持学习活动的倾向,是直接推动人们学习的动力。
- 学习策略就是学习者为了提高学习的效果和效率、有目的有意识制定的有关学习过程的复杂的方案,常见的学习策略有认知策略、元认知策略、资源管理策略。
- 适度焦虑对学习是有利的,而低度焦虑和高度焦虑则相反。

主题十 努力成才、尽展其才
——生涯规划及能力发展

【案例分析】

职业成长之路：在奋斗中释放青春激情、追逐青春理想

小崔是某高职院校2020级计算机网络技术专业的学生。自2020年进入大学开始，他就立志成为一名新时代复合型公务员，并十分清晰地规划自己的大学生活——扎实学好专业本领，为三年后的求学深造打下坚实基础；对标高水平竞赛及国奖标准，以高标准、严要求鞭策自己不断求索学习；积极参与社会实践，主动向党组织靠拢，努力成为一名中共党员。

在学习上，他笃学上进，奋发力行，在校期间，综测、绩点均年级排名第1。据他的老师回忆："不论是专业课还是公共课，小崔永远找第一排的位置坐，最靠近黑板的地方坐，最靠近老师的地方坐。"

在竞赛上，他积极主动、不惧挑战。在校期间，他共获荣誉及称号56项，其中国家级11项、省级8项、校级37项，曾获国家奖学金、中国电信奖学金·飞Young奖、中国大学生自强之星、全国职业院校"优秀在校生"等称号。他的竞赛涉猎十分广泛，级别有国家级、省级、校级，类型有专业竞赛、演讲大赛、设计大赛。不论哪一种，他都取得了不错的成绩，其中最重要的原因就是"积极主动、不惧挑战"。据他自己回忆："竞赛的起步其实很坎坷，很多赛事甚至冲不出院赛，大多数人是放弃的甚至自卑。"但是他能吃苦，肯奋斗，敢干敢拼，愈挫愈勇，逐渐走上正轨并取得一系列不错的成绩。

在实践中，他几乎活跃在各大平台，不论是疫苗接种志愿者，还是国赛现场的画外音，都能看见他勤勤恳恳、甘于奉献的身影。2021年暑假，他回到自己的家乡湖北省宜昌市秭归县马营村，通过近一个月的走访调研、义务授课、安全宣讲等方式，在当地开展义务支教、助农调研、红色教育等活动。支教期间，他坚持每天通过网络平台发布支教心得感悟，受到大家的热切关注，16条说说共收到浏览量10805次，QQ点赞数2090个，朋友圈点赞数353个。所在团队事迹也相继被人民网、长江网、凌家山新闻网等活动报道近20篇。

2023年6月,小崔同学不仅成为一名中共正式党员,而且还如愿收到了湖北第二师范学院的录取通知书。大学三年的所有成绩是他一直为实现自己的职业生涯目标而做出的努力。

思考

小崔同学在校期间获得哪些成绩?这些成绩是怎么获得的?对你有什么启示?

分析

小崔同学入学之初即对自己的职业生涯制定规划,明确自己的职业发展目标,并制订行动计划来实现这个目标,展现了较强的职业生涯规划能力。尤其是,在大学三年学习时光中,他能坚持做好时间管理,同时兼顾好学习、技能大赛、社会实践和毕业时的求职准备,执行自己的规划,展现出了强大的自控力和韧性。这些也得益于他的时间管理技巧,合理安排每一阶段的学习、工作和休息时间,使自己保持高效和积极的求职状态,通过对自我时间的规划和管理,小崔同学如愿实现了阶段性目标:入党和专升本。这无疑是他人生生涯中的一个重要进步,相信他的成功会激励更多高职学生在人生发展道路上努力奋斗,创造属于自己的精彩人生。

一、布局人生新蓝图——生涯规划

生涯规划,也称为职业生涯规划,是指个人在发展中设定的目标、计划和行动,以达到自我实现和职业成功。它不仅涉及职业选择和发展,还包括个人在教育、培训、技能提升、人际关系、时间管理、财务规划等方面的综合布局。

(一)生涯规划理论

有效的生涯规划能够帮助个人认清自身优势和弱点,明确职业方向,制定合理的发展策略,从而在职场中获得更好的机会和待遇。与生涯规划相关的理论主要有以下几种。

1.特质因素理论

特质因素理论,也被称为"人职匹配理论",是一种关于个人特质与职业所需资格之间如何相互匹配的理论,它为理解个体在职业选择和发展中的行为提供了重要的视角和工具。它是由美国学者帕森斯提出的,被认为是职业辅导理论中最早的一种。

特质因素理论是基于个体差异和职业要求的匹配原理。它认为每个人都具有独特的特质,如兴趣、能力、价值观和人格等,而这些特质与不同职业的要求之间存在某种匹配关系。通过评估个人的特质和职业的要求,可以找到最佳的职业匹配。该理论模型通常包括两个主要部分:个人特质的评估和职业要求的分析。个人特质评估通常通过心理测量工具进行,如兴趣测试、能力倾向测试和人格测试等。职业要求分析则涉及对职业环境中所需技能、知识和能力的了解。

特质因素理论在教育、职业咨询、人力资源管理等领域都有广泛的应用。在教育领域，它可以帮助学生和教师了解个人的特质和职业倾向，从而做出更合适的学科和职业选择。在职业咨询中，咨询师可以利用这一理论来指导客户认识自己的优势和弱点，寻找适合自己的职业方向。在人力资源管理中，特质因素理论可以帮助企业识别员工的潜能和适合的工作岗位，实现人力资源的优化配置。

2.生涯发展阶段理论

生涯发展阶段理论是基于人类生命周期中不同阶段的发展任务和挑战的原理，它认为生涯是一个连续不断的发展过程，个体在不同阶段面临不同的生涯任务和发展重点。该理论由美国著名职业生涯规划师唐纳德·E.舒伯提出。他将生涯划分为成长、探索、建立、维持和衰退五个阶段，并提出了每个阶段的发展任务和挑战。这个模型帮助个人认识自己在不同生涯阶段的需求和目标，都能做出恰当的选择和行动，从而进行有效的规划。

成长阶段（0~14岁）：该阶段的主要任务是发展自我形象，逐渐认识和理解自己的兴趣、能力和价值观。通过家庭、学校等环境中的互动和体验，儿童逐渐形成对未来职业的憧憬。

探索阶段（15~24岁）：青少年开始通过学校学习、课外活动、社会实践等方式，尝试了解自己的职业倾向，明确自己的职业偏好。这个阶段是职业选择的准备期，也是职业发展的关键时期。

建立阶段（25~44岁）：个人开始确定自己的职业领域，并努力在该领域中建立稳定的地位。这个阶段的任务是找到合适的职业定位，积累工作经验和技能，不断提升自己的职业竞争力。

维持阶段（45~64岁）：个人在职业领域中的地位已经相对稳定，这个阶段的任务是保持和提升自己的职业技能，不断适应职业环境的变化，维持并巩固自己的职业地位。

衰退阶段（65岁以上）：随着年龄的增长，个人可能需要逐渐退出职业领域。这个阶段的任务是规划好退休生活，实现职业的平稳过渡。

生涯发展阶段理论为个体生涯规划提供了重要的指导和参考。个人应该根据自己的实际情况和职业目标，制定可行的职业规划，并付诸实践。通过不断学习和提升，个人可以在职业发展中不断前进，实现自我价值和职业成功。

3.社会认知职业理论

社会认知职业理论是一个综合性的职业发展理论，它融合了社会认知理论、职业发展理论和人-环境交互作用的理论。它主要探讨个人如何在职业发展中形成自我认知、设定目标、采取行动，并与环境相互作用。该理论强调个人、行为和环境之间的相互作用。它认为个人的职业选择和发展不仅受自身特质的影响,还受社会环境、家庭背景、教育经历等多种因素的共同作用。因此,生涯规划需要综合考虑各种因素,帮助个人在复杂的社会环境中找到适合自己的职业路径。

社会认知职业理论通常包括四个核心概念:自我效能感、结果预期和个人目标、人-环境交互作用。自我效能感指个人对自己在特定情境中,是否有能力去完成某个行为的期望。在职业发展中,自我效能感影响着个人的职业选择、努力程度和持久性。当个人对自己在某一职业领域的能力有信心时,他们更可能选择并坚持在这一领域发展。结果预期指个人对特定行为将导致特定结果的预期。在职业发展中,结果预期涉及个人对职业选择所带来的可能结果(如收入、地位、满足感等)的预期。这些预期会影响个人的职业目标和行动。个人目标指个人在职业发展中设定的具体目标。这些目标可以是短期的,如获得某项技能或证书;也可以是长期的,如晋升到某个职位或成为某个领域的专家。个人目标在职业发展中起着导向和激励作用。人-环境交互作用是指社会认知职业理论强调个人与环境的相互作用在职业发展中的重要性。个人的职业选择和发展不仅受自身认知和能力的影响,还受社会环境(如经济状况、职业需求、文化价值观等)的影响。个人需要不断调整自己的认知和行为,以适应环境的变化。

在教育和培训领域,社会认知职业理论可以指导教育者设计更有效的课程和教学方法,以提高学生的自我效能感和结果预期。例如,教育者可以通过设置具有挑战性的任务、提供及时的反馈和鼓励等方式,增强学生的自信心和学习动力。此外,教育者还可以帮助学生设定明确的个人目标,并制订实现这些目标的计划和行动。

(二)生涯规划的功能

生涯规划对于大学生而言,不仅仅是一个职业发展的蓝图,更是一个心灵成长的旅程;不仅是一个帮助个人认清自我、明确职业方向和目标的过程,同时也是一个培养乐观向上心理品质的有效途径;不仅仅是一份简单的计划或目标设定,其实它就像是你人生的GPS(全球定位系统),让你在茫茫人海中找到属于自己的方向,不再"瞎忙活"!生涯规划,对于每一个学生来说,通过对自己职业生涯的规划,高职生可以解决好职业生涯中的"四定"——定向、定点、定位、定心,尽早确定自己的职业目标,选择自己职业发展的地域范围,把握自己的职业定位,保持平稳和正常的心态,按照自己的目标和理想有条不紊、循序渐进地努力。在这个过程中,高职学生可以通过一系列有意识的规划和实践,逐步培养出乐观向上的心理品质。

1.定向

尽早确定自己的职业目标。大学生应该在大学初期就明确自己的职业兴趣和发展方向,围绕这个目标制订学习计划,积累相关知识和技能,为未来的职业发展打下坚实的基础。同时,明确的职业目标也能激发学习动力,使他们更加专注于学业和个人成长。可通过自我评估、职业探索、目标设定等方式,了解自己的兴趣、价值观、技能和能力,研究不同的职业和行业的发展前景和所需技能,设定一个或多个具体的职业目标。

2.定点

选择适合自己的职业发展地域范围。大学生在选择工作地域时,应综合考虑自己的兴趣、能力、家庭背景以及当地的经济发展状况等因素。选择一个适合自己的地域范围,有助于更好地融入当地社会,发挥自己的专业优势,同时也能为未来的职业发展提供更多机会和平台。可通过地域研究、结合个人因素、实习或考察等方式,了解不同地区的经济发展状况、行业分布、就业市场等情况,综合考虑家庭背景、人际关系、生活习惯等因素,亲自去目标地区了解当地的生活和工作环境,选择适合自己的职业发展地域范围。

3.定位

准确把握自己的职业定位。大学生在职业发展过程中,应明确自己在行业中的位置和发展方向。这要求大学生不仅要有扎实的专业知识和技能,还要了解行业的最新动态和发展趋势,以便在竞争中保持优势。准确的职业定位有助于大学生制订更加合理的职业发展计划,避免盲目跟风和无效努力。可通过提升专业技能、建立人脉网络、反馈与调整等方式,获取更多的实践经验和行业认可,与同行业的人建立联系并获取职业机会,根据市场变化和个人发展情况及时调整职业目标和行动计划。

4.定心

保持平稳和正常的心态。生涯规划是一个长期且复杂的过程,大学生在规划过程中难免会遇到各种挑战和困难。因此,保持平和的心态至关重要。大学生应该学会调整自己的心态,积极面对挑战和困难,相信自己能够克服困难并实现职业目标。可通过保持积极态度、寻求支持、管理压力等方式,保持积极的心态,寻求家人、朋友或老师的支持和建议,学会缓解压力,保持身心健康,以更好地应对生涯规划过程中的各种问题。

生涯规划的价值不仅在于为学生提供一个清晰的发展方向,更在于它能够帮助学生在成长的过程中,不断地认识自我、调整自我、完善自我。同时,生涯规划还具有社会价值。一个有着明确目标和规划的学生,更有可能成为社会的有用之才,为社会的进步和发展作出贡献。因此,生涯规划不仅是个人的需要,也是社会的需要。

二、应对挑战的核心——能力发展

能力,就是一个人相对于某事物而言,能够给此事物创造的利益。从心理学视角来看,能力指的是个体完成某种活动或任务所必需的个性心理特征,它直接影响活动的效率。这种心理特征可以是认知方面的,如记忆力、判断力、推理能力等;也可以是情感或动机方面的,如情绪管理能力、自我激励能力等。能力是个体在先天遗传和后天环境共同作用下形成和发展起来的,具有相对稳定性和可塑性。

国外关于能力的研究起步较早,理论体系相对成熟,主要关注能力的结构、形成机制、发展动态以及与职业成功的关系等方面。主要理论如下:

(一)多元智力理论

多元智力理论由美国心理学家霍华德·加德纳提出,该理论认为智力不是单一的,而是由多种相互独立的能力构成。加德纳最初提出了七种智力,包括言语智力、数学逻辑智力、空间智力、身体运动智力、音乐智力、人际智力和自知智力。后来,他又增加了自然观察智力和存在智力,形成了完整的多元智力框架。这一理论强调了个体在不同领域的独特潜能,为教育和职业发展提供了重要启示。

(二)流体智力和晶体智力理论

美国心理学家雷蒙德·卡特尔将智力区分为流体智力和晶体智力。流体智力指的是个体在解决问题和进行思维活动时表现出来的能力,它更多地依赖于个体的生物基础和先天遗传;而晶体智力则是个体通过后天学习和社会实践获得的知识和技能,它更多地依赖于教育和文化环境。这一理论有助于我们理解智力发展的不同阶段和影响因素。

(三)三元智力理论

美国心理学家斯腾伯格提出了三元智力理论,该理论认为智力由三个相互关联的方面构成:成分智力、经验智力和情境智力。成分智力涉及个体的基本心理过程,如思维、记忆和感知;经验智力是个体在特定领域内的知识和技能;情境智力是个体在适应环境、解决问题和应对挑战时所表现出来的能力。这一理论强调了智力在实际生活中的应用和适应性。

(四)冰山模型与洋葱模型原理

这两种模型常用于人力资源管理领域的能力评估。冰山模型将能力分为"冰山以上"和"冰山以下"两部分,前者包括基本的知识和技能,易于观察和测量;后者包括价值观、自我概念、动机等深层次特质,难以直接观察和测量。洋葱模型则进一步将能力划分为多个层次,从外到内逐渐深入,强调能力的层次性和复杂性。

近年来,随着认知科学和神经科学的发展,越来越多的研究者开始关注能力的动态发展。他们认为能力不是静态的、固定的特质,而是随着个体的成长、学习和环境变化而不断发展的。在教育领域,这些理论有助于教师根据学生的不同智力特点和能力水平制订个性化的教学方案;在职业发展和人力资源管理方面,这些理论可以帮助企业和组织更好地识别、培养和选拔具有特定能力的人才。

问题解决

一、生涯规划，你开始了吗？

高职学生的生涯规划应该贯穿整个学习阶段，从入学之初就开始进行生涯规划，并根据不同阶段的特点和需求进行相应的调整和完善。通过合理的生涯规划，更好地平衡学业与兴趣、明确职业方向、提升自信心，为未来的职业发展奠定坚实基础。可分为以下三个阶段：

（一）探索期：一年级

这个阶段的学生刚刚进入学校，对专业和未来职业方向可能还比较模糊。此时，可以通过参加学校组织的职业生涯规划课程、讲座等活动，了解不同职业领域的发展前景和要求，初步确定自己的职业兴趣和发展方向。

第一个月：参加新生入学教育，特别注意与职业生涯规划相关的讲座和信息；安排时间完成至少两种职业兴趣或性格测试（如MBTI、霍兰德职业兴趣测试），并认真分析结果。

第二个月：基于测试结果，列出5~10个可能感兴趣的职业或行业。为每个职业或行业做初步的网络搜索，了解基本信息（如工作内容、学历要求、薪资水平等）。

第三、四个月：每个月至少参加一次企业参观或行业讲座，通过实地了解来增强对职业的认知。开始与学长学姐建立联系，计划至少与3位已经工作的学长学姐进行面对面的交流。

第二学期：在学期中段，选择一个与感兴趣的职业相关的兼职或实习机会，进行至少一个月的实践。每月至少参加一次校内外的志愿服务或社团活动，以培养团队合作和沟通能力。

（二）定向期：二年级

随着专业学习的深入，会对自己的职业方向会有更清晰的认识。这时，可以制订更具体的生涯规划目标，如参加相关实习、拓展自己的兴趣爱好等。同时，要保持对职业市场的关注，了解行业动态和就业趋势。

第一学期：确定2~3个最感兴趣的职业方向，并深入学习相关的专业课程。为每个职业方向制订一个学习清单，包括必读书目、在线课程、行业报告等。每月至少与一位业内人士进行交流，了解行业动态和职业发展建议。

第二学期:制订详细的考证计划,如确定要考取的职业资格证书、报名时间和备考策略。参加至少一次模拟招聘或面试活动,了解招聘流程和面试技巧。开始建立自己的职业网络,如加入相关的行业社群或论坛。

(三)完善期:三年级

在即将毕业之际,学生需要对自己的生涯规划进行最后的调整和完善。这时,可以明确自己的求职目标、制订求职计划、准备面试等。同时,要保持积极的心态,面对求职过程中的挑战和机遇。

第一学期:全面实施学习清单和考证计划,确保在学期结束前完成所有目标。每周至少花费3小时关注就业市场和招聘信息,了解目标职业的最新动态。积极参加校园招聘活动,并投递至少10份有针对性的简历。

第二学期至毕业前两个月:完善求职材料,包括简历、求职信和作品集(如果适用)。制订面试准备清单,包括常见问题的回答、着装准备、面试礼仪等。积极参加面试,每次面试后进行反思和总结,不断调整策略。

毕业前最后两个月:做好接受offer(录用通知书)的准备,包括了解公司背景、职位详情和薪资待遇等。如果还没有找到合适的工作,考虑进行职业咨询或寻求老师、校友的帮助。完成所有毕业手续,确保顺利毕业并入职。

在整个高职阶段,学生还应该注意保持积极的心态和良好的生活习惯,如定期运动、保持充足的睡眠、合理安排娱乐活动等。这些都有助于保持身心健康和良好的学习状态。同时,定期回顾和调整自己的职业生涯规划也是非常重要的,以确保自己的职业目标始终与自身发展和市场需求保持一致。

【案例分析】

小红参加了学校组织的新生入学教育,并特别关注了职业生涯规划的讲座。她了解到职业生涯规划的重要性,并在讲座后咨询了老师,获取了MBTI和霍兰德职业兴趣测试的链接。小红利用课余时间完成了这两个测试,并认真分析了结果,发现自己的性格类型适合从事教育、咨询等与人沟通较多的职业。

基于测试结果,小红列出了5个可能感兴趣的职业,包括教师、心理咨询师、人力资源专员、市场营销专员和公关专员。她利用课余时间对每个职业进行了初步的网络搜索,了解了这些职业的基本信息和发展前景。通过搜索,小红发现自己对教育和心理咨询两个职业方向特别感兴趣。

小红在深入学习专业课程的同时,也参加了一些与教育和心理咨询相关的在线课程和研讨会。她制订了一个学习清单,包括阅读《教育心理学》《咨询技巧与实践》等必读书目,参加"青少年心理发展与教育"等在线课程,以及定期查阅行业报告和研究成果。通过这些学习,小红对教育和心理咨询两个职业方向有了更深入的了解和认知。

小红全面实施了自己的学习清单和考证计划。她不仅完成了所有的专业课程学习,还考取了教师资格证和心理咨询师三级证书。同时,小红也积极关注就业市场和招聘信息,了解了目标职业的最新动态和招聘要求。她发现一些学校和教育机构在招聘教师和心理咨询师时,除了要求具备相关证书外,还注重应聘者的实践经验和综合素质。因此,小红在课余时间积极参加了一些教育实习和心理咨询实践项目,提升了自己的实践能力和职业素养。

小红开始着手完善自己的求职材料。她首先更新了个人简历,突出了自己在教育和心理咨询领域的实践经验和专业技能。她详细列举了参与的实习项目、获得的证书以及在校期间的荣誉和成绩。同时,小红也准备了一份针对性的求职信模板,根据不同的招聘单位和职位进行相应的调整和完善。

小红积极参加了校园内的招聘会和宣讲会,特别是与教育和心理咨询相关的招聘活动。她提前了解了参会单位和招聘职位的信息,并准备了相关的问题和答案。在招聘会上,小红与多家单位的人力资源专员进行了面对面的交流,投递了自己的简历,并了解了招聘流程和面试技巧。通过这些活动,小红不仅增加了自己的曝光度,也获取了更多的职业信息和机会。

小红开始陆续收到面试邀请。她制订了详细的面试准备清单,包括了解公司背景、职位详情和面试流程,准备常见问题的回答和自我介绍,以及着装和面试礼仪的注意事项。每次面试前,小红都会认真复习相关知识和技能,确保自己能够在面试中表现出色。面试后,她也会及时进行反思和总结,调整自己的策略和准备方向。

经过几个月的努力,小红终于收到了几家单位的offer。她认真比较了不同单位的薪资待遇、发展前景和工作内容等因素,最终选择了一家教育机构的教师职位。在入职前,小红了解了公司的背景和文化,熟悉了工作流程和团队成员。她还制订了自己的工作计划和目标,为即将到来的工作生活做好了充分的准备。同时,她也完成了所有的毕业手续,确保自己能够顺利毕业并入职。

二、专业是生涯规划的起点还是终点?

高职学生所学专业并不完全决定他们的未来职业。在生涯规划中,个体可以根据自己的兴趣、能力和市场需求来选择适合自己的职业路径。这就像是你买了一张火车票,但并不意味着你只能坐在那趟车上到达终点。人生就像是一场冒险旅行,专业只是你背包里的一张地图,它指引你走向某个方向,但沿途的风景和选择,全都掌握在你自己的手中。

(一)专业并不完全等于未来职业

1.专业与职业的差异性

高职学生所学专业通常更加聚焦于某一具体领域或技能,而职业则涵盖了更广泛的工作内容和职责。因此,专业只是未来职业选择的一个方面,而不是决定性的因素。例如,一名学习市场营销的高职学生,未来可以选择从事市场营销相关的工作,但也可以利用所学的市场分析、消费者行为等知识,在广告、公关、销售等领域找到适合自己的职业。

2.兴趣与职业发展的关系

生涯规划理论强调个体应根据自己的兴趣、价值观和能力来选择职业。对于高职学生而言,所学专业可能并不完全符合自己的兴趣或职业期望。因此,在未来的职业选择中,他们可能会更倾向于选择与自己兴趣相符的职业,而不是局限于所学专业。例如,一名学习计算机科学的高职学生,如果对艺术和设计有浓厚兴趣,可能会选择从事与计算机图形设计相关的工作,而不是传统的软件开发或系统管理。

3.职业市场的变化性

职业市场是不断变化的,新的职业和行业不断涌现,而一些传统的职业和行业可能逐渐衰退。因此,高职学生所学专业在未来职业市场上的需求可能会发生变化。为了适应这种变化,他们可能需要调整自己的职业规划,选择与原专业相关但更具市场需求的职业。例如,随着电子商务的兴起,物流行业对人才的需求不断增加。一名学习物流管理的高职学生,未来可能会选择在电子商务企业从事物流管理工作,而不是在传统的制造业或运输企业。

高职学生所学专业并不完全等于未来职业。在生涯规划中,他们应该根据自己的兴趣、价值观和能力来选择适合自己的职业方向,并关注职业市场的变化以调整自己的职业规划。

(二)生涯规划5W分析法

5W分析法,即"What-Why-Who-Where-When"分析法,具体指的是What(做什么)、Why(为什么)、Who(是谁)、Where(在哪里)、When(什么时候)这五个问题。它通过对五个关键问题的深入剖析,帮助个体更加清晰地认识自我,明确职业方向,制订合理的发展目标及行动计划。这五个问题涵盖了职业定位、动机、条件、环境及时间规划等多个方面,是进行全面、系统生涯规划的基础。

1.What(做什么)——明确职业目标

确定你想要从事的职业或行业,以及在这个职业或行业中你希望达到的具体职位或成就。例如,你可能希望成为一名市场营销经理,或者在教育行业成为一名优秀的教师。

2.Why(为什么)——分析职业动机

探究你为什么选择这个职业目标,你的动机是什么。这可以帮助你更好地理解自己的职业价值观和驱动力。例如,你选择市场营销经理可能是因为你对市场营销有浓厚的兴趣,并且希望通过这个职位来实现自己的创意和想法。

3.Who(是谁)——评估自身条件

分析你自己,包括你的兴趣、技能、经验、教育背景等,以确定你是否具备实现职业目标所需的条件。例如,要成为一名市场营销经理,你可能需要具备市场营销、沟通、团队协作等方面的技能。

4.Where(在哪里)——考虑职业环境

确定你希望在哪个地区、哪个公司或哪个行业实现你的职业目标。考虑不同地区的经济、文化、行业发展趋势等因素对你的职业发展的影响。例如,你可能希望在大城市的一家知名公司从事市场营销工作,因为那里有更多的机会和资源。

5.When(什么时候)——规划职业发展时间线

制订明确的时间表,包括短期目标和长期的目标,以及实现这些目标所需的具体步骤和时间节点。例如,你可能计划在接下来的五年内逐步提升自己的市场营销技能,并在某个时间点晋升为市场营销经理。

自我反思与市场调研,通过自我评估和职业市场研究,回答What和Why的问题,确定职业方向和发展目标。条件分析与环境选择,结合个人条件(Who)和外部环境(Where),分析适合的职业领域和发展平台。目标设定与时间规划,根据前两步的分析结果,设定明确的职业目标(What的具体化),并制订合理的时间规划(When)。行动计划与实施,制订详细的行动计划,包括阶段性任务、实施策略和资源准备,以确保目标的实现。

【案例分析】

小明是一名即将毕业的大学生,他希望通过职业生涯规划来明确自己的职业方向和发展目标。What——小明希望从事与数字营销相关的工作,并最终成为一名数字营销经理。Why——小明对数字营销有浓厚的兴趣,并且认为这是一个充满挑战和机遇的领域。他希望通过自己的努力和创新来实现公司的营销目标。Who——小明具备市场营销和数据分析方面的技能,他在大学期间参加了多个与数字营销相关的项目和实习,积累了丰富的实践经验。此外,他还具备良好的沟通和团队协作能力。Where——小明希望在一线城市的一家知名互联网公司从事数字营销工作。他认为这样的公司能够提供更好的发展平台和机会,同时也能够让他接触到更多的行业前沿动态和技术创新。When——小明计划在接下来的三年内逐步提升自己的数字营销技能,并积累更多的实践经验。他希望在五年内能够晋升为数字营销经理,并带领团队实现公司的营销目标。

分析

通过运用5W分析法进行职业生涯规划,小明可以更加清晰地明确自己的职业方向和发展目标,并制订具体的实施计划和时间表。这有助于他在未来的职业发展中保持积极性和动力,不断提升自己的能力和竞争力。

三、高职阶段,要发展哪些核心能力?

发展能力在生涯规划中扮演着至关重要的角色。具体而言,发展能力指的是个体在职业生涯中不断提升和完善自身的专业技能、沟通协作、创新思维和自我管理等多方面的能力。这些能力的提升不仅有助于个体在职场中脱颖而出,更是推动和优化生涯规划的关键。发展能力不仅点亮了个体的生涯规划之路,更为其未来的职业发展和个人成长奠定了坚实的基础。

1.专业技能能力

专业技能能力是职业发展的基石,是高职学生进入职场后的立足之本。他们需要深入学习和掌握所学专业的知识,理解行业内的最新动态和发展趋势,同时注重实践和操作,不断提高自己的技能水平。具备专业技能能力的高职学生,不仅能够快速适应工作岗位,还能在工作中不断学习和进步,为公司创造更大的价值。因此,专业技能能力是高职学生职业发展中的核心竞争力,也是他们实现职业晋升和薪酬提升的重要保障。

2.沟通协作能力

在职场中,良好的沟通和协作能力是必不可少的,对于高职学生的个人发展和团队合作至关重要。高职学生需要学会与不同背景、不同性格的人进行有效沟通,能够准确理解他人的需求和意图,同时表达自己的想法和观点。此外,他们还需要具备团队协作精神,能够与团队成员共同完成任务,解决工作中遇到的问题。有效的沟通能够消除误解,提高工作效率,而良好的协作则能够凝聚团队力量,共同解决问题。同时,沟通协作能力也是高职学生提升个人影响力的关键,通过与他人的有效互动,他们能够展示自己的能力和价值,从而获得更多的职业发展机会。

3.创新思维能力

创新是企业和个人发展的重要驱动力。在快速变化的时代,创新思维能力对高职学生的职业发展至关重要。他们需要敢于尝试新方法、新思路,勇于挑战传统观念,不断提出新的想法和解决方案。这样,他们才能在激烈的市场竞争中脱颖而出,为公司的发展贡献自己的智慧和力量。通过不断尝试新的方法和思路,他们能够在职业生涯中不断突破自我,实现个人价值的最大化。因此,创新思维能力是高职学生职业发展中的重要素质,也是他们应对未来挑战的关键能力。

4.自我管理能力

自我管理能力是高职学生实现个人目标和职业发展的关键。通过有效的自我管理，学会制订目标和计划，合理安排时间和资源，同时保持积极的心态和情绪，保持高效的工作状态。此外，他们还需要具备自我激励和自我反思的能力，能够不断调整自己的行为和态度，实现个人和组织的共同成长。自我管理能力也有助于高职学生不断提升自己的能力和素质，通过持续学习和实践，他们能够在职场中不断进步，实现个人价值的最大化。因此，自我管理能力是高职学生职业发展中的必备素质，也是他们实现个人成长和成功的关键因素。

专业技能能力、沟通协作能力、创新思维能力和自我管理能力在高职学生职业发展中的重要性不容忽视。这些能力不仅能够提升高职学生的职业竞争力，还能够为他们的个人成长和成功奠定坚实的基础。因此，高职学生在学习和实践中应该注重培养这些能力，为自己的职业发展做好充分的准备。

四、时间都去哪了？

时间，这个看似无穷无尽却又稍纵即逝的资源，常常让我们在忙碌中感到迷茫："时间都去哪了？"从生涯规划的角度来看，时间管理不仅仅是一种技能，更是一种对待生活和职业的态度。时间管理是高职学生实现生涯目标的关键要素。对于高职学生来说，通过有效的时间管理，他们可以更加明确自己的生涯方向，更加高效地提升自己的能力，从而在未来的职业生涯中脱颖而出。

时间管理并非简单地列出任务清单或设定时间表，其核心在于对时间的深刻理解和尊重。时间是公平的，给予每个人每天24小时的机会。但时间也是残酷的，一旦错过或浪费，便无法挽回。对于高职学生而言，时间管理意味着更加高效地学习、实践和发展自己，以便在未来的职业生涯中占得先机。

有效的时间管理要求学生首先明确自己的生涯规划和职业方向。只有知道自己要去哪里，才能更加有针对性地安排时间。通过时间管理，学生可以更加高效地学习和提升专业技能，这在未来的职业竞争中至关重要。时间管理需要自律和坚持，这些品质也是职业生涯中不可或缺的。通过管理时间，学生可以培养良好的学习和工作习惯，为未来的职业生涯打下坚实基础。

时间管理对于提高个人效率和实现目标至关重要。以下将全面、系统地论述实施时间管理的策略和方法，包括目标设定、优先级排序、任务分解、日程规划、避免干扰和定期回顾等关键方面。

（一）设定明确的目标

有效的时间管理始于明确的目标设定。一个清晰的目标不仅为时间规划提供了方向，还能激发动力和提升专注度。设定目标时，应遵循SMART原则，即目标应具有具体性（Specific）、可衡量性（Measurable）、可实现性（Achievable）、相关性（Relevant）和时限性（Time-bound）。

具体性，目标需要具体、明确，避免模糊不清。例如，将"提高英语水平"改为"在英语考试中达到90分"。可衡量性，确保目标可以量化或具有明确的评价标准。例如，设定每周背诵50个英语单词。可实现性，目标需要符合个人实际情况和能力范围，避免设定过高或过低的目标。相关性，目标应与个人或组织的整体战略和计划相关联。时限性，为目标设定明确的截止日期或时间范围。例如，设定在三个月内完成某个项目。例如，一个SMART目标可能是："在接下来的一个月内，我要完成一项市场调研报告，并确保报告包含至少500个有效样本的数据分析。"

（二）优先级排序

确定目标后，需要根据目标的重要性和紧急性进行优先级排序。常用的方法有四象限法，将任务分为四类：紧急且重要、重要不紧急、紧急不重要、不紧急不重要。优先处理紧急且重要的任务，如即将到期的项目报告或突发问题；其次投入时间在重要不紧急的任务上，如长期规划、自我提升等；尽量减少在紧急不重要和不紧急不重要任务上的时间消耗。

在实际应用中，四象限法可以帮助人们更好地识别任务的优先级和时间分配，从而提高工作效率和时间管理能力。同时，也可以根据任务的实际情况和个人或组织的需求进行灵活调整和应用。

（三）任务分解

将复杂任务分解成更小、更易于管理的部分，有助于降低任务的难度和提升完成度。将大型或复杂的任务分解为更小、更具体的子任务。例如，将一个大型项目分解为多个阶段或模块。对每个子任务设定明确的目标和截止日期，这有助于更好地跟踪进度并保持动力。使用任务清单或项目管理工具来跟踪和管理子任务的完成情况。例如，撰写一本书可以分解为章节大纲、初稿编写、修订润色、校对审读等小任务。每完成一个小任务，都会带来成就感，进而激发继续前进的动力。

（四）制订并遵守合理的日程规划

根据优先级排序和任务分解的结果，制订详细的日程规划或时间表，包括每项任务的开始时间、结束时间和负责人等信息。制订日程规划时,应充分考虑个人的生物钟、精力状况和习惯偏好。在实际执行过程中,可能需要根据实际情况对日程进行调整。使用日历、提醒工具或时间管理App来帮助安排每日、每周、每月的任务和活动。同时,要留出一定的缓冲时间来应对突发情况或意外事件。遵守日程规划的关键在于自律和坚持,即使面临诱惑或挑战,也要坚守计划。遵守日程规划并严格执行,避免拖延或随意更改计划,以确保任务能够按时完成。

(五)有效避免干扰和诱惑

在工作或学习过程中,各种干扰和打扰是时间管理的天敌。为了保持专注和高效率,可以采取以下措施:关闭手机通知、将社交媒体等干扰源暂时屏蔽、设置专门的工作或学习空间以减少外界干扰、学会拒绝不必要的会议或任务等。对于非重要或非紧急的事务,可以委婉地拒绝或推迟处理。预留一定的时间用于处理突发事件或意外情况。这样即使出现干扰,也能保证重要任务不受影响。此外,还可以使用番茄工作法等技术来提升专注力和工作效率。

(六)定期回顾和总结

定期回顾和总结是优化时间管理策略的关键环节。通过回顾过去的时间使用情况,可以识别出哪些策略和方法是有效的,哪些需要改进。同时,总结经验和教训,为未来的时间规划提供宝贵的参考。建议每周或每月进行一次时间管理的回顾和总结,分析自己在时间管理方面的优点和不足,并找出改进的方法,以便及时发现问题并作出调整。根据回顾和总结的结果,调整时间管理策略和方法。例如,优化日程规划、改进任务分解方式等。与他人分享自己的时间管理经验和心得。通过交流和学习,不断提升自己的时间管理能力。

实操练习

一、职业心理测量量表

职业心理测量量表是一种用于评估个人在职业领域中特定心理素质和能力的工具。这些量表通常由一系列标准化的问题或项目组成,通过被试者的回答或表现来评估他们在特定职业领域中可能的心理特质和能力水平。以下是一些常见的职业心理测量量表:

1.霍兰德职业兴趣量表(Holland Vocational Interest Inventory)

霍兰德职业兴趣量表用于测量个人对六种职业类型(实际型、研究型、艺术型、社会型、企业型和常规型)的兴趣程度,从而指导职业选择。

2.MBTI人格类型量表（Myers-Briggs Type Indicator）

MBTI是一种广泛使用的性格类型量表，它将个人的性格类型划分为四个维度，每个维度有两个方向，通过组合形成16种不同的性格类型。尽管MBTI并非专为职业选择设计，但其结果经常被用于职业规划中，以帮助个人识别适合的工作环境和职业。

3.职业自我效能感量表（Career Self-Efficacy Scale）

该量表评估个人对自己在不同职业领域中成功完成任务的信心和预期。通过测量自我效能感，可以了解被试者在面对职业挑战时的自信心和应对能力。

4.职业价值观量表（Career Values Inventory）

职业价值观量表用于测量个人对工作中不同价值观的重视程度，如薪资、自主性、社会地位、利他主义等。了解个人的职业价值观有助于确定其在职业选择中的偏好和动机。

5.GATB职业能力倾向测试（General Aptitude Test Battery）

GATB是一种标准化测试，用于评估个人在不同职业领域中的潜能和能力倾向，如机械理解、数学能力、语言能力等。这种测试可以帮助指导教育和职业培训方向。

6.大五人格测试（Big Five Personality Traits Test）

大五人格模型测量五个维度的人格特质：开放性、责任心、外向性、宜人性和神经质。这些特质与各种职业成功因素和工作绩效有一定的相关性。

结合学生已经在运用的《武汉职业技术学院——云梯生涯教育平台》开展职业测评。

二、撰写一份自己的生涯规划书：3年、5年、10年规划

结合本主题所学知识，从职业目标、发展策略、关键里程碑、未来展望等方面，制订详细的生涯规划书，为自己未来的职业发展设定清晰的时间线和具体目标，并根据实际情况作出调整和完善。

小结提升

学习目标

- 了解生涯规划、能力不同流派理论，明确生涯规划及能力发展的重要性。
- 掌握职业生涯规划的5W分析法。
- 知晓高职学生应具备的核心能力。

✎ **学习要点**

- 职业生涯规划的意义：定向、定点、定位、定心。
- 能力是个体完成某种活动或任务所必需的个性心理特征，它直接影响活动的效率。
- 生涯规划的价值不仅在于为学生提供一个清晰的发展方向，更在于它能够帮助学生在成长的过程中，不断地认识自我、调整自我、完善自我。
- 高职学生职业规划阶段：大一探索期、大二定向期、大三完善期。
- 专业并不完全等于未来职业；专业是职业生涯的起点，不是终点。
- 高职学生应具备专业技术能力、沟通协作能力、创新思维能力、自我管理能力。
- 职业生涯不能只停留在规划上，要具体执行，包含：设定明确目标、确定优先级别、分解任务，制定并遵守合理的日程规划，有效避免干扰和诱惑、定期总结和回顾。

参考文献

[1] 王丽坤.大学生心理健康教育[M].武汉:武汉理工大学出版社,2009.

[2] 江光荣.心理咨询的理论与实务[M].2版.北京:高等教育出版社,2012.

[3] Paul Insel,Walton Roth.健康核心概念[M].裴晓明,朱向军,译.天津:天津科学技术出版社,2017.

[4] 李书.大学生心理健康教育[M].武汉:华中科技大学出版社,2018.

[5] 张前锋.我的健康,我做主:自我健康管理防治生活方式病[M].天津:天津科学技术出版社,2018.

[6] 江光荣.大学生心理健康[M].武汉:华中师范大学出版社,2018.

[7] 王天哲.大学生心理健康教育[M].西安:西北大学出版社,2019.

[8] 刘儒德.论学习策略的实质[J].心理科学,1997,20(2):179-181.

[9] 杜静.大学生自卑心理浅析[J].河南大学学报(社会科学版),1998,38(6):106-109.

[10] 俞国良,周雪梅.青春期亲子冲突及其相关因素[J].北京师范大学学报(社会科学版),2003(6):33-39.

[11] MCGUFFIN P,RIJSDIJK F,ANDREW M,et al. The heritability of bipolar affective disorder and the genetic relationship to unipolar depression [J]. Archives of General Psychiatry, 2003,60(5):497-502.

[12] 张宏如,沈烈敏.学习动机、元认知对学业成就的影响[J].心理科学,2005,28(1):114-116.

[13] 金光华,董好叶.大学生自我效能感、考试焦虑与学习成绩的相关研究[J].教育与职业,2007(24):103-105.

[14] 周永卫.大学生自卑心理成因分析及调适[J].湖南人文科技学院学报,2007,24(6):163-165.

[15] FARMER A,ELKIN A,& MCGUFFIN P. The genetics of bipolar affective disorder[J]. Current Opinion in Psychiatry,2007(20):8-12.

[16] 马燕.浅析"首因效应"[J].科教文汇(上旬刊),2009(31):62-63.

[17] 瞿佳昌,邹成锡.论投射效应对人际关系的影响[J].新西部(下旬·理论版),2011(13):181,177.

[18] 丁晓丹,郭金玲."90"后大学生人际交往心理调查研究[J].科教导刊(上旬刊),2012(19):120-121.

[19] 张宇晴.和谐视角下的大学生人际关系探析:从孔子"仁爱"思想探源[J].陕西教育(高教版),2013(9):75-76.

[20] 杨振斌,李焰.中国大学生自杀现象探讨[J].清华大学教育研究,2013,34(5):59-63.

[21] 朱红艳.大学生人际交往非良性状态的致因分析及改善策略[J].学校党建与思想教

育,2014(5):69-71.

[22] 桑志芹,魏杰,伏干.新时期下大学生心理健康标准的研究[J].江苏高教,2015(5):27-30.

[23] 任志洪,阮怡君,赵庆柏,等.抑郁障碍和焦虑障碍治疗的神经心理机制:脑成像研究的ALE元分析[J].心理学报,2017,49(10):1302-1321.

[24] 梅晓宇.对大学生自杀现象的再分析[J].学校党建与思想教育,2016(4):70-72

[25] WILLIAMS L M. Defining biotypes for depression and anxiety based on large-scale circuit dysfunction: A theoretical review of the evidence and future directions for clinical translation [J]. Depression and Anxiety,2017,34(1): 9-24.

[26] 中国心理学会临床心理学注册工作委员会伦理修订工作组,中国心理学会临床心理学注册工作委员会标准制定工作组.中国心理学会临床与咨询心理学工作伦理守则(第二版)[J].心理学报,2018,50(11): 1314-1322.

[27] 倪旭东,唐文佳.生命意义的缺失与追寻[J].心理学探新,2018,38(6): 497-503.

[28] 陈晓楠.合理情绪疗法在高校大学生情绪管理中的应用[J].智库时代,2019(22):227-228.

[29] 刘明波,曹高举,孙志辉.高校学生心理危机分级干预工作探究[J].中华卫生应急电子杂志,2019,5(3): 169-171.

[30] 杭然,刘德华."社会事件"融入中小学教育的价值与路径[J].当代教育理论与实践,2020,12(1): 53-57.

[31] 魏锐,刘坚,白新文,等."21世纪核心素养5C模型"研究设计[J].华东师范大学学报(教育科学版),2020,38(2): 20-28.

[32] 商应美,张姝,张丽,等.全媒体视域下大学生网络人际交往的调查:基于2019—2020年数据分析[J].广东青年研究,2021,35(2): 76-88.

[33] 杨钋,杨钰鑫,姜琳丽,等.技能竞赛对高职毕业生高质量就业的影响[J].北京大学教育评论,2023,21(3): 69-97.

[34] 孙敏,刘宇华,王宝英.大学生情绪智力与生涯适应力的关系:成就动机的中介作用[J].科教导刊,2023(30): 156-158.

[35] 李燕.亲子关系的教育哲学分析[D].苏州:苏州大学,2005.

[36] 荆月闵.大学生心理危机及干预对策研究[D].北京:中国石油大学,2008.

[37] 侯林林.组织人力资源管理中的"晕轮效应"分析[D].济南:山东大学,2010.

[38] 杨定明.儒家文化视域下当代大学生人际交往涵化研究[D].长沙:湖南师范大学,2019.

[39] 李恩亮.高职学生手机网络成瘾与认知情绪调节策略、人际交往能力的关系研究[D].福州:福建师范大学,2020.

[40] 周莉,曾如双,刘肇瑞,等.首发的精神分裂症和抑郁症及双相障碍的治疗延迟(综述)[J].中国心理卫生杂志,2024,38(1): 50-54.